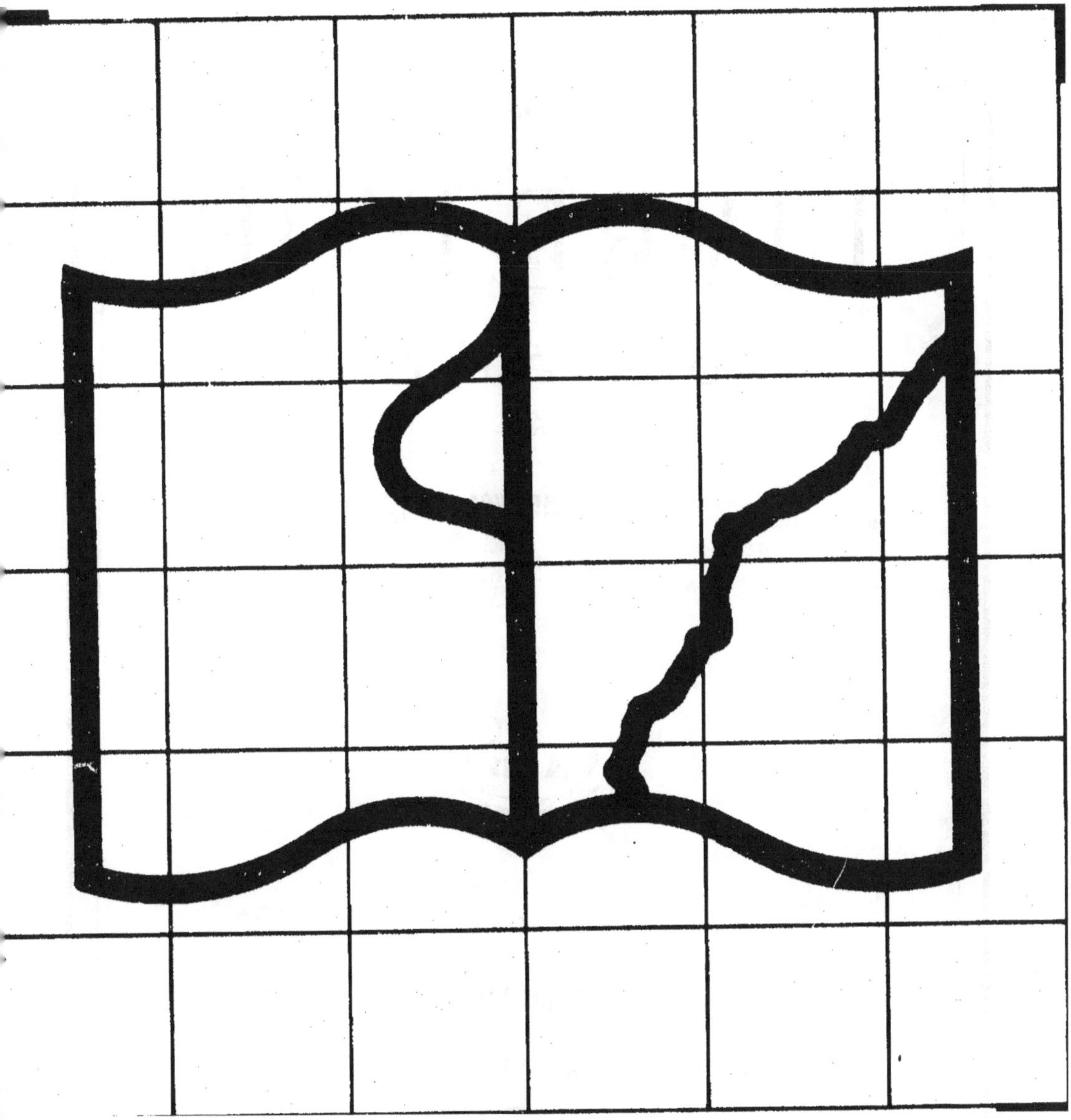

EDGARD MONTBRUN

LE
LIVRE D'OR
DES POÈTES

(DEUXIÈME VOLUME)

PRIX : 3 FR. 75

MARMANDE
TYPOGRAPHIE AVIT DUBERORT

1878

LE LIVRE D'OR DES POÈTES

MARMANDE — IMP. AVIT DUBERORT

EDGARD MONTBRUN

LE
LIVRE D'OR
DES POÈTES

(DEUXIÈME VOLUME)

MARMANDE
TYPOGRAPHIE AVIT DUBERORT

1878

AVERTISSEMENT
DE L'AUTEUR

Nous livrons aujourd'hui au public la deuxième partie de notre travail sur les poètes contemporains.

Le Livre d'Or des Poètes, *comme on le sait, est avant tout une œuvre de décentralisation ; son but principal est de mettre en lumière, et les vrais talents de la province consacrés depuis longtemps par le succès, et les esprits distingués qui, bien que s'élevant au-dessus de la foule des médiocrités, ont besoin d'un rayon pour attirer sur eux l'attention des hommes de goût.*

Cependant, n'étant point partisan de cette décentralisation ridicule qui va jusqu'à contester à la capitale son grand prestige intellectuel, jusqu'à jalouser ses gloires les plus pures, nous n'hésitons pas à tresser pieusement autour du front de ces poètes impeccables qui, comme François Coppée, sont un honneur pour la littérature, une couronne de respectueuse admiration.

Puissions-nous, après la publication de ce deuxième volume, recueillir les marques de sympathie qui nous ont été offertes après l'apparition du premier.

Edgard MONTBRUN

BERNARD ALCIATOR

Bernard ALCIATOR est né à Périgueux (Dordogne) de parents marseillais. Toutefois, il est d'origine italienne, et il compte parmi ses ancêtres un poète qui fut aussi un jurisconsulte éminent, Alciati, que François Ier fit venir à Bourges pour y enseigner le droit.

Bernard Alciator tient de race, comme on voit. De plus, son père fut un littérateur d'un mérite hautement reconnu ; c'est l'auteur du magnifique conte arabe : *Fatima et Zoroë*, et il enseignait la rhétorique à Périgueux, à l'époque de la naissance de son fils. C'est dans cette ville, d'ailleurs, que celui-ci fit ses études, de bonnes études, auxquelles manqua malheureusement dès le début le guide paternel.

En effet, le père du futur poète mourut prématurément, au moment où il venait d'être nommé principal du collége de Périgueux, fonctions qu'il avait déjà exercées à Sarlat.

Bernard laissa vite percer son juvénile enthousiasme pour les lettres, et il n'attendit nullement sa sortie du collége pour se lancer dans la composition. Seulement, ce n'était là qu'un simple épanchement, une préparation aux luttes intellectuelles qu'il devait soutenir plus tard, un salutaire exercice qui le familiarisait de bonne heure avec cette carrière épineuse et douce (contraste trop vrai) des lettres.

Mais les nécessités impérieuses de l'existence l'obligeaient à choisir d'abord une carrière plus positive. Il ne pouvait mieux faire que de suivre la tradition paternelle, en raison surtout des dons heureux qu'on remarquait en lui : il entra donc dans le professorat. Il fut pendant de longues années maître de pension à Saint-Tropez et à Hyères. Puis, il professa à Aix pendant un laps de temps très long.

Ce n'est que sur le tard qu'il démissionna et devint le coopérateur du directeur d'une importante entreprise de travaux publics, auquel il était uni par des liens de parenté ; au bout de vingt années, il abandonna cette position et, après avoir pérégriné dans tous les coins de la France, il se fixa définitivement à Marseille.

Mais examinons maintenant le littérateur de près. Combien notre tâche est agréable en face d'un talent aussi sympathique, aussi pur et aussi remarquable !

Bernard Alciator débuta dans les lettres par des traductions. Excellent prélude, qui lui fut des plus profitables, tant pour sa renommée que pour sa propre expérience.

Sa première œuvre fut donc la traduction de l'*Art poétique* d'Horace, rééditée plusieurs fois, comme tous ses ouvrages ; d'ailleurs, c'est ce qui nous mettra dans l'impossibilité de procéder chronologiquement dans notre étude sur cet écrivain, n'ayant en notre possession que ses éditions nouvelles.

Ce volume était précédé d'une très judicieuse préface de M. Louis Méry, frère de l'illustre poète de ce nom, et lui-même esprit des plus distingués.

Puis venait une excellente traduction de la *Vie d'Horace*, de Suétone. Que dire de ce travail soigné, d'une réelle valeur artistique, qui ne soit de nature à blesser la modestie de l'auteur? Cette fameuse *Epître aux Pisons*, le traducteur nous l'a rendue, malgré toutes ses difficultés, avec une exceptionnelle vérité, une précision de style digne de louange.

Comme l'auteur de la préface, nous sommes d'avis qu'il a sur ses devanciers, les précédents traducteurs de l'*Art poétique* d'Horace, l'avantage d'avoir évité l'extrême sécheresse des uns et la froide abondance des autres. Nous avons parlé de précision ; cette qualité, le traducteur peut, en effet, la revendiquer comme sienne, car l'œuvre qu'il donna quelque temps après, la traduction des *Satires*, de Perse, révèle plus que jamais l'artiste attentif et amoureux de la forme, le poète de la clarté, l'ennemi acharné des diffusions. Ajoutons qu'il eût pu aisément ici tomber dans ce dernier défaut, car Perse est, malgré son génie, l'écrivain diffus par excellence, diffus par la multiplicité de ses métaphores, par l'emploi continu des figures les plus hardies, qui rendent la lecture de son œuvre extrêmement délicate, nous dirons plus, difficile, à cause de l'attention soutenue qu'elle exige sans cesse, dans toutes ses parties.

Laharpe, dans sa notice sur la Vie de Perse, reproduite en tête de la traduction dont nous nous occupons, fait d'ailleurs des remarques de ce genre.

Mais le traducteur s'est joué de ces nouvelles difficultés ; appréciant exactement les nombreuses exigences de son rôle, il a éclairé çà et là les passages obscurs de la lumière de son style vif, empreint d'une netteté qu'on souhaiterait de trouver chez tous ceux qui se livrent au rôle ardu de traducteur.

Un critique des plus autorisés, M. Eugène Geruzez, n'a-t-il pas, en deux mots rendu à B. Alciator le plus bel hommage qui pût couronner son travail : « Vous avez rendu Perse intelligible, et « même coulant, lui écrivait-il, ce qui est un tour de force. »

Boileau ayant injustement critiqué, dans son *Lutrin*, le

jurisconsulte Alciati, grand-père de Bernard Alciator, celui-ci se vengea du célèbre poète de la façon la plus digne. Veut-on savoir comment eut lieu cette vengeance?

Alciator était d'avis, comme nous, que l'*Art poétique* de Boileau ne peut être applicable, à notre époque, qu'avec force modifications, que notre tempérament poétique n'offre plus aucun rapport avec celui du siècle du fameux satirique, et que, en somme, cette œuvre peut être taxée, malgré ses belles qualités, d'une aridité excessive. Aussi, résolut-il, comme le dit avec raison un académicien, de faire pour notre temps ce que Boileau fit pour le sien, mais au lieu d'une dissertation froide et guindée sur les difficultés de la versification, au lieu de conseils empreints d'un pédantisme que les plus farouches disciples ne sauraient songer à contester, il voulut, joignant le précepte à l'exemple, inspirer le goût de la poésie par une causerie éloquente, dans laquelle, passant en revue tous les genres, il ne se bornât pas à donner d'eux une définition exacte. En effet, ayant d'abord intitulé son travail : l'*Art dans la poésie*, titre beaucoup plus large que l'*Art poétique* — il y a là une nuance si apparente qu'elle n'échappera à personne, — il accomplit ce prodige de donner une idée du sonnet par un sonnet parfait en tous points, de montrer les règles de la satire par une satire impitoyablement irréprochable. Ainsi fit le poète pour tous les genres; nous le répétons, c'est là un véritable prodige; le vers est d'une correction où il n'y a rien à reprendre, d'une expression qu'on ne se lasse d'admirer. Quel charmant entretien sur les grâces de la poésie! Quel foyer fécond de prosélytisme!...

Le III° chant de ce poème a été traduit en vers latins par un linguiste des plus compétents et des plus distingués, l'excellent poète D. Rossi.

Les suffrages des gens les plus éminents et des principaux organes de la presse ne firent point défaut au poète. La *Gazette du Midi* disait : « La raison et la logique se fondent avec bonheur dans « cette œuvre poétique avec les charmes d'un style élégant et « limpide qui le recommande aux connaisseurs. »

Le *Sémaphore* parlait en ces termes de l'œuvre de B. Alciator :

« L'impression que son livre nous a faite, c'est qu'il est roman- « tique par le fond et généralement classique pour la forme, « c'est-à-dire qu'il a dans la pensée cette spontanéité, cette liberté « qui constitue l'originalité, et dans l'expression cette élégance « soutenue, ce goût, cette délicatesse qu'on appelle le style, sans « quoi les meilleures choses ne se popularisent pas et les meilleurs « ouvrages ne se conservent pas. »

N'oublions pas une admirable appréciation de cet ouvrage, due à la plume d'un professeur d'une compétence reconnue en la matière, M. Beaumarchey. Le critique passe en revue tous les chapitres de l'*Art dans la poésie* et, après les avoir analysés avec une minutie d'homme expert, il proclame hautement le mérite du poète.

MM. Edmond Py, autre professeur autorisé, et Th. Bosq, l'auteur de *Noéma*, ce poème si triomphalement accueilli, louèrent eux aussi sans restrictions cette étude d'un puissant intérêt.

La seconde partie du volume est composé de poésies tendres, élevées, gracieusement inspirées, dont quelques-unes sont des joyaux d'un grand prix. Châteaubriand et Lamartine saluèrent plusieurs d'entre elles de leurs précieux applaudissements.

Nouveau Gilbert, B. Alciator voulut un jour flageller les mœurs de son siècle, et il écrivit tout d'un trait ce pamphlet, acéré comme la pointe d'une dague, tranchant comme une faulx fraîchement aiguisée, où on le voit, fin comme Aristophane, virulent comme Archiloque : La *Satire du XIX° siècle.*

Comme Gilbert, il prit plaisir à ramasser le vice dans la fange où il croupissait, et, dans des vers virils, indignés, il le montra à l'humanité avec une expression de dégoût qu'il est impossible de mieux rendre. Et, une fois qu'il l'eût ainsi exposé sur la claie, il lui appliqua vigoureusement sur les reins les lanières de son martinet de critique inflexible.

Tous y passèrent, les faux-bonshommes comme les traîtres impudents, les zoïles de toute espèce et de tout acabit; le vaurien qui vend sa conscience et le pleutre qui adule bassement la puissance; le lâche qui bave sur les réputations les plus honnêtes et qui fuit platement devant la réprobation qui va l'atteindre; l'Artaban vide et creux qui prélasse amoureusement son insuffisance, comme le cynique qui calomnie sans cesse dans la pensée qu'il en restera toujours quelque chose.

Enfin, tous les polichinelles de la grande comédie humaine, montrèrent tour à tour leur nez sur la scène; l'impressario sans pitié tirait leurs ficelles à leur rompre les reins, et le public d'applaudir frénétiquement à cet acte de justice.

Tout cela était dit d'une façon énergique et éloquente, à la manière de Juvénal; le mal était stigmatisé avec des paroles d'une fermeté inouïe...

Le succès fut considérable, et, disons-le, jamais succès ne fut plus mérité. Il vint de toutes parts, des journalistes et des poètes, et même de chez les personnalités les plus en vue. Joseph Méry écrivit que c'était « l'œuvre d'un vrai poète. » M. J. B. Gaut, un fin lettré de la Provence, dit, au cours de son compte-rendu du *Mémorial d'Aix:* « La *Satire du XIX° siècle* est une œuvre de

« courage et d'initiative, une razzia morale poussée à fond de train
« à travers les mille et une sottises contemporaines et les mêlées
« des vices qui pullulent au milieu de nous, ni plus ni moins
« qu'aux époques antérieures. Elle sera comprise et appréciée par
« tous les cœurs droits et toutes les âmes honnêtes. »

Casimir Bousquet, un autre poète de talent, prétendit avec raison que « la poésie comme la comprend M. Alciator est le plus
« sûr auxiliaire de la morale et le meilleur instrument de la
« civilisation. »

M. Amédée Pichot, le délicat lettré, n'hésita pas à déclarer que ses vers rivalisent parfois avec les vers les plus énergiques de Victor Hugo, Barthélemy, Barbier, et il est d'avis que le morceau dans lequel Alciator parle de la marâtre égale celui que Byron écrivit sur le même sujet.

Quelques écrivains médiocres, piqués au vif, blessés de voir leurs pareils si sévèrement persiflés, essayèrent de ternir ce beau succès en y mêlant le fiel de leurs malignités, mais ils échouèrent misérablement.

Nous touchons maintenant à la phase la plus importante de la vie littéraire de notre poète, celle où il vint se révéler comme un écrivain d'un véritable génie, par deux œuvres qui feront époque dans la littérature moderne, comme elles ont fait époque dans l'existence de leur auteur.

Nous voulons parler de la *Nouvelle Atala* et de *Daïla*.

Quelques écrivains, de ceux qui jalousent toutes les illustrations, que poursuit sans cesse ce ver rongeur de l'Envie, si bien décrit par l'auteur de *Daïla*, prétendirent, sans en être sérieusement convaincus, que la *Nouvelle Atala* n'était qu'une imitation de Châteaubriand. Mais ces systématiques détracteurs seuls peuvent exprimer une opinion aussi fausse sur cette œuvre ; seuls ceux qui la jugeraient sans l'avoir lue partageraient leur avis.

La *Nouvelle Atala* est loin cependant d'être un pastiche. Alciator n'a pas eu un instant l'idée d'entrer en lutte avec Châteaubriand, dont il a toujours admiré le magnifique talent. Ici, d'ailleurs, les rôles sont changés ; si la grande et noble figure d'Atala apparaît de nouveau dans ces pages, Wilfrid est un héros complètement inédit, et nous ne sachions pas que M. de Châteaubriand ait jamais dessiné ce caractère.

Voilà quant au fond.

Quant à la forme, là, moins qu'en toute circonstance, on peut parler d'imitation. Le style de Châteaubriand diffère essentiellement de celui de Bernard Alciator. Du reste, la comparaison est aisée à établir, les deux écrivains ayant peint en plusieurs endroits des tableaux identiques.

Loin de nous la pensée de dénigrer une gloire aussi pure que celle de l'auteur des *Natchez*, mais, comme plusieurs critiques, nous sommes d'avis que celui-ci s'y montre parfois trop passionné par la recherche de la quintessence, et qu'il finit inévitablement par tomber dans cet écueil dangereux du style académique et guindé. Chez Alciator, au contraire, on remarque un style brillant sans recherche, chatoyant sans viser à l'effet ; l'un cherche surtout à éblouir par l'impression, l'autre cherche vainement ce prestige dans l'expression...

Rien de plus ravissant que la peinture de cet amour extra-terrestre, plein d'une passion angélique. Quelle plume sûre d'elle-même ne faut-il pas pour aborder un sujet aussi délicat et aussi élevé !

Parmi les pages vraiment admirables de ce livre, citons le

Spectacle d'une belle nuit dans les déserts du Nouveau-Monde, Un Bain dans le Meschacébé, Le Serpent. Alciator s'y révèle un écrivain magnifiquement inspiré.

Ici encore, la louange ne fit pas défaut à l'auteur. La *Gazette du Midi* disait : « C'est une fleur du désert américain, digne de son « aînée. » L'ancien *Journal pour Tous* écrivait que « c'était un « livre empreint de poésie, pur de style, honnête d'intention, et « que la jeune fille chaste pourra lire sans avoir l'esprit troublé. » Mᵐᵉ la comtesse d'Hautefeuille, dont le témoignage est d'un prix infini, disait à l'auteur, dans une lettre : « Votre ouvrage est « infiniment remarquable dans un temps comme le nôtre : on y « sent le goût du vrai, inséparable de celui du beau. Vous avez « puisé à la source de toute poésie et vous avez été bien inspiré. A « cette époque de véritable orgie littéraire, c'est avec satisfaction « qu'on voit encore quelques rares esprits s'écarter de la foule et « suivre les sentiers solitaires où se réfugient les idées pures, « religieuses et morales. »

Théodore Vibert, l'aimable magistrat-poète, dont le jugement est également précieux, après avoir parlé des théories de l'écrivain sur le célibat des prêtres, conclut que, « quoiqu'il en soit, la *Nouvelle* « *Atala* est un livre admirablement écrit et dont les descriptions « soutiennent souvent, sans pâlir, l'éclat du style de Château- « briand. »

M. Adrien Péladan fils, un analyste de beaucoup de talent, loue lui aussi sans réserve cet ouvrage d'un solide mérite, et D. Rossi, le latiniste érudit, et Casimir Bousquet, le poète méridional cité plus haut, viennent ajouter leur note à ce concert de félicitations.

La seconde de ces œuvres, que nous avons signalée plus haut comme ayant exercé une décisive influence sur la réputation du poète, a pour titre : *Daïla*. Elle est dédiée à Victor Hugo et l'auteur lui donne le sous-titre de *Roman biblique*.

Rarement création plus suave, plus éthérée, mieux éclairée d'un reflet de la splendeur divine, jaillit sous la plume d'un écrivain. On dirait un écho des âges disparus, de ces temps où la vertu croissait sans entraves, sans heurter les rameaux de l'arbre du Mal ; une voix de la tombe qui vient parler aux humains d'amour céleste, de béatitude séraphique...

En lisant ces pages, colorées d'une foi puissante et d'une délicieuse et touchante émotion, on se sent rasséréné et raffermi, on se sent transporté bien loin des bruits de la terre et des petitesses de notre vie amère...

Certes, l'homme qui a décrit ces tableaux avec tant d'âme et de foi doit avoir en lui des trésors infinis d'idéale tendresse.

Mais, nous ne voulons pas déflorer par une analyse cette composition ravissante ; la poésie qui a un tel arôme de grandeur ne s'analyse pas, d'ailleurs.

Contentons-nous de dire que Victor Hugo a éloquemment salué cette œuvre, qu'il s'est montré tout fier d'y avoir été associé par la dédicace, et que les éloges sont cette fois venus de toutes parts à l'auteur. Citons seulement ces quelques lignes d'une feuille, le *Journal des Artistes*, qui résume l'opinion générale sur cette composition : « Au reste, *Daïla* n'est point un roman : c'est plutôt
« un reflet de l'*Iliade* et de la *Jérusalem* en certaines parties ; et,
« dans d'autres, ce sont les suaves inspirations d'une âme candide
« et noble qui nous emporte dans les régions célestes pour nous
« consoler des misères de notre patrie terrestre. Cette production
« originale dénote à la fois l'homme de style, l'homme d'imagination,
« l'homme d'un véritable talent. »

Comme nous l'avons dit plus haut, B. Alciator rencontra sur son chemin — tous les hommes de talent ont été l'objet des aboiements de cette meute — quelques écrivains enfiellés, suant la jalousie par tous les pores, qui firent entendre leur voix de fausset dans le chœur des éloges.

Parmi ces gens, se trouva M. Paulin Limayrac, qui, dans le journal *La Presse*, décocha plusieurs colonnes d'invectives au poète de l'*Art dans la poésie*, lequel se vengea victorieusement de cette attaque méchante dans une brochure spéciale, et, plus tard, dans sa *Satire du XIXe Siècle*, où il lance des flèches aiguës à ce critique de partis-pris et à ses congénères.

Il procéda de la même façon au sujet d'une attaque non moins venimeuse, dirigée par le journal *Le Citoyen* qui, par la plume du nommé Horace Lours, s'acharna systématiquement après le poète et reçut de lui, dans une brochure, une volée de bois vert dont son épaule dut saigner avec abondance...

Le dernier ouvrage de B. Alciator est intitulé : *La Meilleure des Républiques;* son caractère politique ne rentrant pas dans le cadre de cet ouvrage, nous devons le passer sous silence; cependant, nous signalerons dans ce volume, outre une gracieuse poésie : *Les Anges de la terre*, de très belles pages intitulées : *La Jeune Fille; le Jeune Homme;* n'oublions pas un *Éloge de Turgot*, d'une rédaction heureuse et les magnifiques fragments du *Génie de la Philosophie*, ouvrage inédit, dont *Daïla* est la première partie et que l'auteur donnera bientôt en un tout complet.

En cette même année 1876, parut une brochure de M. D. Rossi, l'excellent et remarquable latiniste dont nous avons déjà parlé, brochure intitulée : *Carmen*, beau poème latin dédié à Alciator, et inspiré par la lecture de ses œuvres, auxquelles ces vers ont pour unique but de rendre hommage. C'est aussi bien écrit que pensé.

B. Alciator ne se contenta pas d'être le poète de goût que l'on connaît, l'artiste aimé et admiré de tous ceux qui le lisent. La Providence et son bon cœur lui permirent de mettre dans sa vie plusieurs belles actions à son actif d'homme et de littérateur :

Vers 1850, vivait à Marseille une jeune fille qui avait en partage toutes les qualités de l'esprit et de l'âme et qui joignait à tous ces dons heureux celui d'une irréprochable beauté. Nous avons nommé Hortense Rolland, de la sympathique famille des Elisa Mercœur et des Reine-Garde.

Cette jeune fille était un poète d'un ordre supérieur. B. Alciator, par cette mystérieuse attraction que sont seules capables de connaître les natures élevées, se sentit attiré vers cette Muse chaste et souriante. Il devint vite son initiateur. Il la guida dans le sentier difficile de l'art, il sut, d'une main fraternelle, la mettre à l'abri des aspérités du chemin, et, entre eux, se lia une amitié douce, pure, semblable à celle des anges, telle que l'affection immortelle qui fondit en une seule les âmes d'Héloïse et d'Abélard.

En peu de temps, Hortense Rolland conquit la faveur du public et devint son idole. La célébrité lui arriva de toutes parts; Jules Janin, le prince des critiques, lui écrivit un jour que sa petite comédie, *Mariette*, ou *l'Oiseau prend l'Oiseleur*, « n'était pas « inférieure aux plus charmantes pièces de Mlle Favart. »

L'Empereur Napoléon III, en réponse à l'envoi de ses œuvres, que lui avait fait le poète, la félicita avec une bienveillance extrême, et l'Impératrice Eugénie daigna lui envoyer son portrait.

Plusieurs autres souverains, le roi de Grèce, le roi de Sardaigne, lui envoyèrent aussi leurs témoignages de sympathie pour son joli talent.

Et la charmante Muse marseillaise avait à peine seize ans !

Elle venait de publier son volume les *Essais Poétiques*, qui fit sensation. Sa poésie avait une grâce que n'ont jamais égalée la plupart des femmes-poètes célèbres de nos jours. Son imagination avait une fougue de sentiment qui ne la mettait jamais à court de riches images et de belles pensées. Cette précocité merveilleuse provoqua l'admiration de tous ceux qui assistèrent aux brillants débuts d'Hortense Rolland.

Ajoutons que B. Alciator avait une large part dans ce volume. Une foule de morceaux lui étaient dédiés, et nous plaçons au nombre des plus remarquables du livre, par leur note émue et enthousiaste, les pièces qui retraçaient l'affection mutuelle des deux poètes, le maître et l'élève. Quelques-unes de ces pièces furent suivies des réponses d'Alciator, ce qui rehaussait encore l'attrait de ce tournoi sentimental.

B. Alciator eut un autre bonheur dans sa vie ; celui d'être associé à la bonne fortune du poète chrétien Hippolyte Matabon, l'heureux disciple de Millevoye.

II. Matabon venait de publier (1875) son livre de poésies, *Après la Journée*. Mais, faute de relations, le volume du poète, malgré l'incontestable talent qu'il révélait, ne récoltait pas le succès qu'il méritait.

Alciator, n'écoutant que son amitié pour le jeune poète, intéressa au sort de son ouvrage plusieurs académiciens des plus éminents et l'un d'eux, M. Cuvillier-Fleury, voulut bien lui faire part, séance tenante, du triomphe du charmant poète qu'il appelait *son protégé*.

Ce trait de noble désintéressement ne vaut-il pas la peine d'être cité, et n'est-il pas des plus consolants, au milieu des petites jalousies mesquines qui s'étalent tous les jours sous nos yeux !...

Le fortuné vainqueur exprima sa reconnaissance à l'auteur de *Daïla* en ces termes affectueux :

> *Vous par qui j'ai pu voir mon œuvre couronnée*
> *D'un laurier glorieux, ami rare, cœur d'or,*
> *A vous, mon cher Alciator,*
> *Avant comme après « la journée. »*
>
> 9 Juillet 1875.

Ces vers ne sont-ils pas le plus bel éloge de B. Alciator ! Nous ne terminerons pas sans parler du succès qui lui vint d'au-delà les frontières.

La liaison d'Alciator avec le chevalier Charles de Blasis a malheureusement pris fin trop tôt, à l'heure où elle s'épanouissait dans toute sa douce expansion.

L'éminent auteur de *l'Homme au point de vue intellectuel, physique et moral*, cette étude profonde et remarquable, digne d'un vrai génie, se sentit une vive sympathie pour l'auteur de *Daïla*, de la *Nouvelle Atala*, et de tant de productions ravissantes.

Entre eux s'établit bientôt une amitié forte, vivace, comme celles que les esprits supérieurs nouent entre eux.

Hélas ! la mort, enlevant le digne chevalier du nombre des vivants, vint arrêter à son aurore cette tendre amitié et anéantir les projets qu'avait formés l'écrivain italien pour payer un tribut éclatant au talent de son ami.

En effet, Charles de Blasis avait entrepris la traduction en italien de la *Nouvelle Atala* et de la *Satire du XIXe Siècle* et il écrivait un jour à B. Alciator, à ce propos : « Ma proposition n'est

« point basée sur la spéculation. N'y voyez que le désir de rendre
« hommage à un grand esprit dans un pays où les Muses ont encore
« des autels. »

L'écrivain français ne dût-il pas être justement fier de recevoir de semblables témoignages d'un homme aussi éminent que le regretté chevalier de Blasis !

Le 20 janvier, celui-ci mourait, laissant abimé dans une douleur profonde, l'affectueux poète marseillais.

Que dire de plus ? Quelle vie fut mieux remplie de bonnes œuvres et de nobles travaux !...

Ajoutons pourtant que B. Alciator envoya à l'Académie française, pour le concours de cette année, ses deux romans, la *Nouvelle Atala* et *Daïla,* ainsi que la *Satire du XIXe Siècle.*

A cet envoi, il joignit ces quelques lignes :

« Avant que l'Académie française juge mes œuvres, je tiens à ce
« qu'elle sache tout le mal que j'ai dit d'elle. »

Il ne nous appartient pas de nous mettre au lieu et place des quarante immortels, mais il nous semble que ces œuvres, déjà couronnées par l'opinion publique, eussent mérité grandement une des couronnes de l'Académie.

La rancune sera toujours une mauvaise conseillère.

ERNEST AMELINE

Ernest AMELINE est né à Caen (Calvados) en 1825.

Après avoir fait de bonnes études, une fois bachelier, il se tourna tout d'abord vers la science médicale. Il suivait en cela, et sa propre inclination et une tradition de famille. En effet, son aïeul, le docteur J.-F. Ameline, avait été, en son temps, un des praticiens les plus célèbres, une des gloires de l'art. Professeur à l'école secondaire de médecine, il avait attaché son nom à une importante invention, celle des pièces anatomiques mobiles, perfectionnée depuis par le docteur Auzoux. Mais les hasards de la vie, au lieu d'en faire un disciple d'Hippocrate, le tournèrent vers le culte de Mercure et il se lança dans le commerce, où s'est écoulée presque toute son existence, et qu'il n'a abandonné qu'en 1875, après lui avoir consacré trente années.

Pendant cette longue période, non-seulement il ne cultiva pas la poésie, mais il lut très peu, et rien ne faisait pressentir qu'il prendrait rang un jour dans la Pléiade. Absorbé par ses occupations commerciales, il s'y livrait tout entier, ne cherchant pas à leur dérober une heure. Son unique distraction était la musique, et encore ne lui faisait-il pas de grands sacrifices et ne se livrait-il à elle qu'à de rares et courts instants.

C'est pendant la guerre que s'opéra en lui cette salutaire évolution morale à laquelle les Muses doivent un adepte de plus et un adepte fervent.

En effet, au moment où la guerre éclata, il se trouvait loin de

Paris, avec sa femme, atteinte alors d'une grave maladie. Au cours de cette douloureuse période, séparé de son cher Paris, il éprouva comme un besoin de se plonger dans la lecture et la méditation, pour atténuer les souffrances de son âme, les angoisses de toute sorte que lui faisaient éprouver la santé de son épouse et la situation douloureuse de la pauvre France, saignante de tous les membres. Il lut avec un rare bonheur les *Odes et Ballades* et les *Feuilles d'Automne* et les relut sans cesse, n'ayant que ces deux ouvrages pour toute pâture dans sa solitude, et n'ayant pas la facilité de s'en procurer d'autres, à une époque aussi tourmentée.

D'ailleurs, ces œuvres, qu'il finit bientôt par se graver profondément dans l'esprit, laissèrent en lui d'heureuses traces et de délicieuses impressions; enfin, il ressentait lui aussi dans son cœur cet insaisissable bourdonnement qui est la révélation de l'inspiration. A côté du sentiment musical, qu'il avait à un haut degré, avait pris place un autre sentiment, qu'il ne s'expliquait pas bien, tout d'abord, mais qu'il reconnut vite pour être le sentiment poétique.

Il versifia donc, comme tout le monde, il laissa trotter son imagination sur le papier, mais, comme on le conçoit, ces vers ou plutôt ces rimes, se faisaient surtout remarquer par leur incorrection. N'ayant aucune idée de la prosodie, il ne pouvait aller qu'à l'aventure, et si la raison ne manquait pas dans ces ébauches, la règle y brillait par son absence.

Peu à peu, à force de forger, il devint un forgeron habile. Le rhythme lui était devenu familier; sans être encore un poète remarquable, il écrivait de jolis vers, dans lesquels se jouait une vive imagination. Mais, il n'avait cependant pas encore une grande confiance en lui; il doutait de ses forces, et osait à peine se croire un médiocre rimeur. Aussi ne voulut-il à aucun prix mettre son nom au bas des premières œuvres qu'il livra à l'impression. *Chants d'Exil* et *Études Artistiques* parurent sous la protection de l'anonymat.

A la veille de la Commune, il faisait sa rentrée dans Paris et il assistait bientôt aux tristes saturnales qui ont marqué cette époque de lugubre mémoire ; toutes ces scènes écœurantes, il les vit se dérouler sous ses yeux, sombre panorama que l'œil ne peut regarder qu'avec mélancolie et terreur.

De ces impressions diverses, mais également poignantes, il tira un poëme intitulé : MAI 1871, *le Cercle de la Rue Royale pendant la Bataille,* un coin de tableau bien frappé, qui restera comme une image exacte de cet instant néfaste.

Cette brochure, également anonyme, fut vendue au profit des Alsaciens-Lorrains. Elle produisit une somme de mille francs. En aucune façon, le labeur du poète n'était inutile.

Pourtant, encouragé par les réceptions flatteuses qui étaient faites à ses poésies, Ernest Ameline signa résolûment de son nom un ouvrage intitulé : *A l'Aventure.* Vint ensuite *Cœur d'Artiste,* un joli poème, dont on peut louer à la fois l'humour et l'accent ému. Ce volume se terminait par les *Rêves du Foyer,* poésies diverses, où il est facile de moissonner des vers vigoureux, comme dans *Délire,* ou des grivoiseries charmantes, comme l'*Appétit vient en mangeant* et le *Nœud Gordien.* N'oublions pas le touchant hommage que le poète paye à la mémoire de son aïeul, le célèbre docteur.

Cet ouvrage obtint une médaille d'argent de la Société d'Encouragement au Bien.

En 1876, il donna sous ce titre : *Au Bivouac,* une collection très belle de récits patriotiques mâles, virils, comme les *Cloches*, pièce dédiée à Paul Déroulède, touchants comme la *Confession*, un épisode navrant de cette funeste guerre qui en vit tant d'autres, hélas ! Tout serait à citer, d'ailleurs, dans cette petite brochure remplie de bonnes et énergiques pensées, dites en vers corrects. Cette brochure n'est que la 1re partie d'un volume en préparation.

En 1877, il remporta la médaille d'or (1er prix) au concours ouvert par la Société d'Encouragement au Bien, avec son poëme émouvant : Le *Sauveteur*, une véritable épopée.

Enfin, Ernest Ameline, membre titulaire puis trésorier de l'*Académie des Poètes* est aussi membre de la Société Philotechnique; en outre, il est encore secrétaire général de la Société libre d'Instruction et d'Éducation populaires et secrétaire-adjoint de la Société d'Encouragement au Bien.

Il prépare un volume de poésies et un poëme en trois parties. Plusieurs des poésies qui figureront dans le premier volume ont été lues aux séances publiques de la Société Philotechnique où elles ont été accueillies avec beaucoup de faveur.

Comme on le voit, en somme, pour avoir débuté si tardivement, E. Ameline n'a guère perdu son temps, et bien que très courte, sa vie poétique est des mieux remplies. Sans compter qu'elle est encore encombrée de promesses.

NUMA D'ANGÉLY

Numa-Jean D'ANGÉLY est né le 29 septembre 1835, à Saint-Laurent-du-Cers (Charente).

Esprit rêveur, ayant de bonne heure soif d'idéal, curieuse antithèse ! à sa précoce tendance poétique, il joignit le goût des sciences mathématiques.

Doué d'un caractère sérieux, amoureux du travail, il fit de fortes études qu'il mena avec succès.

A seize ans, sa vocation primitive se révéla par la lecture des œuvres du romancier Cooper, qui peint le Nouveau-Monde sous des couleurs si attachantes et si vraies. La mer déploya à ses yeux son cortège d'irrésistibles séductions et, dans le but de se mieux préparer à l'école navale, il s'embarqua, comme pilotin, sur un bâtiment qui appareillait pour l'Équateur. Mais le voyage étant surtout un voyage officiel, l'exploration ne fut pas très longue. On côtoya la côte américaine et on fit une courte connaissance avec le Brésil.

Si rapide qu'ait été l'excursion, elle ne fut pas sans exercer beaucoup d'empire sur l'imagination de Numa d'Angély. Ce qu'il avait vu de ce pays merveilleux l'avait séduit; et il revint de ce voyage plein d'enthousiasme pour cette étonnante nature, aux proportions étranges, éblouissant panorama réunissant en lui tous les genres de paysages, tous les rhythmes et toutes les magies.

Il ne put contenir son admiration; plus tard, lorsque la poésie lui devint une langue familière, il exprima en vers toutes les réminiscences de cette période mémorable de sa vie, riche en images de toute sorte. Il nous a été donné de lire quelques-unes des pièces consacrées à ces délicieux souvenirs de l'Amérique et nous avons été frappé de l'espèce de délire qu'éprouva le poète en retraçant ses impressions. Ce sont là des peintures du plus grand intérêt.

Mais, revenu en France, un changement subit se produisit dans le poète. Les œuvres d'Alfred de Musset, qui lui étaient tombées sous la main, révolutionnèrent complétement son esprit. Le goût des aventures maritimes et des explorations s'éteignit tout à coup chez lui, et en même temps il renonçait à l'école navale.

Une voix mystérieuse lui avait soufflé qu'il allait devenir poète. Il se mit donc hardiment et de plus belle à l'étude des lettres et regagna bientôt le terrain perdu. Il commença alors à faire des vers, mais il était d'une extrême sévérité pour sa Muse ; censeur rigide, il n'était jamais satisfait de son labeur et, avant de montrer au grand jour sa première poésie, il avait peut-être détruit plus de dix mille vers. C'était un juge impitoyable pour lui-même, mais sa rigidité n'empêcha point sa vocation poétique de poursuivre son but et de s'imposer davantage.

Son droit achevé, il eut l'idée de s'occuper d'une traduction de Tibulle. Deux années durant, il travailla à cette traduction, à laquelle il mit la dernière main il y a quelque temps et qui est aujourd'hui entièrement terminée.

Numa d'Angély, désireux d'avoir l'opinion de Ste-Beuve sur son labeur poétique, envoya le manuscrit de la traduction à l'éminent critique. Celui-ci, après lecture, n'hésita pas à témoigner sa sympathie à l'heureux traducteur, mais, tout en louant son travail, il lui conseilla de débuter auparavant par un volume de poésies diverses, consécration nécessaire à son talent, avant de hasarder une œuvre de cette importance, devant un public généralement difficile sur cette matière délicate.

Numa d'Angély se propose de raconter plus tard dans tous ses détails ce petit épisode de son existence.

Le poète retourna dans sa province, et le barreau s'emparant alors de tous ses instants, on put craindre qu'il allait déserter à jamais la littérature.

Fort heureusement, il n'en fut pas ainsi et l'homme de lettres ne disparut point complétement sous l'avocat.

De temps à autre, Numa d'Angély déposait la toge pour prendre la lyre, mais ce ne fut pourtant qu'en 1874 que parut son recueil de poésies : Les *Cent Petites Toiles Champêtres*, publié chez Lemerre.

Les Parnassiens s'empressèrent de revendiquer Numa d'Angély comme un des leurs. Parnassien, il l'était en effet, par le soin de sa facture et par le genre qu'il abordait.

Après Achille Millien et tant d'autres, le poète chantait la nature, mais, grand mérite à une époque où tous les sentiers de la poésie ont été si courus par tant de rimeurs ou de vrais poètes, il avait le bonheur de posséder sa note personnelle, son faire particulier.

Qu'on lise en effet ces sonnets dans lesquels la simplicité s'allie à un coloris ferme, brillant, et on sera étonné de voir qu'ils sont coulés dans un moule à part et qu'ils ne ressemblent à ceux de la plupart de nos bons poètes que par la pureté du style, qui est de toutes les écoles et qui ne sentira jamais le pastiche.

Certes, notre poète n'est pas sans analogie avec Autran et avec Coppée, mais il n'a du premier que la communauté du genre, vaste champ où tous les esprits peuvent se rencontrer en s'exprimant de cent manières différentes, et il n'a du second qu'une certaine coïncidence de tonalité, qui est loin d'être un défaut.

Numa d'Angély prend ses sujets tout autour de lui; il n'a qu'à allonger la main pour les saisir; tantôt ce sont ses gens, tantôt c'est sa ferme qui servent de cadre à sa poésie; tel ou tel détail, insignifiant en apparence seulement, est pour lui matière à sonnet; il célèbre tous les charmes de la campagne, les uns après les autres, toutes les joies de la vie rustique, sans en omettre une, faisant goûter au lecteur le plaisir qu'il éprouve à décrire toutes ces choses, amoureux de lui inspirer le goût et le désir de son existence humble et douce.

Tout cela décrit avec un pinceau sûr, gracieux, pensé avec une âme forte, élevée, qui laisse çà et là, en maint endroit, échapper comme un parfum de ses sentiments salubres et de ses principes pleins de grandeur et d'honnêteté.

Le volume est clos par une série de sonnets des mieux conçus et des mieux frappés, groupant, sous ce titre : *Souvenirs des Pyrénées*, une collection de jolis croquis de cette contrée.

Cette œuvre fut l'objet des critiques élogieuses de la part de plusieurs feuilles importantes de la capitale, telles que la *Liberté*, l'*Illustration*, la *Gazette de France*. L'article de ce dernier journal est des plus bienveillants.

En outre, Numa d'Angély a publié de nombreux sonnets dans la *Revue du Monde Catholique*, il y a déjà plusieurs années, et plus récemment dans la *Revue de Bretagne et de Vendée;* un certain nombre de portraits littéraires et de poésies dans la *Gazette Vendéenne*, où l'on a remarqué de lui surtout une intéressante nouvelle intitulée : le *Coup de Feu*.

Une *Ode* sur la mort de Berryer, publiée par lui, dans l'*Union*, fut également très louangée.

Il prépare la publication d'une étude critique et poétique sur Tibulle, laquelle sera suivie d'un extrait de sa traduction du poète ancien.

Enfin, il fera paraître prochainement un deuxième recueil de poésies : Les *Sonnets de l'Hermitage*, aussi destiné à Lemerre et qui, comme le premier, dont il sera pour ainsi dire le pendant, a pour scène ce riche et fertile pays du Poitou, qu'habite l'auteur, dans lequel la vie et le climat sont également doux.

Mme DE BARONCELLI-JAVON

Madame la comtesse DE BARONCELLI-JAVON est née au château de Bellecôte (Gard).

C'est dans ce château que se sont écoulées son enfance et sa jeunesse, et elle ne le quitta qu'à l'époque de son mariage avec M. le comte de Baroncelli.

Son père, qui portait un nom connu et estimé, M. le comte de Chazelles, avait fixé sa résidence dans ce manoir; c'était une des personnalités les plus éclatantes du parti légitimiste, auquel son sort fut intimement lié. Modèle de dévouement, de loyauté, il était d'une inébranlable fermeté de convictions.

Mme la comtesse de Baroncelli est la filleule du comte de Chambord et de Mme la duchesse de Berry; elle vécut toujours parmi les soutiens et les défenseurs les plus éminents de la cause royale et elle appartient à une race chez laquelle l'élévation des sentiments et la noblesse du cœur sont passées à l'état de proverbe.

Mme de Baroncelli, douée de qualités natives des plus solides, esprit cultivé, accessible à toutes les idées de beau et de bien, ne pouvait assurément rester indifférente en face de ce trésor inestimable de l'intelligence humaine : la poésie. Elle se sentit attirée vers cette source de pures jouissances et de béatitude céleste. Sans se vouer au rôle de publiciste, elle voulut néanmoins profiter des ressources intellectuelles que lui offrait la culture de la poésie et s'y livrer à intervalles pour boire à longs traits cette liqueur douce et enivrante de l'idéal.

Mᵐᵉ la comtesse de Baroncelli-Javon se mit donc à l'œuvre, modestement, ne recherchant ni le bruit ni le faste, et ne demandant à la poésie que l'espèce de délassement moral qu'elle offre à tous ceux qui vivent dans son intimité.

Poète, Mᵐᵉ de Baroncelli a peu écrit et encore moins publié, ne se souciant guère d'amasser un énorme bagage, bornant tous ses désirs et tout son contentement à la composition de quelques bluettes, dont le bienveillant accueil qu'elles reçurent eût suffi pour donner à d'autres, plus avides et moins modestes, un orgueil presque légitime.

Notre poète a fait de ses vers le reflet sincère de ses sentiments ; ici encore, la poésie vient du cœur, c'est pourquoi nous lui trouvons cet arôme suave et pénétrant qui la caractérise selon nous ; l'inspiration vient de haut, chez Mᵐᵉ de Baroncelli ; elle naît d'un souffle généreux de charité, de dignité et de noblesse.

L'aimable poète revit vraiment tout entier, avec ses aspirations et son caractère, dans les deux sonnets ci-après, qui sortent de sa plume et que nous citons à titre d'exception, parce qu'ils résument on ne peut mieux cette nature éminemment sympathique.

I

Jadis sur la verte colline
Où le ciel plaça mon berceau,
Chaque étoile de l'aubépine
Avait un cantique nouveau.

Pour sujets, ma verve enfantine
Prenait les bouquets du rameau
Et les genêts dans la ravine
Et les pampres sur le coteau.

Rieuse comme l'espérance,
Chantant du matin jusqu'au soir
Je bénissais la Providence,

Et le vers joyeux de ma stance
Reflétait ma douce existence
Comme la glace d'un miroir.

II

Aujourd'hui, c'est bien autre chose,
Ce beau nid vert, je l'ai quitté
Pour les froids salons où l'on cause
De luxe et de frivolité;

Ici, le plaisir agité,
A l'heure où là-bas tout repose,
Ici les fêtes où l'on pose
Faisant assaut de vanité.

Là j'avais l'aube printannière,
Le chant de l'oiseau matinal,
Les senteurs du lis virginal.

Ici, j'ai des flambeaux de blafarde lumière,
Les accords sans échos d'un orchestre banal,
Et les fleurs sans parfum d'une salle de bal.

On vient de voir comment Mme de Baroncelli traite le sonnet; elle en a écrit bon nombre d'autres, tous revêtus de cette simplicité gracieuse.

Parmi ses pièces les plus connues et les plus appréciées, citons : *Bellecôte,* poésie de jeunesse, où l'auteur se révèle dans une description des lieux où il a passé ses premières années ; *A une jeune fille qui n'aime pas à coudre,* (novembre 1866), poésie de début, premier coup d'aile de la Muse à son aurore, pièce qui fut pourtant mentionnée au concours poétique de Béziers, ainsi que plusieurs autres de Mme de Baroncelli ; *Les deux prières,* morceau élevé qui, dédié à Monseigneur Chalendon, archevêque d'Aix, parut dans le *Mémorial* de cette ville et fut tiré à 1,500 exemplaires, sur la demande de l'archevêché ; *Les Anges,* (octobre 1870), pièce également bien inspirée, qui obtint un prix au concours de Béziers, comme *Ton idéal,* (mars 1874) ; *Le Lendemain d'un bal,* (1874), mentionné à ce même concours, se distingue par la belle pensée qui a servi de thème au poète ; l'ode *La France,* (mars 1876), fut publiée dans *La Décentralisation,* de Lyon ; le patriotisme y circule tout du long, un patriotisme large et généreux ; enfin, *Le Languedoc,* chœur français, (octobre 1876), auquel un prix fut aussi décerné au concours de Béziers.

Il est à regretter que madame la comtesse de Baroncelli-Javon relègue constamment sa Muse au foyer et s'obstine à la laisser vivre dans cette sorte de mystérieuse solitude où les privilégiés sont seuls appelés à lui rendre visite.

RÉVEILLÉ DE BEAUREGARD

Réveillé DE BEAUREGARD est né à Marseille (Bouches-du-Rhône).

Il appartient à une famille originaire d'Anjou. Sa mère, née à Marseille en juin 1786, était de la famille Martel, de Tarascon ; sa grand'mère maternelle, Catherine Réveillé de Beauregard, était fille de René, né à Paris le 13 avril 1709.

Son père est né à Malaga en 1802.

R. de Beauregard est un touriste vaillant et acharné. Après avoir terminé de très bonnes études, il se sentit pris d'une passion étrange pour les pérégrinations et il s'embarqua pour un voyage fort long. Il visita tour à tour l'Espagne, l'Italie, dans toutes ses parties, la Sicile, la Grèce, les Cyclades, Constantinople, l'Asie Mineure, la Syrie et l'Egypte, qu'il habita pendant plus de vingt années.

Outre les nombreux sujets de poésies qu'il a rapportés de ses voyages, il en est revenu avec la connaissance parfaite des langues italienne, grecque et arabe.

Au moment de s'embarquer pour la première fois, il écrivit à son amie d'enfance, sa Muse, lorsque le navire eût levé l'ancre et eût quitté la cité phocéenne, une très jolie pièce de vers, que nous ne pouvons publier ici, mais qui prendra place dans notre recueil d'extraits, et que nous louons d'avance pour son rhythme doux et simple.

Réveillé de Beauregard a publié de nombreuses poésies dans divers recueils français et étrangers. Parmi ses œuvres parues, nous citerons : *Voissille* ou la *Captive Chrétienne*, poëme, qui a été inséré dans le volume collectif le *Monde Poétique* et a obtenu une médaille de bronze aux concours poétiques de Bordeaux, en 1877.

Cette pièce est un épisode de l'*Essai Poétique sur les Drames de Syrie*, que prépare l'auteur, et qui formera un beau poëme en six parties.

Par la lecture de ce morceau, il nous est permis d'espérer que ce volume contiendra de réelles qualités de style et de narration. La poésie en est claire et, dans la partie descriptive surtout, d'une réelle facilité d'expression.

Cette œuvre est dédiée à un homme éminent, une des illustrations de l'Université, M. Charles Zévort, recteur de l'Académie de Bordeaux, commandeur de la Légion-d'Honneur. A la suite de la dédicace, viennent deux lettres très élogieuses adressées à l'auteur au sujet de son entreprise par MM. Louis Méry, professeur honoraire à la Faculté des Lettres d'Aix et Joseph Mathieu.

Un autre ouvrage de R. de Beauregard, qui a paru tout récemment et qui a un vrai mérite comme étude historique, *St-Gilles et son Tombeau*, a été épuisé dans quelques semaines, et il a été l'objet d'articles flatteurs du journal *La Guida del Popolo*, de Bastia, de l'*Extrême Droite*, de la *Revue de Marseille*, de la *Gazette du Midi* et de *La Lotta*, de Naples.

Le poëte a en ce moment sous presse une *Notice Historique et Statistique sur l'Épidémie de Choléra en Egypte* en 1865. N'oublions pas de dire à cette occasion que R. de Beauregard, qui a occupé le poste important de premier secrétaire de l'Intendance générale sanitaire d'Egypte, et de chef des services quarantenaires a fait preuve d'un grand dévouement pendant l'épidémie de choléra qui a désolé ce pays.

Cette belle conduite lui valut du Vice-Roi d'Egypte une augmentation de 500 piastres par mois et la décoration de l'ordre du Medjidié.

Le volume des séances de la Société statistique de Marseille, paru au commencement de cette année, parle très favorablement de cette étude, offerte primitivement à ladite Société.

Enfin, ne pouvant mentionner toutes les compositions que le poète a données aux journaux et revues, nous nommerons seulement celle qui a pour titre *La Couronne*, écrite en revenant de visiter la frégate *La Couronne*, en face de Toulon, et parue dans la *Revue de Marseille*; *La Guida del Popolo* a aussi publié plusieurs poésies de R. de Beauregard, parmi lesquelles le *Restaurant du Petit Berceau*, l'*Étoile de la Mer* et une pièce dédiée au chanoine Nicolaï, directeur du journal.

R. de Béauregard est membre correspondant de la *Revue Universelle* des sciences, lettres et arts de Voltri (Italie); membre d'honneur du cercle scientifique *le Progrès*, de Naples, avec médaille d'or; membre d'honneur du cercle académique la *Flora Italica*, de Naples, avec médaille d'or; membre d'honneur du cercle scientifique Silvio Pellico, de Naples, avec médaille d'or; membre d'honneur du cercle académique Torquato-Tasso, de Naples, avec médaille d'or; membre bienfaiteur du cercle philharmonique Bellini, de Naples, avec médaille d'or; membre d'honneur du cercle italien Petrarca, de Naples, avec médaille d'or; membre associé de la Société académique du Var; membre associé correspondant de l'Académie poétique Stésicorea, de Catane; membre titulaire de la société de statistique de Marseille; membre associé correspondant du cercle impérial et royal Frentano, à Larino; membre associé correspondant du cercle polyglotte, Mezzofanti, de

Naples ; membre d'honneur du cercle Alessandrino Manzoni, de Naples, avec médaille d'or ; membre correspondant pour le département des Bouches-du-Rhône, du Comité des Grands Concours Poétiques Mont-Réal, de Toulouse ; membre correspondant de la Société biographique de France ; membre d'honneur du grand aréopage des chevaliers bienfaiteurs de Naples, avec médaille d'or ; membre du grand aréopage des chevaliers sauveteurs de France, à Marseille ; membre de l'Académie poétique de France.

Il est collaborateur de la *Revue de Marseille* et du *Propagateur de la Méditerranée et du Var* et fait partie du comité de cette dernière publication.

Outre la récompense obtenue aux concours poétiques de Bordeaux, il a été l'un des lauréats du grand tournoi ouvert en 1877 par les concours Mont-Réal.

La *Revue Universelle* de Voltri et le *Biographe* de Bordeaux ont publié une notice biographique de sa vie et de ses œuvres.

Enfin, comme nous l'avons dit, il est officier de l'ordre impérial du Medjidié.

HENRI BELLOT

Henri BELLOT est né le 15 novembre 1822, à Poitiers (Vienne).

La plus grande partie de son enfance et sa jeunesse s'écoulèrent à La Réole, mais il alla, en 1836, terminer ses études à Bordeaux, où, pendant deux ans, il remplit les fonctions de professeur, et c'est dans cette ville que sa vocation se révéla soudain à lui, d'une façon irrésistible.

Le Père Lacordaire avait produit, en 1840, une sensation profonde parmi la jeunesse bordelaise, par sa parole d'une éloquence si magistrale et d'une persuasion si entraînante.

Une bienheureuse révolution s'opéra alors dans les rangs de cette jeunesse, qui fit trêve un instant à ses folies et dont plusieurs des membres furent si puissamment touchés qu'ils abandonnèrent aussitôt leur vie d'aventures...

Hâtons-nous de dire que Henri Bellot, tout en ayant déjà fréquenté le monde, n'avait point à rougir d'un passé exempt de scandales. Plus que tout autre, le verbe rayonnant de l'orateur chrétien le charma et le transfigura; c'était comme un reflet de la parole divine, comme un écho de la volonté du Très-Haut qui l'invitait à s'asseoir au banquet de la religion.

C'en était fait. Sa vocation venait de se révéler tout à coup. Henri Bellot disait adieu au monde et embrassait l'état ecclésiastique.

Comme il nous le disait un jour, cette détermination fut prise par lui en toute liberté, sincérité et abandon, par amour pour Dieu et les âmes.

Dans sa jeunesse, Henri Bellot avait été embrasé du feu de l'inspiration poétique, et la ferveur religieuse ne fit que raviver ces élans vers un idéal plein de noblesse et de grandeur.

Prêtre, il sut encore apprécier le monde avec les yeux de l'indulgence et avec une indépendance absolue, oubliant volontiers pour un instant son caractère sacré afin de juger avec plus de froideur et de justesse.

Aussi, quelle douceur et quelle autorité dans ses jugements !

Mais, n'empiétons pas. Henri Bellot cultivait donc la poésie depuis l'âge de raison. Ce délassement de l'esprit était pour lui un continuel entraînement. Jusque-là, il avait écrit pour sa propre jouissance, et il avait conservé mystérieusement ses compositions dans son intérieur.

Vivement sollicité, il résolut cependant de publier en 1863 un volume de ses poésies. Ainsi parut : *A travers le Siècle*.

Le volume fit grand bruit. La position de l'auteur et le talent du poète furent deux puissants appâts de curiosité. Le succès fut énorme, succès mérité s'il en fut.

Nous n'entreprendrons pas de faire l'analyse de ce recueil; le minutieux et savant examen de M. F. Fertiault, qui lui sert d'introduction, nous découragerait dans cette tentative, car il a résumé toutes les qualités de cette œuvre dans une étude approfondie, d'une vérité à laquelle nous sommes heureux de rendre hommage. Ce sera pour nous une consolation de notre impuissance.

En effet, F. Fertiault a disséqué cet ouvrage pièce par pièce, vers par vers et, sans bienveillance de parti-pris, il se voit forcé de distribuer uniquement de la louange à l'auteur; c'est là une bien douce obligation pour le critique.

Cette obligation, nous l'avons également ressentie. Nous avons lu et relu ces strophes de tous genres et de toutes manières, et nous nous sommes dit que ce n'était là ni plus ni moins que l'œuvre d'un maître. Les maîtres seuls ont cette faculté d'assouplir le rhythme à leur guise et de le faire tour à tour caressant ou saisissant selon l'allure du sujet.

Henri Bellot ne pouvait choisir un meilleur titre à son livre. Le siècle revit bien en entier, avec ses passions et ses vertus dans ces vers qu'on dirait presque vécus, tant ils pénètrent par leur accent de franchise et l'expérience consommée qu'ils paraissent trahir.

Si Henri Bellot a du prêtre, dans ces pages éloquentes, le souffle vivifiant qui rassérène, la foi qui console et éblouit, il a aussi l'assurance de l'analyste qui a vu de ses propres yeux, qui a pérégriné dans tous les recoins de la conscience humaine, sondé artère par artère cette foule aux sensations multiples et bigarrées, qui sait beaucoup, qui sent encore davantage et qui ne juge jamais au moyen du prisme de l'illusion.

Tour à tour il parle par la voix de la raison ou de la tendresse, plus souvent par ce dernier organe qui, dans toutes ses modulations, garde toujours comme un écho de l'autre, qui le fortifie. C'est ainsi que, plein d'amour pour Dieu et plein d'amour pour les hommes, bien qu'ils soient parfois indignes de tant de bonté, tout ce qu'il dit va droit au cœur et finit par vous jeter dans l'extase ; le sceptique se sent gagné par cette chaleur persuasive, le misanthrope abdique aussitôt son amertume.

Nous voudrions faire un choix dans ce volume et citer les morceaux qui nous ont paru le plus remarquables. Mais force nous serait de les citer tous, car aucun d'eux ne provoque l'indifférence, aucun d'eux ne côtoie la médiocrité.

Au nombre de ceux qui ont au suprême degré le don de charmer, nommons cependant : un sonnet-dialogue, l'*Amour de Dante*, une perle qui suffirait tout aussi bien à la réputation d'un écrivain que les sonnets de Desbarreaux ou d'Arvers ; *Penser*, un chant de foi ardente, d'un vol élevé et d'un souffle harmonieux.

Dans le même ordre d'idées, d'un idéal tout à fait supérieur, citons deux sonnets admirables ; *Le Prêtre* et *Après un regard sur le Crucifix*, dans lesquels l'auteur a mis toute son âme de chrétien fervent.

Arrêtons-nous. Nous en avons assez dit pour que ceux qui ne connaissent pas Henri Bellot soient bien convaincus que le poète dont nous nous occupons mérite d'être placé au premier rang, à une très faible distance de Victor Hugo. Qu'on le lise et on constatera que l'enthousiasme qu'on éprouve en goûtant cette poésie n'est pas notre seul guide lorsque nous formulons cette appréciation.

Le volume dont nous venons de parler est l'œuvre capitale du poète.

Depuis sa publication, sa plume est restée longtemps muette, absorbé qu'était et qu'est encore l'écrivain par ses importantes fonctions de secrétaire de S. E. Mgr le Cardinal-Archevêque de Bordeaux.

Cependant, en 1868, il a donné une excellente traduction des *Églogues Choisies*, de Calpurnius, très savante et très goûtée, et suivie d'un examen des plus sérieux.

Enfin, lors de sa réception à l'Académie de Bordeaux, il a prononcé un discours sur le *Vrai en Poésie*, qui est une étude brillamment écrite et fortement pensée.

Mais quoi qu'il écrive et quoi qu'il publie, Henri Bellot sera toujours le poète de *A travers le Siècle*, et à ce titre il ne saurait en ajouter de plus glorieux.

JEAN BERNARD

Jean BERNARD est né en 1855 à Toulouse.

Sorti d'une honorable famille, très estimée dans la localité, il donna une grande satisfaction à ses parents dès qu'il eut commencé ses études. Studieux, avide de savoir, il mettait une application extrême dans son labeur d'écolier et il se faisait promptement remarquer parmi ses camarades, dont il n'avait ni l'insouciance, ni la légèreté.

Mais il mena bientôt de front les devoirs scolaires avec la manie de rimailler ou d'enfourcher le dada de la prose. Disons-le à sa louange, les choses allèrent pour le mieux et, en se multipliant, il parvint à se mettre non seulement au niveau de ses condisciples, mais à prendre les devants, tout en caressant sa chère marotte et en conservant à ses distractions littéraires de longues heures fébrilement employées.

A quinze ans, le démon de la publicité le harcelant, il frappa discrètement à la porte des bureaux de rédaction de plusieurs feuilles littéraires, qui s'ouvrirent comme par enchantement. Le néophyte fut des mieux reçus, malgré son extrême jeunesse; il paraissait si rayonnant du désir de se voir imprimé, il montrait un tel enthousiasme pour la carrière où il hasardait son premier pas, qu'on fut tout heureux de l'accueillir et de l'encourager.

Ici, plus que partout ailleurs, il n'y a vraiment que ce premier pas qui coûte. Tout dépend de l'attitude d'un début. Affrontez hardiment le péril, ayez au cœur ce feu sacré qui seul fait l'homme de lettres, ayez le goût profond, inné, de votre art, et soyez alors sans crainte: l'avenir est à vous; le cénacle vous est ouvert, et vous ne serez pas du nombre si considérable de ceux dont on dit: *Vox clamantis in deserto.*

Citons un trait d'audace du jeune écrivain: en homme courageux, il alla bravement présenter ses élucubrations, si imparfaites qu'elles fussent alors, en raison de son âge, à des feuilles de la capitale, journaux de théâtre principalement. Au lieu de lui tourner les talons, on accepta ses compositions et on l'engagea à donner cours à sa verve précoce. Certes, personne ne s'illusionnait sur ses défauts, mais on voyait que les qualités naissantes qu'on pressentait chez le débutant prendraient vite le dessus, ce qui ne tarda pas à se produire.

Alors, il n'éprouva pas la moindre difficulté à faire agréer ses articles et ses compositions diverses.

Parmi les journaux de province auxquels il donna une part très sérieuse de collaboration, citons l'*Entr'acte*, où, de collaborateur, il passa par la suite rédacteur en chef, poste qu'il occupe depuis 1874; dans cette publication et dans les suivantes: le *Courrier de Paris*, le *Monde Artiste*, la *Comédie*, il s'escrima surtout à la rédaction des articles de théâtre, apportant dans ce genre toute l'originalité, tout le piquant, toute l'expérience spéciale qu'il exige; c'était un fin appréciateur que Jean Bernard, critique bienveillant, mais qui tenait avant tout à son franc parler, et qui s'acquittait avec une conscience rare de son petit sacerdoce littéraire, tout en faisant bonne et ample provision d'humour.

Mais Jean Bernard ne se contentait pas de ces agréables succès de la presse théâtrale. Il voulut être de son temps, et il résolut de s'essayer dans le journalisme politique. Nature nerveuse, quoique bonne et généreuse, son tempérament ardent faillit plus d'une fois lui coûter cher. Il batailla énergiquement dans le *Petit Méridional*, de Montpellier, où il fit des articles à l'emporte-pièce qui firent sensation.

Nous ne parlerons que pour mémoire de son pamphlet intitulé: *Indiscrétions Electorales*, dont il a dit lui-même: « Dans mon « passé, je ne regrette qu'une chose, c'est d'avoir écrit les « *Indiscrétions Electorales*.. »

Le soleil a bien des taches, pourquoi une vie d'écrivain n'aurait-t-elle pas de mauvais passages!

Dans cette catégorie d'œuvres politiques, citons un poëme virulent et inspiré: l'*Amnistie*, qui faillit lui donner à réfléchir par ses conséquences.

En octobre 1877, il s'en fallut de peu qu'on ne lançât contre lui un mandat d'amener pour quatre correspondances publiées par lui dans la *Feuille d'Olivier*, de Berlin. A quatre reprises le journal fut arrêté et saisi à la frontière pour ces articles. Fort heureusement pour l'auteur, la police eut le bon goût de s'en tenir là.

En somme, son bilan de journaliste politique se chiffre ainsi: Quatre procès, dont un à 2 mois de prison, 3,000 francs d'amende.

Il prit aussi une part très sérieuse à la rédaction du journal *La Renommée*, de Toulouse. Une de ses œuvres y fit sensation, les *Ouvriers sans Pain*, un roman de mœurs contemporaines, qu'on doit louer à la fois comme style et comme étude, bien que ce genre, essentiellement réaliste, soit peu en faveur. Exprimant en cela l'avis d'un de ses biographes, il nous plaît davantage, pour notre compte, de le voir tourner son affection d'un autre côté. Ce terrain scabreux n'a pas fixé son choix, ce dont nous ne songerons pas à nous plaindre.

Jean Bernard a aussi cultivé le théâtre avec succès. Une de ses pièces, *Une Maladie de Circonstance*, est d'un à-propos remarquable et d'un esprit charmant.

Il a en outre écrit un drame en cinq actes, avec la collaboration de M. Frédéric Haston : *Le Corsaire*, et une autre pièce : *Un Amour Espagnol*, drame en un acte et en vers, auquel a collaboré un poète de goût, M. Hippolyte Devillers, et qui a été représentée pour la première fois le 2 mai 1878.

Classons encore au même rang une tragédie classique d'une grave ampleur : *Vercingétorix*, et un drame qui verra sans doute le jour bientôt : *Le Vampire Royal*.

Il est également l'auteur d'un poëme de circonstance : *A Molière*, excellente pièce composée en l'honneur de l'anniversaire du grand écrivain.

Mais son œuvre principale est bien sans contredit la fondation du journal l'*Union Littéraire*, créé depuis plus de trois ans, excessivement consacré aux intérêts de la littérature provinciale, au développement de la poésie, œuvre de haute et de noble décentralisation, en même temps que recueil parfait, dirigé avec soin, rédigé de la façon la plus distinguée par Jean Bernard et ses collaborateurs, les meilleurs d'entre nos jeunes poètes d'avenir.

La tentative a été excellente et des plus fructueuses au point de vue de l'extension du culte poétique, car on ne peut s'imaginer combien de poètes sont passés à ce crible bienveillant.

Cette gracieuse revue a acquis en ces derniers temps une importance nouvelle et une vitalité plus considérable par l'adjonction du *Sonnettiste*, qui est venu lui apporter l'appoint de ses abonnés et de son influence littéraire.

Certes, il est permis de beaucoup attendre de la coopération de deux esprits entreprenants comme Jean Bernard et A. Chérié, car le sympathique directeur et fondateur de tant d'utiles publications a joint ses efforts à ceux du jeune journaliste toulousain, ce dont s'applaudiront tous les amis de la poésie.

Disons en terminant que Jean Bernard obtient en ce moment une grande vogue avec son roman : *Gargot*, publié dans un journal de l'Ouest.

A tous ses mérites, nous l'avons dit, notre confrère joint celui du poète ; bien que la prose l'accapare tout particulièrement, il a publié des poésies du meilleur goût, strophes d'amour, pièces patriotiques, etc., mais son volume en préparation : *Rimes Sauvages*, accentuera davantage encore la note de son talent.

Ajoutons à la liste des journaux auxquels il a collaboré, *Le Pétard*, l'*Indicateur Rouennais*, *Le Biographe*, *Le Tam-Tam*, etc.

PROSPER BLANCHEMAIN

—

Jean-Baptiste-Prosper BLANCHEMAIN est né à Rouen le 16 juillet 1816.

Il fit ses études au collége Henri IV, à Paris, puis il suivit les cours de droit et se fit recevoir avocat. Peu après, il entra au Ministère de l'Intérieur en qualité de rédacteur, et il se montra si bien à la hauteur de ses fonctions qu'on lui confia, au même Ministère, le poste important de bibliothécaire.

Il occupa ces divers emplois de 1838 à 1856.

Ayant abandonné la vie publique, il se retira alors dans sa charmante demeure de Longefont, ancienne abbaye transformée en pittoresque château et qu'il a chantée en plusieurs endroits, dans ses œuvres.

Tout d'abord, et pendant fort longtemps, il se livra tout entier au noble loisir des vers ; ses jours s'écoulaient sans exception dans ce doux tête-à-tête avec la Muse, et il entassait poésies sur poésies, trouvant un charme infini dans cet art d'étudier le rhythme et de se l'approprier. D'une grande orthodoxie d'idées, il ne se laissait séduire que par les pures conceptions de l'idéal ; le monde, avec son clinquant menteur ne laissait point arriver jusqu'à lui le fiel de ses doctrines ou l'ironie amère de ses sentiments. Tous les vains bruits du siècle, toutes les sottes clameurs de la foule, passaient par-dessus sa tête, sans heurter et troubler ses aspirations.

Mais, pour un poète d'une trempe si fine et si distinguée, le silence et l'incognito étaient un crime. Prosper Blanchemain se hasarda un jour à frapper à la porte des Jeux-Floraux. L'ombre de Clémence-Isaure l'accueillit avec un sourire rempli de tendresse. Elle avait distingué dans l'inconnu l'esprit supérieur qui allait dérouler devant ses yeux tous les trésors de la poésie.

Prosper Blanchemain n'eût qu'à se présenter pour vaincre. La docte assemblée des juges de la cour d'amour lui décerna le lys, puis bientôt après le souci. A quelque temps de là, il remportait de nouveau cette dernière fleur, puis son talent recevait la consécration suprême et décisive : l'amaranthe d'or, qui lui ouvrait à deux battants le sanctuaire d'Isaure et le faisait admettre au nombre des Maîtres ès-Jeux-Floraux, (8 mai 1853) titre honorable et distingué entre tous.

Mais Prosper Blanchemain, qui avait déjà produit un nombre considérable de poésies, eut l'idée de donner une autre direction à ses travaux littéraires; Ronsard l'attira, avec sa joyeuse bonne humeur, son esprit incisif et gracieux, avec son génie essentiellement français, gaulois, si l'on veut.

Il se mit à l'étudier d'une façon très approfondie, dans toutes les parties de son œuvre, ne laissant dans l'ombre aucun des côtés de ce caractère poétique si curieux et si remarquable.

Cette étude l'absorba pendant près de douze années, puis lorsqu'il l'eût complètement achevée, que Ronsard et lui n'eurent pour ainsi dire fait plus qu'un, il fit paraître une édition magnifique des poésies complètes du maître, édition qui lui fait le plus grand honneur, par le soin qu'il a mis à rassembler et à classer tous ces matériaux épars, à fondre tous ces morceaux disparates en un faisceau commun.

Un beau succès répondit à cette immense entreprise, menée à si bonne fin et la littérature s'enrichit d'un monument des plus importants, qui eut bientôt son pendant par suite de l'intelligente initiative de Prosper Blanchemain.

En effet, celui-ci ne considérait son travail que comme une ébauche; il mit donc à étudier les poètes contemporains de Ronsard, les plus distingués d'entre la pléïade de la Renaissance, la même ardeur et la même force de devoir qu'il avait déployées pour le maître.

Il donna donc successivement des éditions soignées des œuvres de ces poètes; la poésie de la Renaissance était, grâce à lui, remise en lumière et revivait dans un bloc puissant.

Le public littéraire n'eut pas assez de félicitations pour récompenser de sa tâche considérable, si bien couronnée, le poète de la Touraine, et les éditions furent si vite arrachées, qu'il fut bientôt impossible de s'en procurer un exemplaire.

Cette œuvre se complète encore, il est vrai, par la publication de *Poètes et Amoureuses*, un recueil de notices se rapportant à ces divers ouvrages, et brillamment rédigées.

Prosper Blanchemain a publié en 1866 une édition de ses *Poésies* couronnée depuis par la publication de deux autres volumes. Son œuvre poétique est divisée en cinq parties : *Poèmes et Poésies; Foi, Espérance et Charité; Idéal; Fleurs de France; Sonnets et Fantaisies*.

Le poète a ainsi réuni sous un titre commun ses poésies du même genre, car il aime et cultive presque tous les genres et les traite tous avec la même habileté et la même délicatesse.

Chrétien fervent, comme nous l'avons dit plus haut, il est à l'abri des atteintes du scepticisme et le réalisme ne donne point à ses poésies cette froide empreinte qui annihile l'inspiration et enlève au vers tout son charme.

Ne cherchez pourtant pas en lui le polémiste acharné et exclusif; il affirme hautement et énergiquement ses idées, mais, s'il larde ses adversaires, ce n'est que lorsque les doctrines qu'ils ont publiquement exposées revêtent un caractère outrageant ou malsain.

Il descend rarement dans l'arène trop terre-à-terre de la discussion; il préfère à toutes nos petitesses humaines les grandes consolations de la foi, les enthousiasmes et les ravissements de l'amour, l'extase du Beau, sous ses deux formes: idéale et naturelle.

L'ode, l'élégie, le sonnet, toutes les manières de la poésie lui plaisent également et sont pour lui au même titre une source de beaux vers et de charmantes ou chaleureuses inspirations.

Ces deux traits principaux caractérisent le poète: une exubérance rare de pensées, une exceptionnelle habileté de composition.

Le poète, comme tous les poètes, a une Muse; mais une Muse révérée et bien aimée entre toutes, une Muse dont le nom revient à chaque pièce et dont le souvenir fait vibrer dans cette lyre toujours frémissante les cordes harmonieuses du sentiment amoureux.

Cette Muse, on le sent, on le voit, a dû jouer un rôle important dans la vie du poète. En effet, ce n'est ni plus ni moins que sa compagne, qu'il chante sous le nom de Marie-Désirée.

Prosper Blanchemain avait épousé la fille unique de M. Boissel, député de la Seine.

Parmi toutes ses œuvres, parmi tant de morceaux charmants ou admirables même, nous ne pouvons faire que de courtes citations. Nommons pourtant, à part quelques beaux poèmes couronnés aux Jeux-Floraux ou dans d'autres Académies, un poème dramatique intitulé: *Une Odelette de Ronsard*, où *la Chanson d'autrefois*, et une scène anecdotique ravissante, qui produirait sur la scène, dite par un artiste de talent, un délicieux effet : *Fleurette,* épisode des amours d'Henri IV avec la petite bergère de ce nom.

Enfin, pour donner une idée plus précise du talent de Prosper Blanchemain, nous reproduisons l'appréciation suivante, qu'en a faite un de nos amis, expert en la matière : Alfred de Martonne :

« M. Prosper Blanchemain a lui-même caractérisé son talent, « lorsqu'il a dit, trop modestement toutefois :

> Ne cherchez pas en moi l'auréole idéale,
> Mais une âme où tout vibre, amour, gloire ou pitié,
> Mais un cœur simple et pur, mais une main loyale,
> Prête à serrer la main que m'offre l'amitié.

« C'est, en effet, avant tout, une nature sympathique, un écho, « un miroir. Il exprime des sentiments éprouvés, chez lui et chez « les autres, ses vers sont des impressions, non des efforts, des « actes involontaires et non des recherches ; il chante à la façon « des oiseaux ; comme le rossignol, c'est un musicien de haute « volée. Tous les secrets de l'harmonie lui sont familiers. Sympho-« nie, mélodie, concert, solo, morceau d'ensemble, notation isolée, « il sait tout ce qui vient de la Muse ; il rhythme tous les chants ; « il cadence tous les rhythmes ; il est maître de toutes les sonorités. « C'est un Poète.

« Il a la verve et la correction, l'inspiration et l'élégance. Il « pense et il sent. Philosophe et rimeur habile en l'analyse de « l'âme, métricien consommé, sa plume connaît toutes les ressour-« ces de la langue poétique, toutes les richesses du glossaire « supérieur, toutes les synonymies de l'idiome surnaturel. Chez lui « les vulgarités n'entrent pas et les vieilles défroques ne sont pas

« portées. Son coloris est éclatant et la chaleur de son enthousiasme
« réelle. Sa grâce n'a rien de maniéré, son charme rien de
« précieux. S'il manie ardemment le fouet de la satire, il sait aussi
« les choses du cœur. S'il flagelle les mauvaises pensées, il redit
« les bons sentiments; la voix haute des grandes inspirations ne
« peut étouffer ses délicatesses et disperser ses notes fines dans le
« tumulte des larges idées. »

Nous donnons ci-après la liste complète des œuvres de Prosper Blanchemain :

Poésies : T. I. *Poèmes et Poésies*, 3ᵉ édition; T. II. *Foi, Espérance et Charité*, 2ᵉ édition; T. III. *Idéal*, 2ᵉ édition. Trois vol. in-18, tirés à 500 exemplaires; plus 55 exemplaires in-8º. Paris, Aubry, 1866; une nouvelle édition en a été donnée en 1877, par le même éditeur, augmentée de deux volumes des dernières poésies de l'auteur; IVᵉ vol. *Fleurs de France;* Vᵉ vol. *Sonnets et Fantaisies.*

OEuvres poétiques de Vauquelin des Yveteaux, réunies pour la première fois. Un vol. in-8º, tiré à 300 ex. Paris, Aubry, 1854.

OEuvres inédites de Ronsard. Un vol. in-16, tiré à 310 ex., plus un tirage à 25 ex. in-fol. et 25 in-4º. Paris, Aubry, 1855.

OEuvres complètes de P. de Ronsard. Huit vol. in-16. (Biblioth. Elzévirienne). Paris, Daffis, 1857-1867, tirés à 1,200 exemplaires.

OEuvres poétiques de Fr. de Maynard. Trois volumes in-18. Paris, Gay, 1864-1867, tirés à 100 exemplaires.

Poésies de Jacques Tahureau (du Mans). Deux vol. in-18. Genève, Gay, 1868, 1869, tirés à 100 exemplaires.

Elégies de J. Doublet, publiées par la Société des Bibliophiles Normands, avec une préface et des notes. Rouen, 1869, petit in-4º, tiré à 100 exemplaires.

Le Plaisir des Champs, poëme cynégétique, Un vol. in-16. (Bibliot. Elzévirienne). Paris, Daflis, 1869, tiré à 1,200 exemplaires.

Poésies d'Olivier de Magny (Amours, Gayetez et Souspirs). Trois vol. petit in-4°. Turin, Gay, 1869-1870, tirés à 100 exemplaires.

OEuvres complètes de Melin de Sainct-Gelays. Trois vol. in-16 (Bibl. Elzévirienne). Paris, Daflis, 1873, tirés à 1,200 exemplaires.

Rondeaulx et vers d'amour de J. Marion. In-8°. Paris, Willem, 1873, tirés à 100 exemplaires.

Vie de R. Angot de l'Esperonnière, ses Bouquets poétiques et son Chef-d'œuvre poétique, publiés pour la Société Rouennaise de Bibliophiles. Trois vol. in-4°. Rouen, 1872-1873, tirés à 55 exemplaires.

Poésies de J. Tahureau, du Mans, 2 vol. in-12. Paris, Jouaust, 1870, tirés à 333 exemplaires.

OEuvres de Louise Labé. In-12. Paris, Jouaust, 1875, tirées à 350 exemplaires.

Poètes et Amoureuses, profils littéraires du XVI° siècle. Paris, Willem, 1877, in-8° deux volumes ornés de portraits.

OEuvres poétiques de Malherbe, avec une notice et des notes. Paris, Jouaust, 1877. In-16 et in-8°.

Poésies de Courval-Sonnet. Paris, Jouaust, 1876-77. Trois vol. in-16.

Nouveaux Satires et Exercices de ce Temps, par R. Angot de l'Esperonnière. Paris, Lemerre, 1877. In-16 elzévirien.

Poésies d'Antoine Corneille, frère aîné de Pierre et Thomas Corneille, publiées avec notes et notice pour la Société Rouennaise de Bibliophiles. Un vol. petit in-4°, 1877.

Sous presse : *Poésies* de Jean Passerat, de Marie de Romieu, etc.

Prosper Blanchemain a été mentionné aux Concours de l'Académie française en 1837 et 1843, pour deux superbes poèmes : L'*Arc de Triomphe de l'Étoile* et le *Monument de Molière* et cette année (1878) il a remporté encore un des grands prix de l'Académie pour ses *Poésies Complètes*.

Il est membre de l'Athénée des arts de Paris, depuis 1838; membre de l'Académie de Rouen, depuis 1846; de la Société Philotechnique, depuis 1847; de la Société des Bibliophiles français depuis 1856; de la Société des Bibliophiles normands et de la Société Rouennaise des Bibliophiles depuis leur fondation; de la Société des Bibliophiles de Guyenne.

Il a été nommé, le 24 septembre 1871, chevalier de l'ordre de Charles III, d'Espagne.

Le fils de Prosper Blanchemain, Paul Blanchemain, a publié plusieurs pièces de poésies et de remarquables articles agricoles dans les journaux d'agriculture.

Il est secrétaire et membre fondateur de la Société des Agriculteurs de France.

J. BLANCHETON

J. BLANCHETON est né en 1833, dans la Touraine.
Après avoir payé sa dette à son pays, il s'est jeté dans l'industrie, ce qui ne l'a pas empêché de caresser la Muse et de faire alterner les occupations matérielles avec les doux labeurs de la poésie.
En 1868, J. Blancheton fit paraître sa première œuvre. Monseigneur de Ségur venait de publier un ouvrage intitulé : *Les Francs-Maçons : ce qu'ils sont, ce qu'ils font, ce qu'ils veulent.*
Franc-maçon lui-même, J. Blancheton voulut entreprendre la justification de ses principes et de ses coreligionnaires et il entra en polémique avec l'écrivain catholique. Sa réponse, il la fit en alexandrins non dépourvus d'esprit, et il sut être à la fois ferme dans l'affirmation de ses idées et courtois dans la discussion.
Pendant longtemps, J. Blancheton garda ensuite le silence et, tout en se laissant aller au cours de son inspiration, il ne livra plus rien à la publicité, à part quelques mélodies, cependant.
En 1877, il eut l'idée de jeter en un petit recueil un certain nombre de ses compositions. Mais notre poète eut la malechance de déplaire à la censure et les ciseaux redoutables d'Anastasie s'abaissèrent sur son œuvre et la mirent en lambeaux. Toutes les allusions politiques disparurent donc du recueil, qui avait pour titre : *Fleurs et Pleurs* et pour sous-titre : *Souvenirs de Jeunesse.*
Chansons et romances forment la majeure partie des pièces de ce volume. Du reste, c'est là le genre affectionné du poète. C'est un chanteur effréné, mais qui aime les airs variés et dont les

intonations sont tantôt gaies, tantôt amères. Disons cependant que ce qui domine chez lui c'est la note sentimentale qu'il fait vibrer fort bien parfois. Parfois aussi, il se montre assez épris de la licence et c'est ce penchant prononcé, qui lui a valu, à n'en pas douter, les mutilations de la censure.

La plus grande partie du bagage de J. Blancheton sommeille dans ses cartons. Peut-être un jour se décidera-t-il à en sortir ses bluettes pour en former une nouvelle gerbe.

Le troubadour Frédéric Trémel a publié une biographie très flatteuse de Blancheton et a mis en musique plusieurs de ses rêveries.

BLANCHOT DE BRENAS

Louis-André-Augustin BLANCHOT DE BRENAS est né en 1828, à Yssingeaux (Haute-Loire).

Sa première œuvre poétique parut en 1856, chez Dentu. Elle avait pour titre : *Les Vélaviennes*. Ainsi que le dit l'auteur dans sa préface, ces poésies furent publiées dans leur forme première sous le pseudonyme de Marc du Velay. Puis, les ayant revues, émondé ici, augmenté là, il se décida à les lancer sous son véritable nom.

Cette œuvre a suffi pour assurer la célébrité au nom de Blanchot de Brenas. Elle le plaça du premier coup au niveau des poètes de haute valeur, par les qualités maîtresses qui s'y faisaient remarquer.

Les critiques les plus autorisés saluèrent comme un événement l'apparition de ce volume, qui rencontra une universelle sympathie. Un poète de talent, compatriote de l'auteur, Calemard de Lafayette, prit *Les Vélaviennes* sous son patronage et, dans un avant-propos plein de justesse, il rendit un magnifique hommage à ce génie poétique qui venait d'éclore.

Avec un peu plus de réserve, l'écrivain remarquable de la *Gazette de France*, Ulric Guttinguer, si compétent lui-même en la matière, consacra aux *Vélaviennes* une étude très approfondie et où la louange n'était point marchandée.

Blanchot de Brenas a été comparé avec quelque raison à Brizeux. Sans que leurs talents s'identifient, ils se ressemblent par cet amour profond du sol natal qui les caractérise si bien tous les deux. Blanchot de Brenas a élevé, comme Brizeux, un monument à sa patrie. Ce que celui-ci fit pour la Bretagne, l'auteur des *Vélaviennes* le renouvela avec autant d'enthousiasme pour cette belle contrée du Velay à laquelle il voue une idolâtrie sans bornes.

Les Vélaviennes, comme le titre l'indique surabondamment, sont un hymne perpétuel en l'honneur de ce pays si empreint d'une indicible saveur pittoresque, sauvage même. Blanchot de Brenas y psalmodie son admiration pour toutes les magnificences que la nature a entassées en prodigue dans ce coin de terre privilégié.

Et avec quelle verve il les chante, ses amours! Quelle belle flamme colore tous ses récits! Quel éclat éblouissant les dore!

C'est là la vraie poésie, celle qui sort de l'âme, celle qui vient des sources même de l'idéal, dont elle est le vivant reflet, celle qui s'imprègne de la foi, en un mot.

C'est bien là le poète chrétien par excellence, avec ses magnifiques élans, sa philosophie douce et consolante, sa miséricorde infinie, sa pitié pour les chétives machinations des utopistes.

Quoi de plus éloquent que *Le Jardin des Douleurs!*

Quoi de plus orthodoxe que *Sous un Tilleul!*

Comme tous les poètes dignes de ce nom, Blanchot de Brenas a tracé dans un morceau saisissant le profil adorable de la mère, cette créature céleste qui exerce une influence si salutaire sur l'esprit des siens, et qui a si bien le don de développer en eux le germe poétique....

Mais Blanchot de Brenas n'a pas seulement exercé sa Muse sur les sujets agrestes ou philosophiques; plusieurs d'entre ses pièces ont été inspirées par des pensées anacréontiques et son sonnet *Au plus Joli Pied* est bien dans ce dernier genre ce qu'il a produit de plus délicat. N'oublions pas *Par Hasard*, un morceau très guilleret fort heureusement couvert de gaze.

Un de ses chefs-d'œuvre: *Le Velay*, est presque célèbre. Il fut couronné au Congrès Scientifique de France, et la Société Académique du Puy lui décerna une médaille d'or.

Les Vélaviennes renferment aussi plusieurs rondeaux en vieux français qui ont un vrai et pénétrant parfum de moyen-âge.

En 1857, il publia dans *La France Littéraire*, de Lyon, un épisode d'un voyage dans les Corbières: *Le Curé de Cocugnan*, un récit admirable, qui obtint un véritable triomphe, et dont notre ami, M. de Berluc-Pérussis a dit: « L'esprit le plus éminemment « français, le plus empreint d'une personnalité vigoureuse, saisis- « saient et charmaient à la fois. » Cette pièce a été traduite en vers français par M. Estor, le félibre de la Moselle.

Au moment où nous tracions les lignes qui précèdent, nous recevions la fatale nouvelle qui nous annonçait la mort de ce digne et remarquable poète.

Blanchot de Brenas est mort le 19 septembre 1877, en faisant une excursion dans les montagnes du Mont Dore, qu'il affectionnait tant, mort encore tout rempli de rêves d'avenir, au moment où il allait publier une édition complètement refondue de ses œuvres. Et, comme nous l'écrivait une personne amie qui lui ferma les yeux: « Il est tombé comme le vrai soldat du Christ, en priant. « Ses dernières pensées furent pour le ciel. »

Malgré cela, nous laisserons dans notre galerie des vivants ce poète d'un talent supérieur, qui est bien l'une des plus belles figures que nous puissions léguer à la postérité et nous sommes heureux de payer ici un tribut de regret et d'admiration à cet homme distingué, qui fut des meilleurs et des plus dignes.

MARC BONNEFOY

Marc BONNEFOY est né le 17 mai 1840, à Lablet (Vaucluse). Ses parents, d'honnêtes cultivateurs, se trouvant dans une condition très humble, ne purent faire bénéficier longtemps leur enfant des bienfaits de l'instruction et, malgré la précocité de son intelligence, ils durent le retirer de l'école primaire, encore très léger de savoir, comme on pense.

Voilà donc le jeune Marc transformé en pâtre, faute de ressources suffisantes pour lui faire continuer ses études.

Mais nul n'était moins destiné que lui, par ses penchants intellectuels, à ce rôle des plus prosaïques. Au lieu de suivre d'un œil vigilant les allées et venues des bêtes confiées à sa garde et de les circonscrire dans le champ qui leur était assigné, Marc Bonnefoy les laissait à leur aise vagabonder sur les terres du voisin, piétiner ses semences, brouter sa récolte, etc.

Pendant ce temps, lui, il était penché sur un volume de vers et tour à tour il lisait et gravait dans sa mémoire les chefs-d'œuvre de nos poètes classiques. Que lui importaient les déprédations de son troupeau ? Dans ces instants bienheureux, il envoyait à tous les diables le sacerdoce dont il était investi et il se vengeait du positivisme de ses occupations en élevant son âme vers le beau.

Parfois, sa négligence lui valut bien une paternelle semonce, mais les réprimandes fuyaient plus vite de sa mémoire que l'impression qu'y avaient laissée les belles tirades du *Cid* ou d'*Andromaque*.

Las de cette existence monotone, Marc Bonnefoy avait hâte d'atteindre sa dix-huitième année pour faire connaissance avec la vie militaire. Il s'engagea donc, ayant au cœur le feu sacré qui fait les soldats valeureux.

Son goût pour la nouvelle carrière qu'il venait d'embrasser n'avait nullement attiédi ou déraciné sa belle fièvre poétique. Son plaisir favori était toujours la lecture des beaux vers et, à force d'en lire et d'en apprendre, il s'était mis lui aussi à en faire.

Sans doute, les premiers qu'il enfanta étaient bien pauvres. L'orthographe leur faisait souvent défaut et il en prenait aussi fort à son aise avec les règles de la versification.

Mais, comme dit le proverbe, généralement en forgeant on devient forgeron. Ses premiers vers étaient détestables, les suivants un peu moins mauvais et enfin, il arriva bientôt à en produire de passables. Les progrès étaient des plus sensibles. Ce *crescendo* continua pendant très longtemps et, en 1876, Marc Bonnefoy publia son premier volume de poésies.

Ce volume est intitulé : *Dieu et Patrie* et l'auteur l'a dédié à l'armée française.

Toutes les poésies contenues dans cet ouvrage sont inspirées par une idée patriotique. L'auteur a puisé surtout dans la mine féconde fournie par la dernière guerre, les sujets de ses compositions.

Cette fatale campagne revit tout entière dans ce vaillant petit livre, tout plein de fanfares guerrières. Pas une étape de ce triste calvaire n'a été oubliée. Pas une scène de ce vaste tableau n'est restée dans l'ombre. Marc Bonnefoy a jeté sur son livre toutes les impressions qui lui sont venues au spectacle de cette lutte à jamais mémorable.

Par lui, tous les héroïsmes sont mis en pleine lumière; il chante sur un rhythme éclatant les mâles dévouements et les sublimes abnégations que chaque jour voyait éclore. Ce livre est la consolation des vaincus, car il retrace leurs courageuses actions et les grave en lettres d'or sur les tables de marbre de l'histoire.

A côté, se trouve le pilori sur lequel il cloue sans pitié les lâchetés et les défaillances, leur appliquant le châtiment de son vers mordant et énergique.

Le ton général de l'œuvre, que nous avons indiqué, n'empêche nullement que ses images offrent une grande variété. Ici, il consacre au culte du drapeau un morceau d'une noble allure. Le sentiment de l'orgueil national y est exprimé d'une façon très fière et très hardie.

Là, il dépeint les mille sensations qui assaillent la sentinelle, au milieu de ces heures terribles. Ce petit croquis plein d'enjouement est extrêmement original.

Plus loin, il parle du perfectionnement apporté dans les engins de guerre, et il dit avec raison que ce n'est point l'armure qui fait le soldat, mais la foi patriotique, cet ardent amour du foyer natal qui ne peut être mieux entretenu que par cette autre foi qui est le berceau de toutes : la foi chrétienne.

Plus loin encore, se montre une éclaircie, et une idylle charmante nous apparaît, au milieu du fracas de la mitraille; un visage gracieux sort de ce cadre terrible formé par la guerre et tout son attirail.

Du reste, Marc Bonnefoy cultive l'idylle avec succès. Son second volume : *Fantaisies Poétiques d'un Officier* (1877) en contient de ravissantes qui font honneur au talent souple et varié de leur auteur.

Ce dernier ouvrage diffère par le genre du précédent. Ici, c'est le sentiment proprement dit qui domine. Les idées restent toujours très pures et la licence y est inconnue.

En somme, Marc Bonnefoy n'appartient à au　e école poétique. Il prise le fond à l'égal de la forme. Pour lui, le fond doit cependant l'emporter sur la forme, qui ne doit être considérée que comme un accessoire *indispensable* de la Poésie.

Marc Bonnefoy a collaboré ou collabore à la *Tribune Lyrique*, à la *Fraternité*, au *Bulletin de la Poésie*, à la *Revue des Poètes*, à la *Vie Artistique*, etc., etc.

Il a composé, en collaboration avec M. le colonel Francis Pittié, un petit opuscule de poésies intitulé : *Viæ Victoribus*, qui n'a pas été mis dans le commerce.

Il prépare un poème philosophique; puis viendra la *France Glorieuse*, suite de *Dieu et Patrie*, etc.

Il a obtenu des médailles d'argent, de vermeil ou d'or de la Société d'Encouragement au Bien, de l'Union Poétique, de l'Académie des Poètes, de la Société Florimontaine, etc.

Il est membre de la Société Philotechnique, de l'Académie des Poètes, de l'Académie du Var, de l'Académie des Muses Santones.

Marc Bonnefoy est aujourd'hui capitaine au 111° de ligne, et détaché près du conseil de guerre, à Toulon.

Son dernier volume, qui paraît à l'instant même: *Maurice*, poème qui retrace les luttes d'un jeune homme aux prises avec la vie, a soulevé une véritable tempête dans la presse. Pour le flageller, l'auteur étale le vice dans toute sa nudité et, malgré la crudité de certains passages, le tableau reste vrai et est loin d'être dépourvu d'intérêt.

RAOUL BONNERY

Raoul BONNERY est né le 9 février 1851, au Mans (Sarthe).

La vie de ce jeune poète est des plus caractéristiques et des plus émouvantes. Si émouvante, que la narration semblerait plutôt l'œuvre de la fiction que l'écho de la réalité. Aussi, en retraçant le fait suivant, qui est certes le côté le plus saillant de cette existence dramatique, sommes-nous persuadé d'inspirer à ceux qui nous liront l'intérêt le plus vif pour notre confrère.

A dix-huit ans, un grand malheur venait frapper l'infortuné: ses yeux se fermaient à la lumière et Raoul Bonnery ressentait les tortures sans nom de la cécité. Dire ce qu'il endura de souffrances physiques, dire ce qu'il éprouva d'angoisses de toute sorte, est au-dessus de nos forces. Seul, le poète si durement éprouvé dira plus tard dans un langage *vécu* cette lente agonie suivie d'une miraculeuse résurrection.

Raoul Bonnery était donc plongé dans la nuit la plus épaisse. Son horizon était plus noir que les eaux mêmes de l'Achéron. Abreuvé de douleurs que la pensée humaine a peine à concevoir, dont la parole impuissante ne saurait rendre la saisissante et terrible expression, il vécut quelque temps dans un état si proche de la mort, qu'on put croire un instant que la mort elle-même était venue pour le pauvre enfant. De ses paupières closes, à travers lesquelles le jour avait cessé de filtrer ses douces lueurs d'espérance et de vie, sortaient sans cesse des torrents de larmes.

Sa mère avait beau l'abreuver de ses soins vraiment angéliques, l'envelopper de cette tendresse touchante dont seules les mères, ces créatures divines, paraissent posséder le secret, rien ne pouvait dissiper le voile lugubre jeté devant ses yeux.

Mais, au milieu de cette poignante catastrophe, l'âme du malheureux aveugle avait conservé sa pureté première, nulle pensée de récrimination et de haine ne venait l'assiéger; au fur et à mesure que ses maux grandissaient, il se sentait au contraire transporté plus près des idéales régions, comme si la douleur, ce creuset puissant, eût purgé son esprit de toute scorie, n'y laissant que l'essence du beau et du bien.

Raoul Bonnery était devenu poète, et voici dans quelles circonstances:

L'invasion allemande était venue; Raoul Bonnery resta seul au foyer paternel, son frère était sous les drapeaux. Profondément patriote, le jeune aveugle vit s'ajouter à toutes ses souffrances celle de son impuissance. Hélas! il ne pouvait vouer à la pauvre France qu'un ardent mais platonique amour; il se consumait en tristesse en songeant qu'il ne pouvait offrir à sa patrie, dans cet instant suprême, que ses vœux et ses prières, que son amour et que son espérance.

D'un autre côté, le sort de son frère était pour lui l'objet de vives alarmes. La crainte de le voir succomber dans la lutte, sans pouvoir lui donner la dernière accolade, le torturait sans cesse.

Toutes ces sensations profondes l'agitèrent tellement qu'elles donnèrent naissance chez lui à l'inspiration poétique et qu'il commença à faire ou plutôt à dicter ses premiers vers, car la mère du poète aveugle était obligée de les retracer.

Sans doute imparfaits comme correction, ces vers étaient empreints d'un mâle patriotisme et d'une grande énergie de pensées;

plusieurs de ces pièces furent dédiées aux généraux qui se trouvaient alors à la tête de nos armées, et la plupart d'entre eux daignèrent envoyer des remerciements et des félicitations au poète.

Au fur et à mesure qu'il recouvrait la vue, Raoul Bonnery revenait à la vie, à la gaîté ; à ce moment, il composa même un certain nombre de joyeuses chansons. Quelque temps après, il mit au jour plusieurs romances.

A ceux qui ont lu le court récit que nous venons de faire de l'infortune du jeune poète, nous ne saurions trop conseiller de lire la brochure publiée par lui en 1873, et intitulée : L'*Aveugle*, au *docteur Coursserant*.

Dans ces stances, Raoul Bonnery a dépeint de la façon la plus touchante, en un style coloré et ému, cette triste phase de son existence. Si l'on veut se rendre compte de son martyre, on n'a qu'à jeter les yeux sur ces strophes senties, vécues, comme nous le disons plus haut. Dans cette brochure, l'auteur a payé un magnifique tribut de reconnaissance à son sauveur, le docteur Coursserant, l'habile praticien qui lui rendit la vue. Hélas ! cet homme de talent expirait juste au moment où Raoul Bonnery traçait son poème !

En cette même année, il publia un opuscule patriotique : *Metz et Strasbourg délivrées*, qui fut dédié à Victor Hugo. Le grand poète le remercia par l'envoi de sa photographie, de l'hommage de ces vers enfiévrés, où la critique pourrait peut-être signaler quelques négligences de structure, comme dans son dernier volume de vers : *Une Gerbe*, paru en 1877, qui renferme des pièces charmantes.

Raoul Bonnery ne pèche, du reste, que par ce côté ; ses sentiments sont toujours d'une grande fraîcheur ou d'une grande élévation ; qu'il se montre plus scrupuleux dans la facture de ses vers, plus observateur des règles de la poétique, et son talent ne pourra qu'en ressortir davantage.

Raoul Bonnery a collaboré à la *Revue de la Poésie*, à la *Revue des Poètes*, au *Tournoi Poétique*, à la *Ligue des Poètes*, aux *Échos Parisiens*, au *Bulletin de l'Académie des Muses Santones*, etc.

Il est membre de l'Académie des Poètes, de l'Académie des Muses Santones, de la Société Florimontaine d'Annecy, de la Société littéraire de Béziers, de la Société des Auteurs et Compositeurs, des Concours Poétiques de Bordeaux, auxquels il a pris part et où il a obtenu plusieurs mentions, ainsi qu'aux joûtes de la *Revue des Poètes* et du *Tournoi*.

Son volume : *Une Gerbe*, a été récompensé par l'Institut Confucius, qui lui a décerné une médaille d'honneur.

Il a en portefeuille une liasse considérable de poésies manuscrites et il se propose d'en faire bientôt un choix pour la publication d'un nouveau volume.

BOUÉ (DE VILLIERS)

Amable-Louis-Raphaël BOUÉ (DE VILLIERS) est né à Villiers-le-Bel, près Paris, en 1836.

Tout jeune, au beau milieu de ses études, il se sentit pris d'une rage folle pour la littérature. C'en était fini. Bon gré, mal gré, cédant à cette passion tenace, il interrompit ses classes et, comme tant d'autres, il voulut, avant de se lancer dans le tourbillon de la vie littéraire, avoir une certaine teinture de l'art de Gutemberg. Il se mit donc hardiment à la *casse*, bonne et utile précaution pour un publiciste, nous dirons mieux, apprentissage presque indispensable.

Ses débuts eurent lieu dans les publications éphémères du quartier latin, dans ces feuilles au souffle printanier, qui, malgré leur ton léger, sont cependant une fructueuse école pour le débutant, qui y renouvelle ou ravive sa verve et y apprend à débarrasser son style des funestes habitudes comme l'emphase et le pédantisme, en le revêtant d'une simplicité mêlée de désinvolture, toutes choses dont est fait l'esprit gaulois.

Il écrivait en même temps dans une foule de journaux de province, tels que ceux du Hâvre, de Rouen, de Mâcon, de Bordeaux et de Saintes. Toutes les feuilles normandes eurent également le privilége de recevoir sa prose et ses vers et leur firent le meilleur accueil.

Il signa tour à tour de son nom et de divers pseudonymes, comme, Guy de Vernon, Jacques Artevelle, Docteur Rouge, Raymond de Ferrières, Louis de Villiers, Baron de la Goulafrière,

Teutatès, l'abbé Népomucène, capitaine Lancelot, comtesse Sarah de Halsbey, etc.

Il a publié sous ses initiales et sous le titre de: *Photo-Sculptures Excentriques*, des articles pleins d'enjouement et d'originalité dans *La Petite Revue, Le Gringoire, La Jeune France*, etc., et il a fait pour plusieurs journaux des *Lettres Parisiennes* et correspondances littéraires où l'esprit et les renseignements étaient toujours puisés à de bonnes sources.

Parmi ses productions de début, nous devons citer : *Haro sur Nicolas!* satires écrites à l'occasion de la guerre de Crimée, et qui ne passèrent point inaperçues ; *Études Historiques et Archéologiques* sur le canton d'Écouen (1853); l'*Exposition Universelle* (1855); les *Anges de la Terre*, l'*Agriculture*, poèmes, etc.

Esprit varié, aux vastes proportions, Boué de Villiers se sentait de taille à mener de front tous les genres. C'est ce qu'il fit hardiment et toutes ses tentatives ont eu le meilleur résultat.

Longtemps, il cultiva le roman et il entassa un bagage important. Successivement parurent *Vierge et Prêtre*, (1862) dont il avait offert la dédicace à Victor Hugo et qui attira les éloges du maître et de tout le public; les *Martyres d'Amour*, (Dentu 1863); les *Amoureux de Flavie*, (1864) ; *Domenica*. Romancier, il donne libre cours à son exubérante imagination; il combine son action avec beaucoup de goût et de soin et il brode sur son intrigue un canevas fait d'un style coloré et expressif.

En 1865, il a publié une étude biographique sur *Armand Lebailly*, le pauvre et remarquable poète qui était destiné à illustrer un jour la Normandie, mort plein d'espérances, à l'aurore d'un talent magnifique, nature richement douée, comme la plupart de celles, hélas! que le destin voue à une mort précoce. Boué de

Villiers a écrit des pages fort touchantes sur cette physionomie si attachante, si digne, sur cette victime si intéressante de la poésie, sublime incarnation qui à de certaines heures se transforme en Minotaure et dévore ses enfants les plus méritants : Gilbert, Millevoye, Mürger, Hégésippe Moreau, Lebailly.

Rien d'étrange comme le talent de Boué de Villiers. Rarement diversité aussi heureuse et aussi charmante s'est rencontrée dans un écrivain.

Après avoir fait du sentiment dans les *Martyres d'Amour*, du sentiment jusqu'à la mélancolie, jusqu'aux larmes, jusqu'aux sanglots, il fait du rire aussi jusqu'aux larmes dans *Messieurs nos Pompiers*, (1863-64). Cette brochure parut tout d'abord sous le pseudonyme de *Mirlitir*. Quelques années après, considérablement augmentée, elle paraissait de nouveau chez l'éditeur Cournol (1868) sous ce titre : *La Bible des Pompiers*, avec des illustrations.

L'auteur a semé comme une traînée de folle gaîté tout le long de son volume. L'enjouement y arrive au suprême degré ; c'est un feu roulant de saillies, d'arlequinades, de bons mots pétillants, d'anecdotes ultra-comiques qui ne peut guère être comparé qu'au livre désopilant de Jules Noriac, qui amusera encore plusieurs générations, le fameux *101e*.

Circonstance inattendue et singulière, la bégueulerie exagérée de certaines gens défèra aux foudres de la justice ce volume badin et inoffensif, sous lequel on n'eût jamais pu découvrir, avec la meilleure perspicacité du monde, une machine de guerre dressée contre la société et la morale. Pourtant, nous devons dire, dût la chose paraître grotesque au-delà de toutes limites, que la Cour de Caen, sous prétexte d'outrage à la morale publique et religieuse, ordonna la destruction de l'ouvrage et condamna l'auteur, l'éditeur et l'imprimeur chacun à 100 fr. d'amende.

La peine comportait la privation des droits civils. Croira-t-on que les magistrats scrupuleux de la Cour de Caen accusèrent notre confrère de « *provocation publique* à l'INCESTE » pour ces deux vers des Commandements du Pompier !

> Belles filles embrasseras
> Et leurs mamans semblablement.

On ne peut se faire une idée de la risée qui accueillit un pareil jugement, dans le public et dans la presse. Tout le monde avait lu un an auparavant dans *Le Gaulois*, *Le Figaro* et une foule d'autres journaux, ces vers dont le seul crime était d'être satiriques et les juges pudibonds de la ville de Caen se fussent amèrement mordu les doigts si l'écho de toutes les épigrammes et de tous les commentaires qu'on fit à ce sujet était allé jusqu'à leurs oreilles.

En 1868, cet ouvrage parut de nouveau avec quelques modifications sous le titre : *Les Pompiers peints par eux-mêmes*, mais les *Mystères du Coucou Fidèle* furent remplacés par l'hagiographie de Ste-Barbe.

Boué de Villiers vécut pendant quelques années de cette vie du soldat qui ne laisse guère le champ libre à l'inspiration. Cependant, à la dérobée, il glissait pourtant quelques-unes de ses élucubrations dans des journaux amis.

Sa dette payée, il quitta Paris et se transporta à Evreux, où il entrait à la rédaction du *Courrier de l'Eure*. C'est à ce moment qu'il créa dans sa localité *Le Petit Bonhomme d'Evreux*, petite revue d'une allure très joviale et d'une tournure fort spirituelle. Boué de Villiers, caché sous divers pseudonymes, y traçait, de cette plume qui a idéalisé les Pompiers, des chroniques, des silhouettes et des chansons où ne manquaient ni sel ni épices, le tout écrit à un point de vue local, au courant de l'actualité ou, plus souvent, de la verve de son rédacteur. Malheureusement, l'autorité préfectorale fit la grimace, et la conséquence de cette grimace fut la disparition de la petite feuille.

A cette même époque, il créa une publication poétique annuelle : *Les Échos Littéraires Contemporains*, (1863-1866) à laquelle collaboraient la plupart des poètes de talent : Thalès-Bernard, Fertiault, Paban, Glatigny, Armand Lebailly, Ponzio, etc.

Trois volumes collectifs furent ainsi publiés : *Rimes et Pensées du Siècle*, *Chants d'Amour* et *La Muse Virile*.

En 1868, il fonda un journal politique : *Le Progrès de l'Eure*, feuille de l'opposition avancée, dans laquelle il soutenait courageusement ses convictions, ce qui lui valut nombre de procès coûteux.

Pendant la guerre, lorsque les Prussiens occupèrent la ville de Rouen, Boué de Villiers ne put contenir sa patriotique indignation. Il éleva bravement la voix dans son journal contre les turpitudes de nos ennemis, et poussa même la témérité jusqu'à publier en langue allemande, un appel à l'armée du roi Guillaume, lui démontrant combien son rôle était odieux et l'invitant à fraterniser avec les Français au lieu lieu d'obéir servilement aux ordres de ses principicules.

Boué de Villiers fut arrêté aussitôt, et peu s'en fallut qu'on le passât par les armes, tant l'autorité prussienne lui en voulait de ses diatribes contre elle.

On vit même ce fait étonnant : le général prussien de Bardy

enjoignant aux habitants d'imposer silence au rédacteur du *Progrès*, sous peine de bombardement de la ville.

Pour mieux s'assurer son impuissance, on dépêcha un piquet de uhlans dans l'imprimerie. Les presses furent abimées, le journal forcément suspendu, le matériel dispersé et endommagé, et, pour comble de douceur, Boué de Villiers eût à loger chez lui et à entretenir à ses frais seize soldats prussiens qui veillaient sur sa personne.

Notre courageux confrère a raconté dans une brochure intéressante : LES PRUSSIENS A EVREUX, *histoire héroï-comique d'un Journaliste français et d'un Préfet allemand*, les incidents aussi curieux que révoltants de cette période bien triste. Il eût été à souhaiter que chacun eût compris de cette façon le devoir qui s'imposait au patriote en cette douloureuse circonstance.

En 1872, *Le Progrès de l'Eure* céda sa place à *l'Union Républicaine de l'Eure*, dont le directeur fut Jules Gouache, un publiciste d'une grande expérience et d'un talent considérable, en même temps que d'une haute valeur personnelle.

Condamné à 4 mois de prison pour délit de presse, Jules Gouache, très abattu, très souffrant auparavant, mourut quelques jours après l'expiration de sa peine.

Boué de Villiers lui succéda dans ses fonctions et, comme son prédécesseur, il sut donner à l'*Union* une vigoureuse impulsion. Journaliste actif, intelligent, polémiste énergique, soutenant ses idées avec une verve et une vigueur rares, il s'est fait un nom très estimé et très considéré dans la presse.

A peine avait-il pris possession de l'*Union Républicaine*, qu'il était poursuivi pour un article consacré à la mort de Jules

Gouache. Mais il sortit victorieux de cette affaire et son acquittement fit un certain bruit.

En outre des ouvrages cités plus haut, il a publié: *Le Livre de la Jeune Femme,* volume collectif de poésies, (1866); *La Normandie Superstitieuse et les Saints Grotesques,* Paris, Le Chevalier (1869); *Chansons Patriotiques* (1871); *Lettre aux Ouvriers et aux Paysans* (1871); *Le Centenaire Franc-Maçonnique de Voltaire* (1877).

Parmi ses ouvrages publiés en feuilleton ou encore inédits, citons ensuite: *Lettres sur le Magnétisme; Fray Antonio,* roman; *Histoire du Château Gaillard,* etc.

Il a collaboré au *Républicain* et au *Progrès,* de Rouen, aux journaux du Hâvre, au *Courrier Français,* de Vermorel, etc.

Poëte excellent lui-même, possédant une science consommée du rhythme, une inspiration brillante, il a vraiment acquis un titre de gloire par sa constante sollicitude pour le développement de la décentralisation. Nul plus que lui ne s'intéresse à l'éclosion, à la mise en relief des jeunes écrivains de la province. Il a toujours été ému des mille et un obstacles dressés devant les pas des enfants de la Muse. Aussi, à plusieurs reprises, s'est-il mis à la tête de tentatives hardies et fructueuses par ses publications collectives, et par ses appels pressants, chaleureux, a-t-il su rallier à sa bannière, en plusieurs circonstances, une foule de débutants, dont plusieurs lui ont dû leur notoriété future.

C'est une de ces tentatives heureuses qu'il a faite en instituant *La Muse Républicaine,* il y a quatre ans déjà, avec le concours d'un grand nombre de poëtes dociles à sa voix. Chaque année, *La Muse Républicaine* publie un énorme volume qui est le fruit de cette collaboration. L'excellent directeur de *La Revue des Poètes,* Alfred

Chérié, est l'éditeur de ces ouvrages, qui contiennent chacun plusieurs portraits de personnages célèbres.

Afin de mieux favoriser l'élan poétique, auquel elle a déjà donné une si forte impulsion, *La Muse Républicaine* a organisé des concours de poésie. Le premier avait pour sujet : *Voltaire ;* le deuxième : *La Mission de la Femme Contemporaine.*

Presque tous les organes de la presse française et étrangère ont salué cette publication avec des paroles d'encouragement et de sympathie, toute acception d'opinion à part. Dans un avenir peu éloigné, elle deviendra une revue mensuelle.

Plus de cent poètes de mérite, dont quelques-uns sont des talents de premier ordre, prennent part à la composition de *La Muse Républicaine.* Citons : Emmanuel des Essarts, Emile Blémont, du *Rappel,* Hector l'Estraz, Fertiault, Clovis Hugues, le chevalier de Châtelain, Alfred Leconte, le député de l'Indre, etc. N'oublions pas de dire que Boué de Villiers fournit sa note dans ce concert. Chacun des volumes de *La Muse* contient de lui quelques morceaux pleins de sentiment et de vigueur, ode ou chanson, idylle ou sonnet.

Rendons-donc grâce à l'intelligente initiative de cet écrivain sympathique entre tous, à qui la décentralisation doit déjà beaucoup et sera redevable chaque année d'une dette plus forte.

Boué de Villiers est un novateur généreux, que nous signalons à l'estime de tous ceux qui ont quelque souci de l'honneur et de l'avenir de la littérature. Avec des champions de cette valeur, cette parole des sceptiques : « La Poésie est morte » sera toujours un vulgaire et grossier mensonge.

MARIUS BOURRELLY

—

Dominique-Marius BOURRELLY est né le 2 février 1820, à Aix-en-Provence.

Il commença ses études dans cette ville et alla les continuer à Toulouse, où il suivit les cours de l'École Vétérinaire jusqu'en 1843.

Pendant une quinzaine d'années, il exerça l'emploi de courrier de malle-poste, qui, par les loisirs nombreux qu'il lui fournissait, lui permettait ainsi de se lancer à corps perdu dans la littérature. Il ne perdit pas son temps et il utilisa le mieux du monde ses heures de répit, pendant lesquelles il écrivit une grande partie de ses œuvres.

Plus tard, le chemin de fer de Paris-Lyon-Méditerrannée vint entraver le fonctionnement de cette industrie, ou pour mieux dire, le rendre impossible; mais, en compensation du préjudice qu'elle lui causait, l'administration se l'attacha et le nomma chef de bureau de la construction, poste qu'il occupe toujours.

De l'aveu de tout le monde, Marius Bourrelly, qui a écrit presque toutes ses œuvres dans la langue provençale, est le plus fécond de tous les *félibres*. Aucun des membres de la vaillante et charmante phalange de ces esprits libres n'a produit un nombre aussi considérable de vers.

J.-B. Gaut, un littérateur bien connu, dit que Marius Bourrelly a écrit plus de six mille vers provençaux. Pierre Larousse, dans son *Grand Dictionnaire Universel du XIXe Siècle*, au cours de la biographie flatteuse qu'il consacre au poète, prétend que celui-ci en a écrit au moins trente mille. Enfin, tous deux sont paraît-il dans l'erreur et ce nombre va jusqu'à cinquante mille, d'après la confession même de l'auteur, qui se borne à constater un fait et, avec son habituelle modestie, ne prétend pas le moins du monde tirer vanité d'une production aussi considérable, dont beaucoup d'autres s'enorgueilliraient avec raison, étant donnée surtout la qualité de ses vers.

Marius Bourrelly avait à peine vingt ans lorsqu'il débuta dans les lettres. Il se fit tout d'abord connaître par la création de divers journaux de théâtre où il épanchait ses juvéniles élans. Puis, il se mit à collaborer à la plupart des feuilles de la contrée, et il n'est pas une seule publication provençale qui ne l'ait compté au nombre de ses collaborateurs assidus.

C'est ainsi que, côte à côte avec les principaux maîtres du félibrige, il a écrit successivement dans celles qui suivent : *Lou Bouiabaisso* (La Bouillabaisse); *Li Provençalo* (Les Pervenches); *Lou Roumavagi dei Troubeire* (La Fête des Troubadours); *Li Nouvé* (Les Noëls), etc.

Il a surtout pris une part des plus actives à la rédaction du journal de son ami J.-B. Gaut, *Lou Gay Saber*.

Enfin, il écrivit aussi dans une publication de Marseille, intitulée : *Le Cassaire*, et il se donna le plaisir de la petite mystification suivante, qui intrigua longtemps le public, et qui ne fut découverte plus tard que par son propre aveu :

Il avait publié dans ce journal une correspondance en vers provençaux datée de Toulon, et pétillante d'esprit et d'intérêt. Sous divers pseudonymes, il alimenta lui-même cette correspondance, et lui donna ainsi tout l'attrait et le piquant d'une petite discussion poétique. Attaques et ripostes partaient de la même plume, ce dont on ne se fût jamais douté, tant le poète avait su modifier son style et le plier aux exigences de son rôle de Janus. Ses lecteurs s'intéressaient fort à ce gracieux tournoi et on ne s'aperçut du jeu de l'écrivain que lorsque celui-ci leva son masque. Ce curieux incident littéraire fit grand bruit dans la localité et la révélation de la fin provoqua un étonnement unanime.

Marius Bourrelly se fit donc promptement connaître par l'atticisme et le brio de son talent. Il tenait hautement le drapeau de la vieille école provençale et il fut un de ceux qui l'arborèrent avec le plus de succès et contribuèrent avec le plus d'activité au développement et au triomphe du félibrige. Il fut un des vaillants qui sonnèrent son réveil avec une foi profonde et une furia toute méridionale.

Aussi est-il resté toujours associé au nom de la pure et chère trinité poétique de la Provence : Mistral, Roumanille et Aubanel.

Il se trouva engagé comme tout le monde dans le différend qui eut lieu au sujet de l'orthographe et du style de la langue provençale. Classiques et romantiques, on s'en souvient, défendaient chaudement leurs préférences orthographiques. Bien que quelques dissidents aient persévéré dans leur idée de soumettre le provençal aux règles de la prosodie française, l'avantage resta pourtant aux romantiques et le langage des félibres conserva sa vieille indépendance, pour laquelle luttaient si courageusement ses adeptes, à la tête desquels se trouvait le grand poète Mistral.

Marius Bourrelly qui, un instant, s'était trouvé dans les rangs des classiques, prit ensuite de très bonne grâce parti pour les romantiques, ayant reconnu que le Provençal ne pouvait qu'être altéré par l'évolution grammaticale et prosodique qu'on voulait lui faire subir.

Marius Bourrelly, disons-le, a aussi composé un grand nombre de vers français, et des meilleurs. *Le Sonnettiste* et d'autres publications ont donné de lui des sonnets d'une forme irréprochable et d'une grâce parfaite.

D'ailleurs, il a écrit en français une quantité de pièces pour le théâtre, dont la plupart ont été représentées et renferment de réelles qualités scéniques. Au nombre de celles-ci, nous citerons une comédie en deux actes, en vers, *Rouget de l'Isle* ou *La Marseillaise*, représentée pour la première fois à Marseille, le 1er juillet 1849. Cette pièce contient des tirades d'une belle inspiration et d'une véritable éloquence. Elle est pénétrée d'un accent profond de patriotisme et est de nature à produire sur un auditoire un effet saisissant.

Parmi ses autres pièces, nous mentionnerons: *Le Cheval de Trompette*, comédie en deux actes, en vers; *La Nuit tous les Chats sont gris*, comédie en trois actes, en vers; *Il est Minuit!* vaudeville en un acte; *Deux Godinho*, comédie en un acte, en vers; *Esope le Phrygien*, monologue en vers; *Le Roi de Ratouleau*, monologue en vers; *Quatre Hommes!... et un Caporal*, vaudeville en un acte; *Montauban en 1850*, comédie-prologue en un acte, en vers; *Il faut hurler avec les Loups*, comédie en deux actes, en vers; *Les Petites Affiches*, vaudeville en un acte; *Le Chat de la mère Michel*, folie-vaudeville en un acte; *Le Tribun Rienzi*, un acte en vers; *Une Nuit d'Young*, un acte en vers; *Salomon de Caus à Bicêtre*, un acte en vers; *Les Jeux du roi René*, pièce en un acte, en vers français et provençaux; *Le Lion de Manosque*, vaudeville en un acte ; *Le Chien de Jean de Nivelle,* comédie-vaudeville en deux actes.

Mais l'œuvre capitale de Marius Bourrelly, une œuvre qui est un véritable monument littéraire, et qui prendra place parmi les plus belles floraisons du riche idiôme provençal, est la traduction des *Fables* de La Fontaine, dans le doux parler des félibres.

De nombreuses tentatives de ce genre avaient été déjà faites jusqu'à ce jour dans presque tous les idiômes et divers poètes provençaux avaient abordé ce travail avec un certain succès, mais aucun d'eux n'était approché d'une réalisation si complète et si heureuse, et, d'ailleurs, nul n'avait traduit la totalité des *Fables* du Bonhomme.

Marius Bourrelly, lui, a abordé hardiment l'œuvre de l'immortel fabuliste, il en a étudié toutes les parties avec un soin et un tact merveilleux. Mais il n'est pas seulement entré dans la pensée intime du poète, il n'a pas seulement rendu dans la langue imagée et expressive de son pays ces scènes charmantes, frappées au coin d'une originalité et d'une finesse incroyables. Il a ajouté au piquant et à l'intérêt du maître la fleur de son propre esprit ; respectant le fond des fables, il en a élargi le cadre et l'a approprié la plupart du temps à la Provence, dont il nous a ainsi dépeint les caractères et les mœurs dans une série de tableaux à la touche excellente.

Ce qu'il y a surtout à remarquer, dans la transformation qu'il a fait subir aux compositions du fabuliste, ce sont les morales, qu'il a complètement refondues et où il est tout à fait lui. En effet, il a remplacé les morales de la Fontaine par des à-propos de son crû, appliqués aux choses et aux gens de sa contrée. Ce sont des boutades extrêmement spirituelles, où il se montre un Aristophane doué d'un vrai talent d'observation et d'un vrai mérite de satirique.

Il faut voir comme il traite, par exemple, les parasites de la littérature ! Il leur lance des dards acérés comme ceux de l'abeille !

Enfin, c'est une œuvre d'une vivante actualité et d'un haut intérêt. Tel a été, du reste, l'avis des maîtres du félibrige et des principaux organes du Midi, sans omettre les suffrages nombreux qui lui sont venus des quatre coins de la France.

C'est ainsi que cet excellent travail a été l'objet des éloges les plus pompeux de la part de connaisseurs comme Mistral, Jean Aicard, Roumanille, J.-B. Gaut, Mèste Franc, Aubanel, Balaguier, etc., etc.

Cette œuvre forme deux beaux volumes, imprimés avec un véritable luxe, et dont le premier est orné du portrait de l'auteur.

Enfin la Société de Statistique de Marseille a accordé à cet ouvrage une mention honorable (seule récompense à décerner aux œuvres non inédites) dans sa séance du 19 décembre 1872.

Marius Bourrelly est Félibre majoral et il porte la cigale d'or depuis 1876 ; il est membre de la Société archéologique, scientifique et littéraire de Béziers, depuis le 1er juin 1873 et il a remporté quatre médailles d'argent aux concours de cette ville ; membre également de l'Académie de Toulouse, depuis le 11 novembre 1874 ; (une médaille d'argent et une mention honorable) de la Société littéraire, scientifique et artistique d'Apt (Vaucluse) depuis le 31 décembre 1875 (médaille de bronze) ; membre de la Société pour l'étude des langues romanes de Montpellier, depuis 1870 (médaille de bronze); membre de l'Académie du Sonnet, et membre fondateur de l'Académie des Muses Santones (25 juin 1876).

De plus, adepte fervent de la doctrine maçonnique, il a été orateur de la Loge *La Vérité*, à Marseille. Il a même écrit un volume de poésies maçonniques qui verra le jour bientôt.

Il donnera aussi, successivement, plus de vingt pièces de théâtre, qui sont terminées pour la plupart.

Enfin, plusieurs autres de ses ouvrages achevés seront livrés prochainement à l'impression : *Lou Rést d'Aiet* poésies; *La Vido d'un Gourrin,* poème en douze chants ; *Lei Bagasso,* conte ; *Lei Cascavén,* recueil de sonnets ; *Fables de Florian,* traduites et augmentées de *Un Banestoun de Fablo ; Soufio,* conte-proverbe ; *Fai tira, Marius!* poème. Le tout en provençal. Quelle verve inépuisable !...

GEORGES BOUTELLEAU

Georges BOUTELLEAU est né en 1846, à Barbezieux (Charente).

Par suite d'une prédilection très prononcée, il a passé presque toute sa vie à la campagne, et il a toujours trouvé dans le calme des champs l'inspiration que tant d'autres vont chercher sur des scènes plus bruyantes, mais où elle est souvent plus rebelle.

C'est du reste dans une campagne magnifique, et qui est en quelque sorte comme la plus haute manifestation du progrès agricole, que Georges Boutelleau a coulé ses jours, la plus grande partie, du moins.

En effet, son domaine des Gueris est un véritable chef-d'œuvre d'exploitation, jouissant dans toute la contrée d'un renom que le Comice agricole de Barbezieux n'a pas peu contribué à alimenter lorsqu'il y a déjà un certain nombre d'années, décernant la médaille d'or à son possesseur, il disait de cette remarquable propriété : « Ce beau domaine est l'expression la plus élevée de « l'agriculture perfectionnée dans notre pays. »

De très bonne heure, Georges Boutelleau s'éprit avec passion de la poésie et de la musique, ces deux sœurs jumelles qui restèrent toujours unies dans son affection et qu'il a toujours aimées également, avec la même force de sentiments, avec la même fureur dirons-nous, si nous voulons donner une idée plus exacte de l'intensité de cette belle flamme artistique.

Tout enfant, Georges Boutelleau faisait des vers. Tout enfant aussi, il se livrait au chant avec une ardeur toute fébrile et son double talent s'affirmait bien vite. L'enfant avait ce goût profond, ce culte inné de l'art que l'étude peut perfectionner, mais avec lequel elle ne pourra jamais entrer en lutte.

Georges Boutelleau, comme on l'a dit d'un homme célèbre, semblait toujours porter sur lui une lyre qui ne dut jamais connaître l'oisiveté, car notre confrère la laissait rarement chômer.

Le chanteur et le poète ont été également fêtés, également acclamés. A l'un étaient acquis d'avance les bravos les plus enthousiastes, à l'autre les éloges et les récompenses ne manquaient pas non plus.

Georges Boutelleau a pris part à un nombre considérable de fêtes artistiques. Un concert se donnait-il, soit en Aunis, soit en Saintonge, soit en Angoumois, dans un but de louable et généreuse utilité, il accourait en toute hâte avec ses notes les plus pures, ses perles les plus brillantes.

Toute les fois qu'on voyait inscrit ce mot grand et magnanime de Charité, on était sûr de trouver parmi les promoteurs de cette belle pensée, le nom de Georges Boutelleau.

Georges Boutelleau, qui joint à une voix harmonieuse un talent musical de premier ordre, est toujours très recherché dans la contrée et on attache le plus grand prix à son concours.

Nous avons parlé des nobles tendances du chanteur. Disons que le poète a toujours en vue, lui aussi, un idéal plein de noblesse et d'élévation. Jamais on ne vit sa Muse à la recherche d'une futilité ; son talent ne s'exerce que sur des sujets dignes d'être chantés ; l'inspiration lui arrive toujours chaude et éloquente ; son style est coloré, vif, ardent, son langage est tendre ou passionné, mais imagé par dessus tout ; sous son enveloppe, jaillissent toujours quelques idées saisissantes. Voilà le poète, qui, soigneux de sa phrase, ne négligera jamais le fond pour la perfection des arabesques.

On a de lui un recueil de poésies : *Varia*, plein de souffle et de verve, et qui a obtenu cette bonne fortune de se voir décerner la médaille d'or par l'Académie de La Rochelle, au concours de 1872, alors que, en réalité, le concours portait sur une seule pièce par concurrent. Le jury avait été d'avis que tous les morceaux de ce volume étaient également méritants et n'avait pas hésité à le couronner en bloc.

Georges Boutelleau a publié aussi un roman qui, bien qu'écrit en prose, est bel et bien encore de la poésie : *Les Vies Brisées* (1876) Bonhoure éditeur.

Cet ouvrage décèle de grandes qualités de peintre et d'analyste. La donnée en est simple, mais émouvante et l'auteur a su trouver ailleurs que dans un entassement de faits l'intérêt de son œuvre. Sa narration est d'un grand charme ; elle passionne et touche par son accent de sincérité bien plus que par ses effets voulus.

Georges Boutelleau a fait preuve dans *Les Vies Brisées* d'un réel talent de description et il s'est montré en outre un psychologue consommé. On sent vivre ses personnages sous sa phrase expressive.

Comme toujours, il brille par une rare honnêteté de pensées. Marie, l'un de ses personnages principaux, a de superbes élans vers le beau et le bien et, lorsque l'écrivain se trouve face à face avec le mal, il emploie pour le caractériser des termes d'une délicatesse telle qu'ils ne peuvent blesser l'oreille la plus susceptible.

On remarque de fort belles pages sur la religion et sur la foi et, entr'autres passages à citer, nous n'hésitons pas à proclamer celui où il dépeint les premiers frissons de l'amour dans un cœur vierge.

Nous ne saurions trop louer aussi son habileté de paysagiste. Quelques tableaux de la mer sont d'une vérité frappante et saisissante....

Par certains côtés, Georges Boutelleau tient d'un autre paysagiste remarquable, André Theuriet, et l'un des ouvrages de ce dernier, *Mademoiselle Guignon,* offre en de certains passages quelque analogie avec *Les Vies Brisées.*

Georges Boutelleau a collaboré au *Tombeau de Théophile Gautier,* le magnifique livre édité chez Lemerre et consacré à la mémoire du grand poète.

Il a également mis en vers une grande partie des *Psaumes.*

Terminons en annonçant la prochaine apparition d'un recueil de vers de Georges Boutelleau : *Pages au Vent* et n'oublions pas de mentionner que notre confrère est le directeur de l'importante maison Boutelleau fils, qui est en très bon rang aux États-Unis.

AUGUSTE BUCHOT

Auguste BUCHOT est né à Louhans (Saône-et-Loire) le 13 juin 1851.

Il fit ses études au collége de cette ville, puis, se sentant attiré vers la carrière universitaire, il entra dans l'enseignement en 1869, comme maître d'études au lycée de Chambéry. Il exerça tour à tour à Clamecy et à Autun, et quelque temps après, il fut nommé professeur au collége de Bonneville (Haute-Savoie). Il resta près de quatre années dans cette contrée si pittoresque de la Savoie et les multiples impressions qu'il y ressentit déterminèrent ou développèrent, à n'en pas douter, sa vocation poétique.

En effet, ce sont les souvenirs de ce pays si fertile en poésie qui lui ont fourni la plupart de ses sujets ; il a en quelque sorte la nostalgie de la Savoie et à tout instant il évoque et retrace quelques-unes de ses sensations : aujourd'hui, c'est un coin de terre où il a aimé qu'il ressuscite et auquel il donne la vie et le coloris de son vers enthousiaste ; une autre fois, c'est un site où il a contemplé la nature dans ce qu'elle a de plus saisissant et de plus grandiose, qu'il exhume de son esprit rêveur, où toutes ces belles images ont conservé un reflet nullement affaibli. Pièce à pièce, c'est la Savoie qu'il recompose, en une synthèse charmante et pleine d'un attrait rare.

Auguste Buchot, bien que s'étant révélé sous son véritable jour depuis fort peu de temps, a cependant fait ses premières armes à un âge très précoce, mais il hésita longtemps à exhiber ses œuvres au public et même à ses amis. Son peu de confiance en lui-même ne l'exhortait guère à sortir ses vers de son tiroir ; aussi, y dormirent-ils longtemps, et peut-être y seraient-ils encore couchés, à l'heure où nous sommes, sans la persistance opiniâtre de ses proches, qui le harcelèrent tant et si bien que sa modestie finit un beau jour par se laisser faire.

Dès lors, Auguste Buchot se mettait en lumière et on eut vite constaté que ce nouveau venu était un vrai poète et avait le sentiment profond de son art.

Ayant gardé un mutisme aussi prolongé, il avait l'avantage de ne rien regretter du bagage qu'il avait livré au public, plus heureux en cela que la plupart des rimeurs qui étalent au grand jour, avec un juvénile empressement, les premières productions qui s'échappent de leur plume.

Comme on peut en juger par ce que nous avons dit plus haut touchant son amour effréné du pittoresque et sa passion pour les paysages alpestres de la Savoie, le poète a par-dessus tout le culte de la nature ; aussi la plupart de ses vers ont-ils chanté Cybèle et ses merveilles ; dans cet ordre d'idées, nous citerons l'unique œuvre de quelque étendue qu'il ait publiée jusqu'à ce jour : Les Ruines de Faucigny, poème couronné par l'Académie de Savoie (mars 1878). Il décrit ces ruines dans le style imagé d'un homme de goût doublé d'un *dilettante* du vers. Son poème est, en effet, outre une photographie fidèle, vivante, une gracieuse églogue, œuvre d'une Muse alerte et pleine d'expansion. Une tirade à la Tyrtée couronne ce morceau d'un indéniable mérite artistique et poétique.

Mais Auguste Buchot est moins exclusif que qui que ce soit. Il parle avec beaucoup de charme et d'élégance le langage du cœur ;

cœur sensible, d'ailleurs, il s'enflamme aisément pour le beau idéal comme pour le beau naturel.

Nous connaissons de lui une pièce intitulée *Récidive*, dans laquelle il exprime le sentiment amoureux dans une ravissante intonation.

Il a en outre à son actif des sonnets qui peuvent prendre place parmi les meilleurs et qui peuvent être loués à la fois comme structure et comme inspiration.

Enfin, la poésie philosophique lui sied fort et il est en relations avec la plupart des plus distingués représentants de ce genre difficile.

Parmi ses meilleures productions citons encore sa poésie : *Les Siècles*, qui a obtenu un prix au concours de l'Académie des Muses Santones et une fort gracieuse romance : *La Source*, mise en musique par l'aimable compositeur Frédéric Trémel.

Auguste Buchot fait partie de plusieurs Sociétés et il a écrit, entr'autres feuilles, dans *le Journal de Louhans*, *le Patriote Savoisien*, *les Alpes*, *l'Allobroge*, *l'Union*, de La Réole, *le Journal de Tournon*, *la Chronique Charentaise*, *le Phare Littéraire*, *le Journal du Dimanche*, *l'Union Littéraire*, *le Bulletin des Muses Santones*.

AUSONE DE CHANCEL

Charles-Ausone DE CHANCEL est né le 2 mars 1808, au château de Guissalex (Charente) d'une vieille famille du Périgord, dont les Lagrange Chancel sont une branche, et qui s'était depuis fort longtemps implantée en Angoumois.

C'est donc à tort que le lieutenant-colonel Staaff, dans son excellente *Anthologie* des poètes vivants, prétend que notre confrère est né vers 1820.

Il fit d'excellentes études en province, puis, lorsqu'elles furent terminées, il se dirigea vers la capitale et il eut pour parrains, à son entrée dans la littérature, les meilleurs écrivains de l'époque, ce qui lui donna une grande assurance et un grand courage à se jeter dans la mêlée littéraire, muni de sa première œuvre. Charles Nodier et Casimir Delavigne surtout le prirent sous leur égide et le lancèrent dans le mouvement, en lui prêtant le précieux appui de leur haute notoriété et de leur expérience consommée. La voie se présentait donc sous un aspect très brillant à Ausone de Chancel qui devait, il est juste de le dire, à son intelligence et à un goût nettement caractérisé, l'insigne honneur d'un tel patronage.

Les écrivains distingués dont nous venons de citer les noms reconnurent dans le premier volume de poésies du jeune littérateur des qualités sérieuses; c'est ce qui les décida à ne point marchander leur concours à celui-ci, qui trouva une réception des plus sympathiques dans le public lettré. Ce premier ouvrage parut en 1835.

Ausone de Chancel avait donc déjà acquis, par ce volume et de nombreux articles très remarqués dans diverses publications, une réputation d'écrivain soigneux et doué d'une féconde inspiration.

Mais ce premier succès n'était rien en comparaison de celui qui était réservé à l'œuvre qui allait lui succéder. En effet, en 1841, Ausone de Chancel fit paraître son poème de *Marck*, qui eut un véritable triomphe, non point un de ces triomphes éphémères, nés de l'engouement du moment, mais une vogue solide, qui s'est perpétuée jusqu'à ce jour, car, il y a peu de temps encore, plusieurs journaux parlaient de nouveau de ce poème en en reproduisant des extraits.

Une œuvre également durable de l'auteur fut *Le Sahara Algérien* (1845) qu'il écrivit en collaboration avec le général E. Daumas, alors colonel, avec lequel il avait noué d'affectueuses relations en Algérie, où il occupait alors un emploi dans l'administration ; à cette laborieuse et intelligente collaboration des deux écrivains de mérite, est également dû *Le Grand Désert* ou *Voyage d'une caravane au Pays des Nègres* (1847). Ces deux ouvrages ont eu à cette époque un juste retentissement et ils eussent suffi à léguer à la postérité les noms de leurs auteurs, si ceux-ci n'eussent eu bien d'autres titres à y ajouter.

Ausone de Chancel a aussi publié *Cham et Japhet* ou *de l'immigration des Nègres chez les Blancs*, travail qui parut pour la première fois en 1859 dans la *Revue Britannique* et pour la seconde en 1864, sous forme de volume.

Cette étude était faite avec le plus grand soin. La question de l'émancipation des nègres par le rachat des esclaves en Afrique, leur immigration dans toutes les colonies du globe et leur rapatriement sur le sol naturel dans des conditions expérimentées déjà avec succès à Libéria, y était présentée sous un aspect entièrement nouveau qui passionna pour ou contre assez vivement la presse et qui préoccupa même un moment l'Empereur Napoléon III. Le souverain la lut et l'examina avec attention, lors de son passage en Algérie et il adressa à ce sujet à l'auteur les plus vives et les plus sincères félicitations.

Peut-être même cette importante question eût-elle été soumise à un Congrès, comme le demandait l'auteur et comme le haut intérêt qui y est attaché le comporterait d'ailleurs, sans le changement qui se produisit dans la face des choses.

En 1862, Ausone de Chancel publia un poème qui avait primitivement paru dans la *Revue Africaine* (6° vol. n° 37) L'*Isthme de Suez*, dédié à M. Ferdinand de Lesseps et dans lequel il consacre des vers admirables à cette noble entreprise qui honorera à jamais la mémoire du Français qui y a attaché son nom.

Tous les faits historiques qui se rattachent à ce sujet sont passés en revue dans ce morceau d'une inspiration hardie et élevée.

Ausone de Chancel a publié également un autre volume d'une grande valeur : *Le Livre des Blondes* (1864) qui fut l'objet d'une véritable ovation par l'intérêt et l'originalité auxquels tout le monde s'empressa de rendre hommage. C'est là le vrai livre d'or des blondes célèbres ; leurs traits y sont taillés dans le Paros de la Prose et du vers et transmis à la postérité, qui recueillera précieusement leurs noms et leurs souvenirs.

Nous n'étonnerons personne en disant que cet ouvrage reçut un tel accueil qu'au bout de peu de temps il devint tout à fait introuvable.

Il a également composé plusieurs poèmes sous les titres suivants : *Première Algérienne*, dont la dédicace fut offerte à Méry ; *Paysage du Sahara, Alger, vue de Nuit.* L'auteur en prépare une édition nouvelle.

Ausone de Chancel s'occupe en ce moment d'une édition de ses œuvres complètes; elle se compose de : *Le Livre des Blondes* (revu, corrigé et augmenté); un recueil poétique divisé en trois livres qui contiendra : Livre premier, *Mark,* poème en six chants, dont les trois premiers ont paru en volume chez Tresse, en 1840, dont les deux suivants ont paru dans les *Beaux-Arts* de Curmer, en 1840, et dont le dernier est tout à fait inédit; livre deux : *Petit Poème,* dont quatre ou cinq pièces algériennes, l'*Isthme de Suez,* et plusieurs autres poèmes inédits ou ayant déjà paru; troisième livre : *Regains de la Saint-Martin,* vers d'album et de boudoir, augmentés d'une comédie en un acte.

Ausone de Chancel, sous-préfet depuis 1851, a administré longtemps l'arrondissement de Mostaganem; il fut nommé chevalier de la Légion-d'Honneur en 1852 pour services rendus à la colonisation, et devint officier de l'ordre pour son dévouement pendant l'épidémie de typhus et de choléra qui fut si désastreuse pour l'Algérie en 1867 et 1868.

Il est aujourd'hui à la retraite après 33 ans de services.

LOUIS COLLIN

—

Louis COLLIN est né à Lorient, le 24 juin 1832. Nous devrions plutôt dire Ernest Guérin, car c'est là le véritable nom de l'excellent écrivain, qui, de même qu'un nombre incalculable de littérateurs de notre époque, a tellement fini par s'assimiler son pseudonyme, que Guérin a disparu sous Collin, que le premier est ignoré, mais le second populaire dans tous les coins de la France.

Au reste, peu importe le nom. C'est de l'homme qu'il s'agit, de l'homme aimable qui est une des personnalités les plus originales et les plus connues en même temps que les plus sympathiques de notre temps.

En effet, quel est l'homme de goût qui ne connaît aujourd'hui de vue ou de réputation le surprenant improvisateur qui a laissé bien loin derrière lui tous ceux qui se sont adonnés à cet art difficile et délicat entre tous. Nous reviendrons tout à l'heure sur cette qualité d'improvisateur, à laquelle certains esprits prévenus donnent parfois une signification équivoque.

Louis Collin n'eut pas, dès ses premières années, de même que les favorisés du sort, simplement qu'à se laisser vivre, comme on dit. Sa jeunesse ne fut pas douillettement bercée dans un doux nid de duvet et de soie et il n'arriva pas jusqu'à l'âge d'homme, dorloté, choyé comme tant d'autres. Vite, il se trouva aux prises avec les dures lois de la nécessité; il connut de bonne heure les âpres souffrances qu'apporte en partage une humble naissance; il eut à endurer les amères atteintes de la pauvreté, et, bon gré, mal gré, il lui fallut se rebiffer contre le destin et faire assaut de volonté et d'énergie.

Il accepta courageusement le lot qui lui était départi; quoique bien jeune, il comprit vite que nous ne venions au monde que pour lutter avec les difficultés de tout genre et il accepta et engagea vaillamment la lutte. Ah! qui dira jamais les inexprimables angoisses de ces premières années de toute créature qui, ayant reçu le don des belles qualités de l'intelligence et du cœur, entre dans la vie avec la misère à ses trousses. Être si bien fait pour les douces et consolantes illusions de l'imagination et ne trouver, dès les premiers pas, que les sombres et décevantes menaces de la réalité. Contraste pénible et funeste s'il en fut!

Mais, comme nous l'avons dit, Louis Collin était une nature ardente et forte. Le présent, si triste qu'il fût, ne l'abattit pas et l'avenir lui apparut comme un prisme dont on pouvait aisément changer les couleurs, selon la dose de volonté et de courage qu'on employait pour le braver.

Passons sur ces années de combats difficiles, mais non stériles, puisque la nécessité fut vaincue et que l'opiniâtreté triompha de la fatalité.

Louis Collin, nous l'avons dit, était déjà, à peine adolescent, un esprit très prompt et très développé; il se forma vivement aux pratiques de l'existence et du monde et son jugement et sa fertilité de pensées étaient dignes d'un homme fait.

Il avait la poésie en tête dès le berceau, aussi, dès qu'il sut écrire et penser, exhala-t-il l'harmonie qu'il contenait dans son âme d'enfant. L'habitude et l'expérience aidant, il ne tarda pas à écrire des compositions gracieuses, ne se ressentant nullement de cet enthousiasme immodéré des gens qui n'observent pas et se laissent aller à l'expression d'un sentiment irréfléchi ; pourtant, on ne pouvait lui reprocher la froideur, car sa cervelle était hantée de beaux rêves ensoleillés et la nature et l'amour ne le laissaient point insensibles. Loin de là.

En 1854, il affronta bravement le public, sans témérité, mais avec confiance, une légitime confiance, d'ailleurs, car le public lui montra une bienveillance qui allait bien au-delà des limites espérées par lui. Ces débuts avaient lieu à Bordeaux ; le jeune poète breton trouvait dans la joyeuse et poétique Gascogne un accueil chaleureux, qui lui faisait présager de beaux jours.

Les beaux jours luirent en effet; ce succès inespéré fut suivi de bien d'autres et la vieille *Burdigala* n'eut pas assez de couronnes pour orner son front. Le succès ne vint pas de Bordeaux seulement ; il se présenta dans plusieurs autres grandes villes où il fut reçu avec la même cordialité et avec le même puissant intérêt.

Enfin, il alla faire consacrer sa réputation à Paris, et, dans les deux années 1858 et 1859, il trouva dans la capitale une source inépuisable d'applaudissements et d'éloges. Tous les journaux, les grands comme les petits, lui consacrèrent des panégyriques. Paris, la ville aux merveilles et aux surprises, n'avait pas encore l'idée de ce genre curieux, presque extraordinaire.

Parlons de l'artiste.

Louis Collin, nous l'avons dit, est improvisateur, et ici que le public qui ne le connaît pas nous permette un éclaircissement. Comme, selon le proverbe, il y a fagot et fagot, il y a improvisateur et improvisateur. Il y a l'improvisateur qui improvise des niaiseries dépourvues tout à la fois de rime et de raison, qui court à la recherche de la consonnance, mais nullement à la recherche de l'idée, cerveau creux, dont le bagage est uniquement formé des banalités courantes, des clichés tout faits, des expressions grotesques, peu soucieux de la forme et encore moins du fonds, faisant des vers comme les orgues de Barbarie font de la musique.

Mais à côté de ce bateleur sans mérite, qui ravale la poésie, il y celui qui l'honore, le véritable improvisateur, poète de goût et d'inspiration, improvisateur parce que la nature lui a donné, en même temps qu'une rare exubérance de pensées, la faculté de les rendre avec une merveilleuse facilité.

Tel est Louis Collin.

Y a-t-il plus charmant spectacle que d'assister à ces soirées où, en artiste consommé, il manie le rhythme avec une désinvolture et une souplesse surprenantes? Quel tourbillon inouï d'idées et de mots heureux assaillent son esprit et avec quelle aisance il se joue des difficultés de la poétique : d'une correction toujours scrupuleuse, il dédaigne les chevilles, dont ses imitateurs font leur unique ressource, et il trouve tout aussi aisé de faire de jet, sans préparation, des vers imagés, ciselés avec goût, que de noircir dix feuilles de papier pour soigner la structure d'une strophe qui se ressentira infailliblement des obstacles de l'enfantement.

Il touche à tout; son talent ne connaît pas d'entraves, tous les sujets lui sont familiers et il sait plier son vers aux exigences de tous les genres et de toutes les mesures. Imposez-lui un sonnet, il le pétrira de la poésie la plus fine; exigez une boutade, il sera gaulois comme pas un, spirituel jusqu'à l'enjouement le plus délicieux.

Mais son chef-d'œuvre dans cette partie, c'est son étrange création : *La Dictée de César*. Savez-vous en quoi consiste cette dictée : Huit, dix personnes, quelquefois davantage lui jettent chacune un sujet : le grave y coudoie le sentiment attendri, la gaudriole y frôle la bucolique; c'est un véritable habit d'Arlequin poétique. Eh bien! Collin se tire à merveille de cet assaut périlleux entre tous, il surmonte avec une crânerie inimaginable cet obstacle qui paraît si bien insurmontable. Sur le lit de Procuste des bouts-rimés, il brode un canevas excellent. C'est un tour de force qui tient du miracle.

Ajoutons qu'il lui suffit de quelques instants pour accomplir ce petit prodige.

Louis Collin n'est pas seulement remarquable par cette spécialité; il possède en même temps un talent surprenant de diction et il dit les vers, les siens comme ceux des maîtres, avec une tonalité expressive au suprême degré; doué d'un organe souple et puissant, il parcourt en quelques minutes les inflexions les plus diverses. En un mot, c'est l'homme contrasté.

Il ne faudrait pas croire, cependant, que ce poète si fécond, qui répand autour de lui, avec une prodigalité sans égale, les ravissantes éclosions de son esprit, n'ait jamais songé à se faire connaître autrement que dans ses soirées.

Il est l'auteur d'un volume intitulé : *Biarritz,* contes, légendes et récits, un assemblage de jolies narrations où l'intérêt et le style sont également à louer; il a publié un roman psychologique en deux volumes : *Frédo,* d'une conception tout à fait réussie; un volume de poésies : *Les Vagabondes,* paru il y a déjà longtemps, a donné la mesure de son savoir poétique et les perles sont si nombreuses dans cet écrin, qu'on ne peut les compter et encore moins les nommer, car la mention serait trop longue. En 1870, il fit paraître la première partie d'une sorte de pamphlet poétique : *La Némésis Populaire,* œuvre virile dont la publication fut arrêtée par l'autorité.

Louis Collin a écrit dans la plupart des journaux littéraires de France et de Navarre; ses pseudonymes sont nombreux; les plus usités furent : Ludovic Couquinas et Anatole B***.

M. Louis de Veyrières, dans sa *Monographie du Sonnet*, a parlé d'un sonnet signé *Couquinas* et paraissait ne pas connaître le poète qui se cachait sous ce nom.

En 1867, Collin alla rendre visite à Victor Hugo, en exil; le grand poète, qui connaissait sa réputation, le reçut de la façon la plus chaleureuse. Cet épisode est un des plus aimables incidents de la vie de notre confrère, qui noua depuis avec l'auteur des *Orientales* des relations d'amitié.

Ajoutons que Louis Collin est un cœur noble et élevé, toujours ouvert aux belles aspirations, affectueux et bon, qui ne connaît ni la jalousie ni la haine; ses qualités sont du reste hautement appréciées de tous ceux qui l'ont approché.

Frédéric Trémel, un artiste d'élite comme lui, une autre nature loyale et généreuse, lui a consacré une étude aussi élogieuse que méritée.

J. CONDAT

Jean CONDAT est né au hameau de Chapelot, commune de Vindelle (Charente) le 29 octobre 1824.

Après avoir fait chez le magister de l'endroit des études assez superficielles, qu'il compléta lui-même plus tard, ce qui lui permit d'occuper le rang qu'il sut conquérir dans la littérature provinciale, il alla griffonner dans l'étude d'un notaire de Vars, petite cité située aux environs d'Angoulême.

Il devint bientôt un clerc précieux pour l'honorable tabellion de Vars, mais des velléités conjugales lui étant venues, il abandonna le notariat pour se marier dans cette petite ville, en 1847, année qui le vit en même temps s'établir comme agent d'affaires.

Il cumula bientôt cette place avec les fonctions de secrétaire de la Mairie, qui venaient de lui être confiées, et il gérait les affaires de la commune aussi bien que les siennes, c'est-à-dire avec toute l'activité et le soin désirables.

Quelques années plus tard, sa fortune changea de face; il abandonna sa petite cité de Vars et son agence, qui commençait à prospérer, pour se faire nommer, grâce à la bienveillance de M. Saige, ingénieur en chef des chemins de fer du Midi, chef de bureau de l'ingénieur M. Régnauld.

Ceci avait lieu en 1850. Peu de temps après, M. Saige, qui l'appréciait à sa juste valeur, le désigna comme chef du secrétariat de ses bureaux, poste qu'il n'abandonna, neuf ans plus tard, en 1859, que pour accepter les importantes fonctions de chef des imprimés des chemins de fer du Midi, où nous le retrouvons encore maintenant, auxiliaire capable et dévoué, entouré de la considération et de l'estime de tous ses supérieurs et du respect de ses subordonnés, ayant su se concilier la sympathie de tous par les belles qualités de son cœur et de son intelligence.

J. Condat est surtout connu, en littérature, sous le nom de Chapelot, qui est, comme on sait, celui du village où il vit le jour. La plupart de ses œuvres ont été signées de ce pseudonyme.

Il y a deux hommes en J. Condat : le vulgarisateur et l'écrivain; examinons donc l'un et l'autre et montrons que si Paris a mérité son titre de foyer de l'intelligence, la province a donné le jour elle aussi à une foule d'individualités remarquables, qui jettent sur elle l'éclat le plus pur et le plus brillant et qui l'honorent grandement, J. Condat est du nombre. Il est au premier rang de ces hommes d'initiative courageuse qui ne se contentent pas de prôner le progrès en paroles, de le proclamer sur un ton quelquefois sincère, mais souvent empathique; Condat, lui, ne veut pas qu'il soit lettre morte; il ne veut pas qu'il soit uniquement un prétexte à déclamation mais la pierre d'achoppement de tout esprit hardi, de tout cerveau large, ouvert aux suggestions du bien et du beau. En art, en littérature, il est l'apôtre acharné du progrès, il en désire l'extension plus que qui que ce soit, et plus que qui que ce soit il paie de sa personne, faisant jaillir une idée nouvelle, en poursuivant l'application avec un acharnement très noble.

J. Condat a fondé, en 1862, à Bordeaux, une maison de photographie qui, prospérant chaque jour, est devenue l'une des plus importantes de la province. Tout en remplissant dignement ses labeurs administratifs, il s'est mis à étudier, à approfondir cet art charmant de la photographie, et il s'est mis en tête d'y opérer une révolution qui a été des plus fructueuses et qui peut être considérée comme une des innovations les plus heureuses et les plus précieuses de notre époque. J. Condat a inventé le *Portrait-Timbre,* cette petite photographie miniature si popularisée depuis, création excellente à tous les points de vue, consacrée par un triomphe éclatant et par une vulgarisation qui a atteint, aujourd'hui, un développement considérable.

Cette invention a donné d'emblée à J. Condat une place honorable au Panthéon des hommes utiles, mais ce brave champion des idées nouvelles ne s'en est pas arrêté là de ses belles conceptions. Il a fondé deux journaux qui poursuivaient le même but de renaissance en ce qui concerne la photographie : *La Ruche Photographique,* où il alliait si gracieusement la poésie avec l'art de Niepce et Daguerre et *l'Album Photographique Universel,* journal bijou.

Mais sa création capitale, dans ce genre, est sans contredit LE BIOGRAPHE, *Livre d'Or de l'Humanité,* magnifique publication, qui est l'organe de la Société Biographique de France et qui est un véritable monument édifié en l'honneur de tous les hommes de bien de notre époque, glorification du vrai, du beau et de l'utile.

En effet, cette revue est comme une vaste et riche galerie où le lecteur voit passer tour à tour devant ses yeux toutes les célébrités contemporaines, toutes les illustrations, qui, dans une branche ou dans l'autre de l'intelligence, ont jeté de l'éclat sur leur pays, soit dans les lettres, soit dans les arts, soit dans la science, soit enfin dans le domaine des nobles actions et des généreuses pensées. Toutes ces individualités, *Le Biographe* les signale à l'humanité, non seulement en retraçant d'une plume éloquente leurs vies et leurs actes, mais aussi en burinant leurs traits par le moyen de la photographie.

Les études sont l'œuvre d'un groupe d'écrivains sérieux et honnêtes, au premier rang desquels Condat lui-même, qui se voue avec bonheur à ce rôle de digne et louable propagation ; la partie photographique est entourée d'un soin extrême et révèle le praticien habile et expert.

En un mot, c'est là une publication éminemment remarquable, dont on ne saurait trop proclamer les mérites et l'incontestable utilité.

Le Biographe a été fondé en 1873 et sa prospérité va croissant chaque jour.

J. Condat est aussi un écrivain politique sincère et convaincu, défendant avec une ardeur que rien ne rebute, les convictions de sa vie entière, et, si jamais un homme a fait à sa cause des sacrifices considérables c'est bien celui-là. Il s'est constamment dévoué à répandre ses propres doctrines, et, il les a toujours propagées avec ses ressources personnelles, ne demandant rien à sa cause, mais lui donnant beaucoup, et lui faisant sans compter l'offrande de son dévouement et de son argent.

Ses ennemis politiques eux-mêmes ne peuvent que rendre hommage à ce rare et beau désintéressement.

Citons, parmi ses écrits politiques : *La Guerre au Diable et à l'Enfer*, brochure qui a surtout pour but de flatter les préjugés souvent dangereux des campagnes ; *Lettre d'un Ventre-Rouge aux membres de l'Assemblée Nationale* ; *Dialogues entre deux Ventres-Rouges* ; *Prophéties de Jean de la Veze*, ouvrage écrit en patois charentais, édité avec goût, rédigé avec un brio charmant, mais touchant à un sujet trop brûlant pour que nous puissions l'apprécier ou même l'analyser. Dans ce même ordre, nommons un ouvrage intitulé : *La France Républicaine* (1872) dû au labeur commun de J. Condat et d'Evariste Carrance, le laborieux et intelligent littérateur. Par une pensée de générosité, les auteurs versèrent dans la caisse de la garde nationale de Bordeaux le produit de la vente de cette brochure. C'est tout ce que nous pouvons en dire.

Mais abordons l'œuvre retentissante à laquelle J. Condat ou plutôt J. Chapelot vient d'attacher son nom : nous voulons parler des *Contes Balzatois*.

Ouvrage étonnant, aux allures bizarres et pleines de charme, véritable chef-d'œuvre de finesse achevée et d'observation profonde.

L'écrivain s'est attaché à peindre sous ses réels dehors, dehors tout à fait curieux, cet étrange personnage, moitié esprit et moitié ruse, le paysan charentais, ce revenant d'un autre monde, avec sa physionomie bonasse, dissimulant un grand fond de sagacité et de malice sous ses apparences niaises et grossières, écorce trompeuse s'il en fut.

J. Condat, qui a vu de près cet être énigmatique, sorte de sphynx dont seule une étude approfondie peut pénétrer le mystère, qui a appris à connaître ses malices cousues de fil blanc, qui a été stupéfié plus d'une fois par les incroyables révélations de son esprit tout gaulois, par les explosions de sa verve maligne, J. Condat a dessiné à merveille cette figure extraordinaire, si variée dans ses aspects, si disparate dans ses traits.

Avec un vrai bonheur d'expression, il a stéréotypé tous ces caractères, toutes ces scènes exhilarantes, dont on est le témoin quand on vit, même pendant un laps de temps très court, dans ce milieu singulier.

On peut bien dire, en un mot, qu'il a immortalisé ce type original de paysan madré, tantôt dindon, tantôt renard, aux multiples aspects, aux changeantes nuances.

Rien de plus intéressant que ces anecdotes fines, gauloises, d'une satire si réussie, d'une couleur locale si exacte. Rabelais lui-même n'eût pas désavoué cette exhibition de tableaux peints sur le vif, d'un pinceau ferme, expérimenté. C'est une véritable pétarade d'esprit et de brio, un vaste éclat de rire qui ferait tordre de gaîté l'être le plus plus spleenétique et le plus chagrin.

J. Condat a trouvé dans M. B. Gautier, un artiste au crayon délicat et expressif, un collaborateur infiniment précieux. Les *Contes Balzatois* sont en effet ornés de croquis charmants, de silhouettes drôlatiques qui donnent plus de prix encore à cette œuvre de joyeuse allure et d'un indéniable mérite.

Nous ne dirons pas l'accueil qui lui a été fait par la presse et le public. Rarement la louange fut aussi chaleureuse et admit si peu de réserves.

Au milieu de sa prose amusante et folichonne, J. Condat a semé çà et là quelques fusées poétiques du meilleur effet. Ses vers ont tout le mordant et toute la causticité de sa prose. Comme le reste de l'ouvrage, il sont composés en patois. Mais J. Condat ne s'en est pas tenu là de ses velléités poétiques; s'il n'a jamais rassemblé ses pièces de vers, il en a répandu ici, là, un peu partout, et la plupart même dorment dans ses cartons. Comme nous l'avons dit, le poète reste, comme le narrateur, enjoué et aristophanesque, par-dessus tout amateur de sel attique.

Racontons un petit incident de sa vie poétique:

On causait, un jour, dans son salon, sur ce chapitre interminable de la poésie et on s'entretenait des divers genres de composition. J. Condat, qui avait essayé presque tous les genres, avoua pourtant qu'il n'avait jamais eu l'idée de commettre un rondeau. Provoqué par Evariste Carrance, qui se trouvait dans la société, il se mit bientôt à l'œuvre, et il produisit le morceau suivant :

RONDEAU

Pour un simple rondeau que Carrance désire,
Me faut-il donc livrer mon âme au désespoir,
Fatiguer mon esprit et torturer ma lyre?
Je conviens volontiers que du matin au soir
Mon cerveau paresseux l'appréhende et soupire.

Cela me donnera la fièvre et le délire,
Car je serai conduit par mon humble savoir,
En baissant pavillon, à prêter à sourire
    Pour un simple rondeau.

Et si je le faisais, serait-ce donc à dire
Qu'en un pareil état on put le recevoir?
Non, non, je ne veux pas, la chose serait pire :
J'aime mieux avouer, l'affront sera moins noir,
Que je fus bien battu, comme on pourra le voir,
    Pour un simple rondeau.

Comme on le voit, l'essai était heureux.

Terminons en disant que le poète F. Trémel a écrit une ravissante étude sur notre excellent confrère et que celui-ci est membre d'une foule de Sociétés littéraires et scientifiques.

Existence honorable et bien remplie, en vérité, que celle de cet homme de goût et de bien, insouciant de la popularité, qu'il a presque fuie, mais qui a bien su aller à sa rencontre et s'imposer à lui.

FRANÇOIS COPPÉE

François COPPÉE est né à Paris en 1843.

Nous l'avons dit au commencement de ce volume, sous un prétexte fallacieux de décentralisation, *Le Livre d'Or des Poètes* n'est point une œuvre d'exclusion. S'il a pour but principal de servir de Panthéon aux humbles, il a aussi pour mission d'élever un modeste piédestal aux forts et aux illustres.

C'est pourquoi le lecteur trouvera ici, à côté d'autres noms que la Renommée aux cent voix a acclamés depuis longtemps, le nom de ce poète, de ce créateur qui, de son vivant et dans toute la fleur de sa jeunesse a reçu du public des adulations et des couronnes qui ont souvent fait défaut, même après leur mort, à certains chefs d'école.

Talent charmeur par excellence qui, dès son premier bégaiement, reçut le baptême de la gloire et qui, depuis, cueillit une à une toutes les palmes du succès.

Mais esprit éminemment fait pour sa haute destinée, unissant les dons les plus brillants de l'intelligence aux ressources exquises d'un grand cœur et aux aspirations les plus vastes d'une belle âme.

Aussi ne pouvons-nous qu'éprouver le sentiment amer de notre impuissance lorsque s'impose à nous la tâche difficile d'examiner dans ses multiples détails une œuvre aussi complexe et aussi magistrale que celle du doux poète.

Toutefois, si le labeur est au-dessus de nos forces, il nous restera du moins l'agréable consolation de pouvoir dire notre pensée tout entière sur l'un des talents les plus aimés de notre époque et des plus dignes de l'être.

A défaut de la miniature savante, le croquis aux grandes lignes :

François Coppée débuta en poésie par *Le Reliquaire,* (1867) qui fit le bruit que l'on sait. Le poète y racontait l'histoire de ses chaudes amours, de ses amours effrénées et son vers, brûlant encore de la réalité, était empreint de cette mélancolique langueur que laissent au cœur les dévorantes passions allumées par la courtisane.

Comme ces tristes mutilés du champ de bataille qui, croyant se soulager, plongent leurs mains dans la fente qui laisse échapper leurs entrailles labourées par l'acier, il entr'ouvrait les lèvres de sa blessure et il éprouvait une sorte de jouissance âpre et féroce à raviver la douleur qui l'avait anéanti, brisé.

Oh ! quel philtre enivrant et terrible elle avait dû lui faire passer dans les veines, cette pâle fille du plaisir qu'il revoyait sans cesse dans ses rêves, avec son amphore maudite à la main, lui versant continuellement son mortel poison, moitié fiel, moitié ambroisie.

Et dans tout et partout il ne cessait de le revoir, ce passé de fièvres et de délires, dans la goutte d'eau comme dans l'Océan, dans un atome, dans le moindre objet qui se présentait à son regard.

Comme l'image que conserve l'œil du mourant de la dernière scène qui lui est apparue, l'infernal mirage était sans cesse présent à sa vue, ne lui laissant ni trêve ni repos.

Un long voile de spleen l'enveloppait et malgré tous ses efforts, il ne parvenait jamais à s'en débarasser.

Aussi, tout en restant plein de goût pour les pures séductions de l'idéal, ne se laissait-il pas aller à ces enthousiasmes effrénés qui ont hanté tous les poètes. Il jugeait les choses et les gens avec le calme parfait d'un esprit qui ne s'aventure pas au-delà des limites du vrai et du possible. Mais son vers n'avait point l'implacable réalisme de Baudelaire ; sincère et expansif dans la reproduction de ses sentiments, il ne sortait jamais du domaine de la vraie et délicate poésie. Quelle que fût l'allure de ses pièces, il restait toujours le raffiné par excellence.

On juge donc du double triomphe qui l'accueillit : un nouveau genre paraissait à l'horizon, un genre incarné dans un homme qui excitait une puissante sympathie. *Le Reliquaire* fut la pierre d'assises du monument du poète. L'avenir était à lui....

Le triomphe s'accentua bien davantage lorsque François Coppée fit représenter *Le Passant* à l'Odéon (14 janvier 1869). Tout s'imposait à la louange, dans cette petite pièce délicieuse : la grâce d'une imagination merveilleusement douée, le charme rare d'une poésie séduisante au possible et, pour comble de bonheur, l'éloquente et admirable interprétation de Mlle Agar, l'éminente artiste, qui mêla son génie à celui du poète : le succès tenait de la frénésie, et François Coppée venait tout simplement de s'immortaliser.

Puisque nous sommes sur le chapitre du théâtre, parlons de l'accueil qui fut fait à *La Grève des Forgerons* (1869) ce récit de circonstance, si empreint de beaux sentiments, dont toutes les scènes retentirent et qui sera toujours d'actualité, par la beauté des vers comme par le choix ingénieux du sujet.

Au rang des chefs-d'œuvre, n'oublions pas surtout de placer *Deux Douleurs,* drame en un acte, en vers, représenté au Théâtre-

Français (20 avril 1870). Ici, encore, mêmes qualités à signaler; nous ne savons rien de plus tendre et de plus émouvant que cette pièce où le poète met en scène, après la mort du héros (poète aussi) les deux femmes qui se partageaient son cœur; l'une, sa fiancée, oubliée plus tard, mais non complètement, dans le tourbillon de la vie et qui, elle, lui vouait toujours le même amour persévérant et pur, et sa maîtresse, qui l'aimait elle aussi à l'idolâtrie et qui, pour lui, avait trahi tous ses serments et avait foulé aux pieds tous les sentiments de la pudeur et de la famille.

L'auteur met dans la bouche de ces deux femmes un magnifique dialogue, nuançant à ravir les deux amours qui entouraient le poète. Il y a entre elles un combat allumé par un sentiment de jalousie, décrit avec la plume d'un grand artiste et le cœur d'un homme qui sent avec force. Nous irons plus loin : peut-être même les plus beaux vers du poète se trouvent-ils dans cette pièce! Nous y avons rencontré des tirades qui nous ont véritablement fasciné.

L'Abandonnée, deux actes en vers, joués au Gymnase (13 novembre 1871) fut également acclamée et recèle d'ailleurs un vrai et haut mérite. La donnée est des plus simples : Un étudiant perd une jeune ouvrière, l'abandonne, et la retrouve plus tard, dans un hôpital auquel il était attaché, presque mourante. Le fait se présente journellement, dira-t-on. Oui, mais rarement on broda sur ce thème en apparence insignifiant (en apparence seulement) une pièce aussi émue et aussi touchante que celle dont nous parlons. Il y a là-dedans des scènes qui vous lacèrent le cœur et qui font jaillir les larmes.

Ainsi procède François Coppée : il est l'un des rares écrivains qui ne forcent pas leur talent et qui veulent avant tout la simplicité dans l'action. Chez lui, tout est prétexte aux beaux sentiments et aux beaux vers. Quoi de moins compliqué que *Fais ce que Dois?* Quoi de plus naturel que *Le Rendez-Vous?*

Mais, comme nous l'avons dit, nous ne voulons point examiner pièce par pièce cette œuvre immense, qui se présente à nous sous tant de formes et de tant de manières différentes. En face de cette étonnante et luxuriante floraison, il faudrait au critique, pour se livrer à un examen minutieux, un talent que nous ne possédons pas et un autre but que le nôtre, que nous croyons avoir suffisamment développé.

François Coppée a également écrit pour le théâtre *Les Bijoux de la Délivrance*, *Le Luthier de Crémone*, comédie en un acte, *La Guerre de Cent Ans*, drame en cinq actes, avec A. d'Artois, et une foule d'à-propos, dont aucun n'a connu ni l'échec ni l'indifférence.

Son volume de *Premières Poésies*, paru en 1869, renfermait, outre *Le Reliquaire*, *Les Intimités* et des *Poèmes Divers*. Les *Intimités*, poésies inspirées au courant de l'idée du poète, sans suite ni enchaînement, fragments jetés çà et là, étaient pourtant autant de morceaux achevés, charmants, d'une tournure fine, réussie, délicate, comme tout ce qui éclôt de cette Muse variée et gracieuse.

Vinrent ensuite *Olivier* et les *Poèmes Modernes*, magnifique récit où tout est à admirer, le fond comme la narration, tous teintés de cette couleur élégiaque qui caractérise la plupart des inspirations du poète.

Dans cet ordre d'idées, proclamons le mérite de *La Bénédiction*, poème à la touche si heureuse et si ingénieusement combinée, morceau qui a acquis une popularité considérable, popularité qui, venant d'un public de goût, ne ressemble en rien à la popularité prise dans le sens général du mot.

La Lettre d'un Mobile Breton n'est-elle pas aussi un épisode d'une touchante naïveté? d'une ravissante candeur?

Les Humbles et *Le Cahier Rouge* contiennent les poésies diverses de l'auteur, ce qu'il appelle ses *riens*, des riens adorables dont un seul suffirait à faire un nom à un poète d'ordre secondaire.

François Coppée a manié aussi la plume du prosateur; mais le prosateur de *L'Idylle pendant le Siége* (roman) reste toujours le poète exquis du *Passant* et sa prose a toute la grâce et l'harmonie de ses vers; ajoutons que certains passages de ce roman sont d'une originalité parfaite, ce qui ne gâte rien.

Nous l'avons dit plus haut: François Coppée est réellement un créateur, et cela est si bien vrai que, disent les uns, il rappelle quelquefois Alfred de Musset, Victor Hugo, disent les autres; d'aucuns même le mettent pour certains passages de son œuvre, en parallèle avec Lamartine. La vérité est qu'il ne tient pas plus des uns que des autres et cette diversité de comparaisons prouve surabondamment qu'il porte en lui la réunion de tout ce que ces maîtres, pris individuellement, ont de caractéristique et de frappant. Ce n'est point un exposé de la doctrine parnassienne, que nous formulons ici; comme toutes les écoles poétiques, celle-ci a ses qualités et ses défauts, et on se rappelle même que certains de ses membres furent passablement en butte aux traits d'une critique quelque peu excessive; d'ailleurs, nous n'avons pas plus de fétichisme pour cette école que pour les autres, mais quand un genre est représenté par une individualité aussi pure et aussi grande que celle de François Coppée, nous comprenons sans peine l'enthousiasme des disciples pour leur apôtre; cet enthousiasme, nous, le plus obscur d'entre ses admirateurs, nous l'avons éprouvé autant et peut-être davantage qu'aucun autre; nous étions encore à l'aurore de notre jeunesse lorsque parut dans le firmament poétique cet astre qui vint projeter sa douce et sereine lumière dans notre imagination éprise d'idéal ; *Le Passant* nous caressa délicieusement, et lorsque, jeune homme, nous eûmes fait connaissance avec la vie, certaines pièces du *Reliquaire* réveillèrent en nous la chanson des premières et turbulentes amours.

Depuis, notre affection pour le poète n'a pas varié et nous sommes de ceux qui ont suivi pas à pas les progrès de ce talent que chaque éclosion nouvelle affirmait avec plus de puissance ; chacun de ses triomphes nous emplissait d'une émotion indescriptible ; chacune de ses affirmations fortifiait notre sympathie.

Nous ne devions pas cette confession au lecteur, certes non ; mais, amené à exprimer notre opinion sur François Coppée, nous avons voulu dire : Voilà l'impression qu'il nous a produite, voilà l'attraction qui nous a entraîné vers le poète, afin qu'on nous pardonnât plus aisément de ne point entrer dans les mille et un détails techniques d'un examen purement littéraire et critique.

Et maintenant, s'il était besoin de nous résumer de nouveau et sous une autre forme, nous dirions :

François Coppée a, dans toutes ses œuvres, constamment conservé, même au sein de ses plus chastes ivresses, même au plus fort de ses élans vers l'infini, le reflet de mélancolie que nous avons signalé plus haut ; ce spleen étrange est toujours à l'état latent chez lui ; ajoutez à cela cette pénétration admirable qui sonde toutes choses et cherche à éclaircir toutes les énigmes, cette façon d'harmoniser sa phrase sans lui ravir sa simplicité et sa netteté, ces modulations qui bercent l'esprit et le cœur alternativement, et vous aurez ce grand poète, une des gloires de son siècle.

Disons en terminant que François Coppée vient d'ajouter une immortelle de plus à sa couronne : son volume *Récits et Elégies* vient de paraître et peut-être aura-t-il eu déjà vingt éditions quand notre livre verra le jour.

PROSPER DELAMARE

Prosper DELAMARE est né à Paris, le 11 mars 1810.
Il appartient néanmoins à la Normandie par les liens du sang, car sa mère était de Falaise et son père de Rouen, comme le faisait remarquer un de ses biographes, qui fut en même temps son maître vénéré, le regretté Emile Deschamps.

Le maître avait en effet consacré à Prosper Delamare quelques pages sincères et charmantes, empreintes d'une vive sympathie, reflet de cette affection délicieuse qui unissait si étroitement le disciple et l'apôtre, ou plutôt les apôtres, car le cœur du grand poète que nous avons perdu trop tôt, hélas ! dispensait également son amitié à Prosper Delamare et à un autre amant du beau, qui faisait partie de cette inséparable trinité, Alexandre Cosnard.

Emile Deschamps avait réuni dans une étude unique les deux poètes ses amis, et, en quelques traits rapides, il avait retracé l'existence de ces deux frères d'armes, de ces deux Siamois de la littérature, unis depuis cinquante ans par des liens que la mort seule pourra briser. Ces deux vies se ressemblent par tant de côtés ! ces deux hommes semblent si bien avoir une destinée identique.

Une seule chose les sépare, ou plutôt les distingue : le terrain choisi par leur talent. Chacun d'eux en effet s'affirme dans un genre différent, mais leurs esprits et leurs cœurs n'en forment toujours qu'un et c'est un spectacle doux et touchant que celui de cette amitié si fraternelle et si pure sur laquelle passent, sans l'obscurcir ni l'altérer, les fréquents et redoutables orages de la vie...

En 1830, l'horizon se noircit. Une odeur de poudre circule dans l'air. La guerre est devenue imminente. Prosper Delamare est trop patriote pour vouloir s'en tenir au rôle de spectateur. Nous le voyons donc au nombre des engagés volontaires, mais, aussitôt la paix assurée, il rentre dans ses foyers et va frapper à la porte de la Préfecture de Paris, où il obtient une place dans les bureaux (service de l'octroi).

Intelligent et laborieux, il gravit peu à peu tous les échelons de la hiérachie administrative. Grâce à ses aptitudes et à son heureux caractère, il réussit à s'attirer l'amitié de tous ceux qui l'approchent, supérieurs, égaux et subordonnés et on peut dire que tous ceux qui ont vécu dans son entourage sont unanimes à rendre hommage à ses rares qualités privées.

Il conquiert donc le titre de chef de bureau et occupe ces fonctions pendant quinze années.

Dans les moments d'oisiveté que lui laissait son emploi, il se livrait à sa passion favorite, la poésie.

Il écrit dans une foule de journaux et il s'occupe surtout à ce moment de littérature dramatique. Il fait représenter plusieurs pièces de théâtre et quelques-unes obtiennent même des succès très marqués et très mérités, d'autres, il est vrai, échouent. Quel est l'homme de talent qui, lancé vers le théâtre, n'a pas un échec à son avoir ?

Il publie ensuite ses *Petites Comédies par la Poste* qui ont partout les honneurs d'un accueil exceptionnellement flatteur, et que le public littéraire qualifie à juste raison de chefs-d'œuvre. La vogue de cet ouvrage fut si persistante qu'elle dure encore et que, malgré les œuvres entassées depuis, ces délicates comédies tiennent encore le rayon d'honneur des bibliothèques des hommes de goût.

Puis, successivement il fait paraître *Enfants et Femmes* et *Un Paquet d'Aiguilles*, volumes qui sont couverts d'éloges par la presse de Paris et qui, eux aussi, portent bien l'empreinte de l'esprit délicat et raffiné de Prosper Delamare.

Son dernier ouvrage a pour titre *Paradis et Parterre* et paraît en 1872.

Fait singulier, les journaux sont beaucoup moins prodigues de louanges pour ce volume que pour ses aînés, qu'il égale certainement, selon notre avis. Pourtant *La Revue de France*, *Le Correspondant*, et quelques autres feuilles importantes lui font une réception des plus bienveillantes et des plus favorables qui dédommage amplement l'auteur de l'accueil froid et ridicule du *Figaro*.

Quelle finesse pourtant recèlent ces pages, rapides comme les traits du Parthe, vraies flèches d'esprit, et de l'esprit le plus gaulois et le plus subtil encore.

Ce petit recueil ne contient que des sonnets, mais des sonnets qui, sous leur allure ou légère ou sérieuse, cachent une rare perfection de forme et qui classent leur auteur parmi les meilleurs faiseurs.

Fidèle à son titre, Prosper Delamare plane tantôt dans les sphères célestes, et alors ce sont des pièces au style élevé et à la large envergure ; tantôt il descend vers le terre-à-terre et il scrute et trace comme pas un les imperfections et les défauts de notre pauvre globe. C'est un analyste sérieux qui connaît à fond la société et l'apprécie avec une grande justesse d'aperçus et qui n'est pas avare à son endroit de pointes mordantes. Plus loin, on rencontre des strophes tendres et émues, qui ne sont nullement déplacées ; plus loin encore, ce sont des vers éloquents sur l'extinction de la guerre, des rudes apostrophes aux faiseurs de révolutions et une série de charmants sonnets dont l'auteur a puisé les sujets dans une visite au Père Lachaise et où il envisage la mort sous toutes ses formes.

En outre de ces œuvres, Prosper Delamare, comme nous l'avons dit plus haut, a collaboré à de nombreuses feuilles, entr'autres au *Corsaire,* à *La Gazette de Paris,* au *Tintamarre,* au *Grillon,* à *La Fantaisie Parisienne,* à *La France Gauloise,* à *La Tribune Lyrique,* à *La Muse des Familles,* etc., etc.

LÉON DIERX

Léon DIERX est né en 1838, à l'Ile de la Réunion.

Il fit une partie de ses classes dans son pays natal, puis il vint se fixer en France pour les terminer. Tout d'abord, son goût le porta vers les études scientifiques; il s'y adonna de la façon la plus sérieuse, et son inclination était si prononcée, qu'il entra à l'Ecole centrale des Arts-et-Manufactures.

Mais, malgré sa passion pour la science, il avait eu à plusieurs reprises des aspirations littéraires qu'il avait été contraint de refouler pour ne pas entraver la marche de ses études.

Pour s'être tenu quelque temps à l'écart, le démon littéraire n'avait pourtant pas abandonné sa proie, et, au sortir de l'Ecole centrale, Léon Dierx se sentit assailli comme de plus belle par cette tentation irrésistible, à laquelle il céda de fort bonne grâce.

Son esprit était d'ailleurs éminemment propre à cette carrière des lettres qui, plus que toute autre, exige une réelle intuition. Cette intuition, Léon Dierx l'eut à un haut degré et il ne fut pas difficile de constater, dès ses premières poésies, qu'il avait en lui l'étoffe d'un véritable poète.

En 1864, il fit paraître un volume de vers lyriques: *Poèmes et Poésies,* et un peu plus tard un second recueil: *Les Lèvres Closes.* Ces deux ouvrages obtinrent un accueil des plus favorables parmi les lettrés.

En 1872, il condensa ses deux volumes en un seul après avoir remis sur le métier les poésies déjà publiées et les avoir façonnées à nouveau avec le plus grand soin. Il leur adjoignit un certain nombre de pièces inédites et il intitula son nouveau livre : *Poésies*.

C'est donc là l'œuvre capitale du poète. Il s'y montre tout entier, sans restrictions, s'y révèle à chaque page, ne nous épargnant aucune de ses sensations, ne nous dissimulant aucune de ses pensées ; c'est bien là le poète par excellence, qui ne croit trouver un meilleur langage que celui de la sincérité et de plus saisissantes pensées que ses pensées propres.

Léon Dierx revit dans son œuvre. Il y a incrusté ses affections et ses désaffections, ses joies et ses amertumes.

Le ton général de l'ouvrage est grave, sans solennité voulue ; on n'y rencontre nulle part la frivolité. Ce n'est point un docteur qui prêche l'austérité, c'est un homme qui nous fait lire dans son cœur et qui nous montre ce qu'il connaît et ce qu'il pense de la vie et des vivants.

Ce n'est ni un blasé ni un enthousiaste ; il ne tonne point, de parti-pris, contre les mœurs et contre les gens ; il ne prend pas feu pour la première mantille venue, sans s'inquiéter de ce qu'elle dissimule....

Léon Dierx est un expérimenté, plein de sève encore, mais ne se passionnant que pour des sujets dignes ; son idéal plane très haut. Fi du terre-à-terre banal ! Il élève sa pensée jusqu'aux purs sonnets où rien de nos petitesses et de vulgarités ne pénètre.

Il n'est ni sceptique ni trop crédule. Il ne croit que ce qu'il sent, et son âme sent fortement, très fortement même, bien qu'on soit habitué à penser que ceux qu'on appelle les Parnassiens sont inaccessibles à toute sensation et à toute aspiration....

Car Léon Dierx est un des fervents de l'école dite Parnassienne. Il est un des adeptes fidèles et convaincus de Leconte de l'Isle dont il partage les doctrines poétiques. Il est un des membres distingués de cette pléiade d'esprits charmants et remarquables qui vit autour du maître, unie par une pensée commune.

Plusieurs pièces de son volume sont dédiées à Leconte de l'Isle, dont il a adopté en plus d'une circonstance la gravité sonore. Il a aussi des accointances marquées avec Baudelaire et dans plusieurs morceaux, notamment dans celui intitulé : *Obsession* on retrouve le rhythme particulier de l'auteur des *Fleurs du Mal*.

Nous ne citerons point les pièces dignes de remarque de cette œuvre, nous aurions trop à faire. Faisons pourtant exception en faveur de *Camée*, un morceau qui mérite bien son titre, et qui est en effet un camée de haute valeur; *Le Remous*, une composition de maître; *Stella Vespera*, un poème gracieux et attachant; *Les Yeux de Nyssia*, une pièce chatoyante, qui vit, qui palpite sous les riches images dont elle est vêtue.

Parlerons-nous de l'opulence de la forme? A quoi bon puisque nous avons parlé des relations d'école du charmant poète.

L'un des poèmes de son volume: *Les Paroles du Vaincu*, parut en brochure sous sa forme première, en 1871. C'est un magnifique jet de patriotisme.

En 1875, une toute gracieuse scène dramatique de Léon Dierx, *La Rencontre*, fut représentée avec succès à la salle Taitbout. C'est un à-propos rempli de fraîcheur et de charme en même temps qu'une fourmillière de beaux vers.

Léon Dierx a publié une partie de ses poésies dans différentes revues, comme par exemple: *La Revue Contemporaine, Le Boulevard, La Revue de Paris, La Renaissance, La République des Lettres*, etc.

Il a fourni en outre des poèmes aux trois tomes du *Parnasse*, édité par Lemerre.

HENRI DOTTIN

Henri DOTTIN est né en 1816, à Beauvais (Oise).

La modestie de notre sympathique confrère nous ayant privé de certains renseignements dont l'absence nous oblige à un regrettable laconisme, nous devons donc nous en tenir à l'examen rapide de ses œuvres.

Henri Dottin, est un poète de mérite qui ne fait des vers que pour obéir à son inspiration, et les a toujours tenus à l'écart des journalistes et des écrivains qui auraient pu le mettre en relief. Il s'est constamment borné à livrer ses productions à ses amis, refusant absolument de les lancer dans la circulation commerciale. Aussi ses mérites n'ont-ils été constatés publiquement que sur le tard, en raison de cette obstination à s'envelopper dans une sorte de mystère qui, nous ne pouvons que le proclamer tout en le regrettant, lui fait le plus grand honneur.

Henri Dottin est un écrivain laborieux, comme on peut s'en rendre compte par la nomenclature de son bagage littéraire.

Voici, dans l'ordre de leur publication, la liste de ses ouvrages :

Cent et Une Épigrammes de Martial, traduites en vers français, avec le texte en regard et des notes, 1838; *Les Noces de Thétis et de Pelée*, poème de Catulle, traduit en vers français, suivi de *Poésies diverses* et précédé d'une *Notice sur Catulle*, de M. de Pongerville, 1839; *Fables en Quatrains*, 1840; *Les Cendres d'un Empereur*, poème en trois époques, 1840; *Verselets*, 1841; *La Femme de l'Ouvrier*, roman, en vers, 1843; *Étude littéraire sur Amédée de*

Leyris, membre du Caveau, 1844; *Étude littéraire sur C.-L. Mollevaut*, de l'Institut, 1845; *Chants du Pays*, poésies, 1845; *Économistes et Industriels*, ou résumé de la question du Libre-Échange, 1847; *Des Œuvres Dramatiques de M. Charles Rey*, étude littéraire, 1848; *La Statue de Jeanne Hachette*, poésie, 1851; *Notice sur Préville*, 1852; *Napoléoniennes*, poésies, 1852; *Napoléon III en Italie*, cinq chants de guerre, 1859; *Le Duc de Larochefoucauld-Liancourt, sa vie et sa statue*, ode et notice, 1861; *Epître Humoristique à un Jeune Poète*, 1862; *Epîtres Humoristiques*, 1864; *Epître à un Millionnaire*, 1865; *Rimes Morales*, 1873; *Héraclite et Démocrite*, sonnets, 1876.

Nous insisterons plus particulièrement sur ces deux derniers ouvrages, qui donnent, d'ailleurs, une idée très exacte du talent de Henri Dottin. Au même rang, il est juste de placer ses *Epîtres Humoristiques*, qui ont été louées dans l'excellente *Anthologie* du lieutenant-colonel Staaff.

Le volume modestement intitulé par l'auteur : *Rimes Morales* est très divers d'allures; si la moralité en forme le fond (elle est toujours, d'ailleurs, nous devons le reconnaître, la base des œuvres de Henri Dottin) il est juste de dire que l'originalité et le sentiment se partagent les divers morceaux de ce recueil.

La moitié du volume environ est, en effet, composé de *Fabulettes*, petites fables que l'auteur condense en quatrains, qui sont pétillantes d'esprit et d'à-propos et qui se terminent toujours par un trait spirituel et mordant décoché à nos petites et grandes imperfections humaines.

Chaque série de fabulettes est accompagnée d'une poésie grave ou simplement gracieuse, toujours inspirée par une belle et frappante pensée.

Après avoir consacré des vers très justes aux *Poëtes Fantaisistes*, il compose un morceau charmant, *Le Cierge*, dont le charme chrétien ne saurait être trop loué; sous ce titre : *A un Jeune Bachelier*, il tance vertement la jeunesse débauchée et corrompue de nos jours, thème qu'il reprend plus loin en établissant, dans *Oisifs et Travailleurs*, un parallèle entre les jeunes nullités dorées qui coulent leur vie dans le débordement de la luxure et de toutes les passions déplorables qui en sont le cortége, et les vertueux et honnêtes travailleurs, hommes du devoir, dont l'existence se passe au sein des labeurs les plus durs.

Dans ce même volume, nous trouvons un beau sonnet, *Les Larmes de la Vierge*, qui révèle l'élévation d'idées que nous retrouvons à chaque instant dans les œuvres de Henri Dottin.

D'ailleurs, notre poète est un sonnettiste habile; les pièces qu'il a réunies sous le titre : *Héraclite et Démocrite*, en sont la preuve. Comme nous l'indique l'intitulé, il y a des intonnations très diverses, dans ce recueil, du rire et des larmes, des gauloiseries et des sonnets élégiaques. Au nombre des meilleurs, citons : *Le Son le plus Triste*, une très brillante imitation de Kœrner, d'une saisissante harmonie imitative; *Pendant qu'elle Chantait* et le sonnet imité de Pétrarque, *Plus de Chants d'Amour*, sont parmi les plus remarquables dans la note émue.

Citons, par-dessus tout, le sonnet : *A Pétrarque*, couronné au concours séculaire d'Avignon, et bien digne du grand poète qui l'a inspiré.

C'en est assez pour dire que Henri Dottin est un sonnettiste de beaucoup de goût et de mérite.

GUSTAVE ESCOFFIER

Gustave ESCOFFIER est né à Vinsobres (Drôme) le 13 janvier 1852.

Après avoir fait ses classes au lycée de Montpellier, il fit choix d'une vocation et il opta pour le droit, qu'il alla successivement étudier à Grenoble, à Paris, à Lyon et à Bordeaux.

C'est dans cette dernière ville qu'il se fixa définitivement, et que nous le retrouvons aujourd'hui au tableau des avocats de la Cour d'Appel.

Il sut toujours faire alterner avec ses études de droit, la culture de la poésie, qu'il aimait passionnément, et, tout en apprenant à connaître à fond Lycurgue et Solon, il donna une bonne part de son admiration aux principaux représentants de la poésie, à Musset surtout, son maître, son Dieu, qui semble avoir exercé une certaine influence sur sa destinée poétique. Il y a, entre eux, des affinités incontestables et qui se révèlent au premier coup d'œil. Chez l'un et chez l'autre jaillit cette philosophie qui, sous son enveloppe légère, est pleine de vérité et de raison et se montre bien en rapport avec les mœurs de notre dix-neuvième siècle. Chez tous deux, cette raillerie maligne, souvent amère, de nos petites platitudes; cette critique d'apparence insouciante de notre prosaïsme, de notre prudhommerie, qui prêtent si éminemment le flanc à un esprit frondeur.

Mais, ce qui les unit principalement, c'est le genre tout particulier de verve qui a fait d'Alfred de Musset une personnalité si une, si distincte, si puissamment originale, en même temps qu'un poète heureusement doué ; c'est ce fanatisme de la fantaisie, si nous pouvons ainsi nous exprimer, qui atteint les dernières limites de la désinvolture ; cette indépendance d'esprit qui l'a immortalisé autant que son prodigieux talent de coloriste ; en un mot, ce qui les met en lumière l'un et l'autre, le maître et l'écolier (que notre confrère nous pardonne l'expression) c'est cette carnation du vers, qui emprunte tout son éclat à la passion amoureuse, soit qu'il proclame ses ivresses, soit qu'il exhale ses douleurs, ses amères déceptions. N'est-ce pas là Musset tout entier, le Musset de *Rolla* et des *Nuits*, le Musset de la *Confession d'un Enfant du Siècle?*...

Toute proportion gardée, c'est aussi à cette tonalité particulière et frappante que se reconnaît Gustave Escoffier, dont le mérite ne saurait être mis en ligne, sans doute, avec celui de l'immortel poète de la jeunesse et des amours, mais qui tient de lui à la fois certaines qualités et certains défauts.

En avril 1872, Gustave Escoffier, alors étudiant, fondait à Montpellier, avec un de ses amis, J. Joffroy, *La Revue des Poètes*, dont la prospérité n'a fait que s'accroître depuis plusieurs années, et qui, transportée à Paris, 13, rue de Médicis, est devenue la propriété d'Alfred Chérié, l'intelligent vulgarisateur, qui, poète lui-même, est si utile à la littérature et aux littérateurs, par ses publications si soignées.

En 1877, Gustave Escoffier publiait son premier recueil de vers, une coquette brochure intitulée : *Odes Cavalières*, un titre justifié s'il en fût.

Cet ouvrage donne la mesure et le genre du talent du jeune poète ; il révèle une vigueur peu commune de sentiments, en même temps qu'une rare hardiesse d'idées. Les réticences ne sont guère son fait et ses strophes cavalières sont d'une allure très gaillarde, très décidée. Le poète a vécu, beaucoup même, cela se voit sans peine, et d'ailleurs il a justement pris la plume pour nous le dire et pour nous exprimer ses sensations de jeune homme.

La feuille de vigne même brille parfois ici par son absence, mais, en somme, le poète a écrit ses pièces entre 1872 et 1874; on pardonnera donc sans peine à sa jeunesse ces petits écarts que seule blâmerait une pruderie exagérée.

Les *Odes Cavalières* ont reçu un accueil encourageant de la presse; citons, parmi les journaux qui les ont saluées avec bienveillance : *La Gironde, Le Courrier de la Gironde, Le Journal de Bordeaux, Le Diogène, Le Spectateur, L'Avenir d'Arcachon*, etc.

EMMANUEL DES ESSARTS

EMMANUEL DES ESSARTS est né à Paris, le 5 février 1839.
Il est le fils d'Alfred des Essarts, le remarquable écrivain qui acquit à la fois de la célébrité comme romancier et comme poète, et, par les liens maternels, il est également d'une haute naissance, car sa mère, Mme Anne des Essarts, qui mourut à la fleur de l'âge, s'était déjà fait connaître comme une femme d'un grand esprit et d'une distinction rare.
Emmanuel des Essarts était donc, on le voit, d'une noble extraction, et, comme bon sang ne peut mentir, il a vaillamment et fidèlement suivi les traditions paternelle et maternelle et, de très bonne heure, il s'imposa lui aussi à l'attention de ses contemporains par sa précoce maturité et les penchants élevés de sa nature.
Il fit ses études au lycée Napoléon (aujourd'hui lycée Henri IV) où il remporta des succès magnifiques et répétés, auxquels vinrent se joindre ceux qu'il obtint au Concours général. Sur ses entrefaites, il entra, en 1858, à l'École Normale supérieure où il se montra toujours au premier rang. Il en sortait en 1861, avec le titre d'agrégé des lettres. A vingt-deux ans, il était professeur de seconde au lycée de Sens, à vingt-quatre ans, professeur de rhétorique au lycée d'Avignon. C'est pendant son séjour dans cette ville qu'il noua les relations les plus étroites avec les plus illustres représentants du *félibrige*, Mistral, Roumanille, Aubanel et autres, avec lesquels il vécut toujours, depuis lors, sur un ton d'intimité

affectueuse et dont il a plus tard étudié dans de très belles pages le caractère et le génie.

Ayant quitté Avignon, il alla tour à tour professer la rhétorique dans les lycées d'Orléans, de Nîmes et de Nancy.

En 1871, il conquit le grade éminent de docteur ès-lettres et l'année suivante, en 1872, il entra dans l'enseignement supérieur comme suppléant à la Faculté des Lettres de Dijon.

Devenu titulaire en 1874 de la chaire de littérature étrangère à la Faculté des Lettres de Clermont-Ferrand, il y professa bientôt après la littérature française.

C'est un des membres les plus connus et les plus aimés de l'Université, où il ne compte que des amis, dans tous les rangs et où on apprécie hautement les précieuses qualités du jeune professeur.

C'est une de ces natures prime-sautières et hardies qui font continuellement assaut d'initiative et qui ne consentent pas volontairement à suivre les sentiers battus. Il est au contraire de ceux qui font la lumière, de ceux qui apportent dans l'étude des grandes questions qui intéressent si spécialement l'humanité, le rayonnement de leur expérience et le concours inestimable de leur solide érudition. Esprit pénétrant, il a toujours les yeux dirigés vers ce but de perfection auquel doivent tendre tous ceux qui ont pour mission de guider cette humanité dans la route de l'intelligence et de la vertu, du Bien et du Beau.

Avec des guides comme Emmanuel des Essarts on peut avoir la conviction que le progrès ne restera pas lettre morte.

Les débuts poétiques d'Emmanuel des Essarts datent de 1862; il avait publié, avant cette époque, nombre de pièces de vers et de brochures de différents genres, mais c'est alors qu'il fit paraître son premier volume: *Les Poésies Parisiennes,* qui portaient le sceau d'une imagination si ardente et si riche de fantaisie, en même temps que d'un esprit si sûr et d'une touche si ferme et si gracieuse. Cette œuvre n'était ni plus ni moins qu'une affirmation et elle classait de prime-abord le poète dans la catégorie de ceux qui vivent de leurs propres impressions et que n'enchaîne le culte d'aucune doctrine poétique exclusive.

Certes, ce recueil ne pourrait être considéré comme la photographie exacte du talent du poète, qui, depuis, a abordé un terrain bien différent, mais son inspiration s'y épanouissait avec tant d'abandon et avec tant de luxuriance, qu'on put croire alors qu'il avait définitivement fixé son choix en se produisant dans ce genre où il avait obtenu une réussite si pleine de promesses pour l'avenir.

Emmanuel des Essarts reproduisait avec une vérité profonde le goût et le caractère de l'époque; il se laissait aller aux caprices et aux exubérances de la *folle du logis* avec une bonne grâce charmante; ses vers s'appliquaient principalement aux sujets amoureux et il les traitait avec une verve toute printannière et une rare élégance de coloris; cicerone du pays de Cythère, il sortait rarement de la gamme sentimentale, et ses pipeaux avaient les modulations les plus caressantes.

Ce volume fut non-seulement bien accueilli, mais fêté par le public et surtout par les sommités de la presse parisienne. Louis Ulbach, Edmond Texier, Cuvillier-Fleury, Arsène Houssaye lui consacrèrent leurs plus chauds éloges et le comblèrent de flatteuses prédictions que le poète devait se charger de réaliser.

En effet, en 1865, il donna son second recueil de poésies, *Les Élévations*, dans lequel il se montrait sous un aspect tout différent du premier. Il promenait sa Muse dans une tout autre région; au lieu de la note moderne et fantaisiste, c'était ici la note élevée ou antique qui résonnait; la note sentimentale y vibrait aussi, mais avec des nuances qui contrastaient quelque peu avec les premières, en ce sens qu'elle avait un cachet nouveau de sérénité grave et de majesté.

Une deuxième édition de cette œuvre parut en 1874, avec de nombreuses corrections et des additions si nombreuses que le fond seul subsistait du volume; mais nous sommes loin de nous plaindre de cette modification qui a eu l'heureux effet de substituer certaines pièces d'un vol harmonieux et admirable à des morceaux qui, tout en pouvant être loués pour leur élégance ou leur grâce avaient cependant moins de grandeur et étaient des conceptions moins puissantes.

Les Élévations donnent, par exemple, maintenant, le véritable caractère de l'auteur; il y atteint dans presque tous ses passages, cette cîme grandiose où n'essaie jamais de s'aventurer l'imagination même de la plupart de nos bons poètes de l'époque, car il faut des ailes d'une vaste envergure pour tenter le voyage et plus d'un en reviendrait fourbu et brisé de cette pérégrination vers les sommets lointains où réside cet idéal quintessencié.

Le volume débute par une très belle invocation à la mémoire du père du poète, dont le nom et le souvenir sont si bien faits pour être placés en tête de ces pages éloquentes où l'art impeccable parle sa langue la plus pure.

La Vie Harmonieuse reflète d'une manière excellente les aspirations de l'auteur qui y exprime son culte et le rêve de son esprit hardi dans des vers où circule une pensée aussi riche que dite en termes abondants.

L'Hymne à la Beauté donne la mesure du poète dans ce genre délicat du sentiment amoureux, raffiné, passé au crible d'une inspiration fertile mais raisonnée.

Dans plusieurs pièces, comme *Aux Jeunes d'Autrefois*, *Métempsychoses*, *Les Vaincus*, il exprime encore cet amour du bien et cette soif d'Infini qui le dévore. Sa voix a des inflexions d'une mâle pénétration et qui touchent profondément.

Mais ce n'est pas une analyse de ce beau livre que nous voulons faire ; nous aurions voulu essayer d'en donner une idée exacte, ce qui n'est pas aisé, par suite de la physionomie complexe de cette œuvre si variée dans sa luxuriante richesse.

Ce qu'on remarque avant tout et par-dessus tout, nous l'avons dit, c'est une noblesse de pensées qu'il est difficile de surpasser ; soit que le poète y parle de cet amour chaste et éthéré qui seul l'occupe, soit qu'il nous dépeigne les grands rêves de son cœur épris de justice, soit qu'il nous retrace les douces et chères émotions que lui fait monter dans l'âme le souvenir de l'antique Beauté, il est toujours un dans la reproduction de son idée, toujours serein et radieux dans son poétique abandon, toujours fécond et rutilant dans le choix de son idée et de sa phrase.

C'est, en un mot, la perfection dans le vers en même temps que l'exquise pureté dans la conception.

En 1869, parurent *Les Voyages de l'Esprit* qui montrèrent Emmanuel des Essarts sous un jour nouveau, celui de la prose. Ce volume, recueil d'études de critique littéraire et de mélanges d'histoire, révélait le penseur profond en même temps que l'homme de goût et de savoir dirigé vers les hautes études.

Il accusait surtout le chercheur avide de lumière et de révélations, plein de sollicitude pour les grands problèmes littéraires, désireux de vérité, n'ayant en vue que la consécration de l'immortel mérite, amoureux de la controverse, qui est par excellence le creuset du vrai et d'où naît infailliblement la rectitude du jugement, de l'opinion.

L'ouvrage s'ouvrait par une page magistrale dans laquelle l'éminent littérateur examinait avec un tact scrupuleux les attributions respectives de la *Volonté* et de l'*Inspiration,* exposé juste, précis, où il faisait la part, avec une équité absolue de ces deux mères nourricières du génie, à différents titres.

Plus loin, il ramenait *Théocrite* à ses dimensions naturelles, plus loin, il fustigeait, avec sa phrase sévère et inexorable, les mirmidons qu'il classait sous le titre de *L'École de l'Ignorance,* la nuée de ces journalistes d'occasion, qui, sous prétexte de rire gaulois, en arrivent, la plupart du temps, à cracher bassement leur venin sur toutes les traditions respectables et sur toutes les illustrations acquises à l'immortalité.

Une étude sur les *Métamorphoses de la Poésie Française,* faite d'une plume autorisée, nous promenait à travers la littérature des siècles passés et, nous ramenant à l'époque présente, nous faisait toucher du doigt les différentes fluctuations de la poésie, dans le genre comme dans les progrès accomplis.

Tour à tour il nous traçait quelque grande figure de la poésie ancienne ou moderne, Térence ou Victor Hugo, Marivaux ou Mistral.

Sa verve était infatigable comme sa plume et on conçoit le magnifique succès qu'obtinrent ces tableaux exécutés avec une hardiesse parfaite, une connaissance approfondie des sujets traités et une magie de style qui rendait aussi attrayante et aussi séduisante que possible la lecture de ces morceaux de choix.

Les meilleurs écrivains de l'époque prodiguèrent leurs félicitations à l'auteur et, parmi les articles publiés, nous citerons surtout ceux émanés de Théodore de Banville, de Nestor Roqueplan, de Jules Levallois et d'Auguste Vacquerie.

En 1871, il publia une étude de mythologie, *L'Hercule Grec,* qui avait le mérite d'une forte et brillante conception.

En 1876, il fit paraître un ouvrage d'une grande portée littéraire, œuvre d'un lettré de la meilleure souche, une *Traduction* avec préface, introduction historique et commentaires de *L'Éloge de la Folie d'Érasme.* Les journaux ne furent pas plus avares d'éloges pour l'écrivain dans cette circonstance que dans les autres: Gabriel Charmey dans les *Débats,* Paul de St-Victor dans le *Moniteur Universel* et Atticus dans *La République Française* en firent l'objet de comptes-rendus consciencieux et flatteurs.

Bien qu'ayant produit, depuis vingt années, avec une fertilité que peu d'écrivains ont égalée, Emmanuel des Essarts a encore en portefeuille de nombreux travaux de tout genre qui verront le jour au fur et à mesure et dont plusieurs vont être bientôt livrés à l'admiration du public; parmi ces éclosions nouvelles, citons: une étude sur *Milton,* une *Histoire de la Poésie Française aux XVe et XVIe Siècles,* deux volumes de *Mélanges Historiques,* un volume de fantaisies en prose, sous ce titre: *La Belle aux Cheveux d'Or,* un poème dialogué: *L'Amazone,* un recueil de poèmes: *L'Été,* enfin, l'œuvre capitale de l'écrivain, qui ne comprendra pas moins de deux volumes: *Les Poèmes de la Révolution* (1789-1799).

Emmanuel des Essarts est, en matière d'opinions philosophiques, très nettement spiritualiste, en politique, nous a-t-il dit, il a été de tout temps acquis à une république modérée, « opportuniste. »

Ses maîtres en poésie ont été Victor Hugo, chez lequel il est reçu dans l'intimité, Emile Deschamps, Méry, Théodore de Banville,

Leconte de Lisle, Autran, Laprade, Amédée Pommier, marquis de Belloy.

Théophile Gautier, dans son *Rapport au Ministre sur les Progrès de la Poésie* et Sainte-Beuve, dans ses *Causeries du Lundi* lui ont consacré des éloges spéciaux.

Dans les lettres, il s'honore de l'amitié des célébrités précitées et de MM. Jules Claretie, Sully Prudhomme, Auguste Barbier, Montégut, Armand Silvestre, Mérat, Alphonse Daudet, Coppée, Auguste Robert, Laurent-Pichat, Henri de Bornier, Manuel, Cazalis, Vacquerie, Levallois, André Theuriet, Lafenestre, Chalmeton, Fertiault, Arsène et Henry Houssaye, de Berluc-Pérussis, André Lefèvre, Coran, A. Renaud, Anatole France, de Vauzelles, etc.

Dans l'Université, il se recommande de ses maîtres, MM. Egger, Caro, Chassang, Nisard, Lenient, Mézières, Perrot, Gréard.

CYRILLE FISTON

Cyrille FISTON est né le 27 février 1837, à Meaux (Seine-et-Marne).

Il fit toutes ses études au collège de cette ville, où il eut pour condisciples Adrien Marx, du *Figaro*, Louis Joly, du *Journal de Paris*, Paul Jozon, député de Seine-et-Marne. En 1857, à l'âge de vingt ans, il fit son entrée dans l'administration des Postes, à laquelle il appartient depuis cette époque.

En 1860, il fut envoyé en mission en Algérie et ce voyage exerça une influence immense sur ses idées. Ayant déjà le goût tourné vers la poésie, il fut fortement impressionné par cette nature âpre, saisissante, par la connaissance intime de ces mœurs et de ces caractères bizarres.

Aussi, son imagination s'en donna-t-elle à cœur-joie et ne tarda-t-elle pas à exhaler les multiples sensations qui venaient l'agiter. Il écrivit donc à ce moment de nombreuses poésies, qui prennent rang parmi ses plus belles, et dont quelques-unes devaient plus tard être l'objet d'un succès magnifique.

Parmi ces pièces, qui semblent être un rayon ardent de ce chaud et vivifiant soleil africain, l'une occupe la place d'honneur : c'est celle intitulée *Le Mirage*, qui, présentée à l'Académie des Jeux-Floraux au concours de 1872, obtint une Violette.

Cette récompense était grandement méritée par les belles et incontestables qualités de la pièce, auxquelles le docte secrétaire perpétuel, M. Fernand de Rosséguier, rendit un éclatant hommage dans son Rapport. Il énuméra en effet un à un les mérites de ce morceau d'un goût si pur et d'un style si saisissant, d'une vérité si éclatante et si pleine de charme.

Le Mirage est une peinture animée, vivante, de ce phénomène si connu en Afrique, illusion désolante, cruelle déception dont il est si difficile de rendre l'amertume et le désenchantement. Cette difficulté énorme, le poète l'a bravée dans des vers sentis, fermes d'allure, pailletant le sombre horizon de petites étoiles remplies de doux scintillements.

Impossible de trouver une poésie qui soit mieux de circonstance, qui soit en corrélation plus intime avec son sujet. Le paysage est bien devant nous avec tous ses éclats, avec toutes ses ombres, beau rêve suivi d'une réalité affreuse et poignante...

Poète heureux, Cyrille Fiston obtint ce jour-là un double succès, chose rare en pareille circonstance. En effet, il avait présenté au concours de 1872 deux pièces de vers, et toutes deux furent couronnées et furent proclamées les meilleures de celles qui avaient été composées à l'occasion du charmant tournoi poétique.

La seconde pièce intitulée : *Mélodie Nocturne*, était une élégie d'un genre tout-à-fait particulier. Là encore, le lauréat fut l'objet des justes éloges du Rapport. Ce petit morceau n'est-il pas un véritable chef-d'œuvre de grâce exquise et d'adorable morbidesse ? N'est-il pas doué d'une expression imagée au possible, et l'œil du lecteur n'est-il pas ébloui à tout instant, en le parcourant, de l'éclat des diamants lumineux que le poète a jetés à profusion dans ses vers, en vrai millionnaire de l'imagination.

On se sent bercé délicieusement par cette musique caressante, qui tour-à-tour emprunte son attrait aux grandes et mystérieuses beautés de la nature et aux rayonnantes splendeurs du sentiment le plus délicat et le plus richement nuancé.

Une sereine et ravissante mélancolie, de celles qui vous étreignent délicieusement le cœur, se reflète dans cette poésie d'une suavité séduisante, au ton sincère et ému, faite de contemplation et de souvenir.

Certes, le *Souci réservé* ne pouvait être une palme décernée à plus méritant.

L'année suivante, en 1873, un succès aussi brillant, heureux par ses suites, fut remporté par le poète.

Deux fleurs lui étaient encore décernées : Un *Souci* et l'*Amaranthe* d'or, cette récompense d'un prix exceptionnel, distribuée avec tant de réserve, et exigeant un tel talent qu'elle était réservée depuis sept ans.

Ce n'est donc pas un mince mérite pour Cyrille Fiston que d'avoir pu réunir dans une œuvre toutes les qualités requises pour obtenir les suffrages de l'Académie dans le concours de l'Ode.

La pièce couronnée avait pour titre : *France!* C'est un jet de noble éloquence et d'admirable patriotisme. Le poète jette dans un vers d'airain vibrant comme l'écho d'une trompette guerrière, une pensée grande, généreuse, ardente, quelque chose comme un glas suivi d'une résurrection éclatante, le cri du courage vaincu et de la sainte espérance, enfin, dans cette composition d'un ordre tout-à-fait supérieur, passent toutes les sensations éprouvées par le cœur d'un patriote qui, ne se contentant pas d'examiner le douloureux et poignant résultat de la défaite, en pèse les causes dans la balance de l'impartiale justice....

Ces beaux vers vigoureux et vaillants sont pénétrants à force de conviction et d'élévation. Impossible de les lire sans éprouver un triste et douloureux serrement de cœur, sans verser sur la pauvre mais héroïque France toutes les larmes de l'amour filial.

Ce triomphe, ajouté aux précédents et à un autre remporté le même jour par *La Rose de Pierre*, qui obtenait un *Souci*, valut à Cyrille Fiston l'honneur précieux entre tous d'être élu maître-ès-Jeux-Floraux, distinction qui n'est accordée qu'à un mérite d'une exceptionnelle valeur et qui n'avait pas été décernée depuis 1866. Du reste, cet honneur est si peu prodigué que, depuis cinquante-trois ans, il n'a encore été conféré qu'à dix-sept poètes.

Comme tous les maîtres-ès-Jeux-Floraux, ses collègues, Cyrille Fiston a prononcé l'*Éloge* de Clémence Isaure; il l'a fait en des vers admirablement écrits et pensés, tels que la noble créatrice de cette poétique institution n'a jamais eu sur son front de couronne tressée avec plus de grâce et d'art. Cette pièce est d'un grand et puissant mérite.

Elle est datée du 3 mai 1874.

Là ne se bornent point les succès remportés par Cyrille Fiston. Aux concours ouverts par les Sociétés littéraires d'Apt, de Montauban, etc., il a obtenu plusieurs médailles d'or, et cette année, il a été décerné dans cette dernière ville le prix du genre (médaille d'or) à sa pièce intitulée : *Consolation*, ode d'une valeur exceptionnelle.

Cyrille Fiston a, de plus, attaché son nom à un ouvrage très important : *Les Petits-Fils des Douze Césars*, vaste poème dont il a écrit la partie latine et dont les vers français sont l'œuvre d'un poète distingué, qui a moissonné lui aussi les couronnes dans toutes les fêtes littéraires auxquelles il a pris part, Aimé Giron, cette nature d'élite, cet esprit si gracieux et si sûr.

Les Petits-Fils des Douze Césars forment un beau volume, richement édité et qui, malgré la faveur qu'il a rencontrée, méritait un succès autrement considérable, car c'est une œuvre fortement pensée, étude sérieuse, traitée avec un talent rare par les deux poètes.

Cyrille Fiston a donné de la prose et des vers à *L'Almanach du Sonnet, La Revue des Poètes, Le Sonnettiste, La Muse Orientale, La Revue de Marseille, La Revue de l'Agenais,* etc., etc.

Mais ce que nous désirerions aujourd'hui, ce serait un recueil de toutes ces compositions si bien accueillies, si fêtées, et qui trouverait une réception des plus sympathiques chez tous les gens de goût. Puisse le poète satisfaire un jour ce vœu, qui est celui de tous les amis du Beau qui ont eu occasion de constater et d'applaudir ses éloquentes inspirations.

Cyrille Fiston est aujourd'hui directeur des Postes du département du Lot.

JACQUES FOULC

Jacques FOULC est né en 1820, à Nîmes (Gard).

Voué à l'université par un goût profond et rare pour l'étude, il s'est destiné à l'enseignement des langues étrangères, enseignement qu'il a professé dans le cours de sa longue carrière universitaire, tant au lycée de Mâcon qu'au lycée de Chaumont et que dans une foule d'autres importants établissements d'instruction.

Aussi a-t-il acquis de bonne heure la réputation d'un linguiste distingué et expert entre tous. Jacques Foulc est, à proprement parler, la personnification du polyglotte; une intuition exceptionnelle et vraiment remarquable lui a permis de posséder rapidement la connaissance intime et approfondie des langues de l'Europe et de se les assimiler comme sa langue-mère.

Il devint donc en peu de temps un brillant professeur, comme il avait été jadis un brillant élève.

Mais Jacques Foulc ne s'attacha pas seulement à étudier et à connaître les langues ; il s'appliqua avec la même activité et le même amour-propre à étudier scrupuleusement le caractère des peuples, en puisant à la source féconde de l'histoire ses indications et ses matériaux de toute sorte. Il avait un but, en se livrant à ce labeur acharné, outre celui de fortifier son savoir et de varier ses leçons tout en les fécondant, c'était celui de travailler à une œuvre d'une haute importance et de doter son pays d'une étude jusqu'alors sans précédent : celle des chants nationaux des peuples anciens et modernes.

Il sonda une à une toutes les anthologies qui pouvaient lui apporter des données précieuses, il se mit en rapport avec les hommes les plus éminents de l'ancien et du nouveau continent, entra en relations avec les illustrations littéraires de toutes les nations, et, avec cette puissante coopération, aidé du secours de ses propres lumières, il put jeter les premières bases de son travail monumental.

La composition de ce travail exigeant un laps de temps très-long, il résolut, en 1867, d'en donner au public comme une sorte d'avant-goût, en lui offrant ses *Chants Nationaux des Deux Mondes*, publiés chez Hachette, au moment où l'Exposition universelle était dans tout son éclat, circonstance bien choisie pour l'apparition d'un tel ouvrage qui, lui aussi, conviait toutes les races au banquet de la concorde et de la vraie fraternité.

Aussi, le succès fut-il admirable.

Les *Chants Nationaux* n'étaient autre chose que la réunion des hymnes patriotiques de la France, de l'Italie, de l'Angleterre, de l'Amérique, en un mot de toutes les puissances : il offrait dans un heureux ensemble toutes ces chaleureuses inspirations qui ont eu le don de passionner un peuple et d'exciter un universel engouement : pour la France, *La Marseillaise* et *Partant pour la Syrie*, pour l'Italie, la *Piémontaise*, pour l'Espagne, l'*Hymne de Riego*, pour l'Angleterre, le *God save the queen*, pour la Belgique, *La Brabançonne*, etc.

Le volume était précédé d'un remarquable avant-propos, dans lequel l'auteur développait les idées d'un patriotisme ardent et élevé, et les *Chants* débutaient par celui composé en l'honneur de l'Exposition universelle, œuvre de Jacques Foulc lui-même, d'une poésie noble et inspirée, éminemment propre au grand sujet qui lui donnait naissance.

Un autre chant dû lui aussi à la plume de notre confrère, témoigne également des belles aspirations du poète; il a pour titre : *La Marseillaise du Second Empire*, et se trouvait alors être tout-à-fait de circonstance.

Toutes ces compositions ou traductions, dédiées à des personnages célèbres des pays en l'honneur desquels elles ont été conçues, ont valu à Jacques Foulc des lettres de remerciements et des félicitations qui constituent la plus agréable et la plus précieuse récompense que le talent puisse ambitionner. Ces lettres étaient signées : Victor Hugo, Michelet, Emile Deschamps, D'all'Ongaro, Bianciardi, Bourbaki, Garibaldi, etc.

La presse ajouta ses éloges à ceux des sommités de la littérature, de la politique et de l'armée et tout prédisait à l'auteur, pour la composition de sa vaste anthologie, un triomphe que connurent peu d'œuvres littéraires.

Jacques Foulc poursuit l'achèvement de ses *Chants Nationaux de tous les Peuples*, œuvre colossale, fruit de longues années de recherches et d'un travail obstiné, rendu doux, sinon facile, par suite des innombrables témoignages de sympathie qui ont été envoyés de toutes parts à l'écrivain.

La date de l'apparition de cette œuvre n'est pas encore fixée, mais nous croyons savoir qu'elle aura lieu prochainement, surtout si le public spécial des hommes de goût s'empresse d'apporter à l'auteur une coopération rendue absolument nécessaire par les frais considérables d'une telle œuvre.

En attendant, Jacques Foulc va publier incessamment un opuscule poétique.

N'oublions pas de dire qu'il a fait paraître à la librairie Hachette, il y a déjà plusieurs années, un *Discours sur les Langues Vivantes et sur l'Avenir Linguistique et Littéraire réservé à la Langue Anglaise,* étude pleine d'érudition, œuvre d'un esprit judicieux et expérimenté.

Jacques Foulc a également en projet un *Essai sur les Révolutions des Langues Modernes,* qui fera certainement sensation dans le monde savant.

SALOMON FOY

Salomon Foy est né le 16 janvier 1852, à Bordeaux.

Il a beaucoup écrit, depuis plusieurs années, mais nous ne pouvons guère le juger que sur un coquet petit volume de vers qu'il a publié en 1877 : *Les Rires Voilés*, ses écrits ayant vu le jour dans les feuilles littéraires de sa ville natale, pour la plupart, du moins, et se trouvant épars çà et là, hors de la portée du biographe.

Bien que son talent n'apparaisse point sous toutes ses faces dans le volume que nous venons de citer, il nous y est révélé sous ses caractères les plus généraux et il nous est permis de l'apprécier assez exactement sur cette première œuvre.

Les Rires Voilés sont placés sous l'invocation de Rabelais et de Henry Mürger, deux auteurs que notre confrère prise fort, comme il est facile de s'en convaincre, et dont les côtés saillants se retrouvent assez souvent dans ses productions. De Rabelais, il tient cette franchise toute particulière qui nomme un chat un chat et Rollet un fripon, ce franc parler plein d'enjouement et de cordialité qui contraste si avantageusement avec l'afféterie qu'on remarque chez certains poètes, trop nombreux malheureusement, dont les allures maniérées forment tache à leur talent.

Comme Henri Mürger, c'est un amant de la fantaisie, tendre et caustique, mêlant à une raillerie amère et pleine d'une philosophie de bon aloi, une aspiration d'un sentiment gracieux et ému, tantôt sceptique à l'endroit des amours, tantôt inflammable et passionné, mais, au fond, jugeant autant avec la raison qu'avec le cœur, malgré ses apparences de frivolité.

Dans les *Rires Voilés,* on rencontre des tons très disparates, et cette divergence, cette versatilité dans les genres, est un des symptômes les plus caractérisés du savoir-faire du jeune poète.

Ici, c'est une pièce imitée de Parny, là, une élégie dans la manière de Clément Marot, plus loin, une déclamation virulente contre le vice. Au sujet de cette dernière remarque, empressons-nous de rendre justice à Salomon Foy, qui, tout en aimant à tremper ses lèvres dans la coupe de la volupté, stigmatise la débauche avec énergie et expérience.

Sa Muse est d'une remarquable sévérité pour les filles de l'impudeur et de la fange. Il retrousse publiquement les vendeuses d'amour et il montre ce qu'il y a de laideurs sous ces apparences dont la séduction amène le délire.

Malgré cela, nullement pudibond, ne faisant point profession de chasteté, et pinçant sans façon le menton de Nonotte.

Au demeurant (comme disait son maître Rabelais) *le meilleur fils du monde,* et aussi le plus joyeux. Tel est le poète des *Rires Voilés,* un charmant opuscule, des plus gracieux et des plus intéressants.

Salomon Foy s'est également adonné avec infiniment de goût au théâtre; il est l'auteur de plusieurs comédies et opéras-comiques qui ont été représentés sur les scènes de Bordeaux ou de Marseille, et il se propose de cultiver sérieusement ce genre dans l'avenir.

Enfin, comme nous l'avons dit plus haut, il a publié un grand nombre de compositions de toute sorte dans diverses feuilles littéraires, et surtout dans *Le Spectateur* de Bordeaux, où il est tour à tour poète et chroniqueur.

Une de ses pièces a été couronnée aux Concours Poétiques de Bordeaux.

ALFRED GARCEAUD

Alfred GARCEAUD est né en 1856, à Rochefort-sur-Mer (Charente-Inférieure).

A quinze ans, comme Béranger, il entra dans la typographie. C'est le choix de cette carrière qui révéla sa vocation pour les lettres.

Disciple fervent de Guttemberg, il aime à la folie son métier, ce qui ne l'empêche pas, de temps à autre, de lui faire des infidélités et de s'en éloigner pendant un laps de temps plus ou moins long, quitte à faire comme le pigeon à l'aventureux esprit, à regretter son art dès qu'il s'en est volontairement séparé.

L'imprimerie, c'est là sa patrie. Quand il est éloigné de sa *casse*, il soupire et se ronge les poings en maudissant sa détermination. Dès qu'il est rentré au bercail, l'enfant prodigue aspire à une nouvelle fugue.

Garceaud gît tout entier dans cette excessive mobilité d'idées ; il est sans cesse comme l'oiseau sur la branche, volant de ci, de là, partout, curieux de tout connaître, sans cesse ballotté entre mille rêves divers.

Il fit son entrée dans la littérature par la confection de la chronique locale d'une petite feuille, *La Seudre*. Puis il se tourna vers la poésie, qui avait déjà captivé son esprit depuis longtemps.

Une de ses premières pièces qui affrontèrent la publicité, le sonnet *Les Oiseaux*, nous avait été dédié par l'auteur. Nous le fîmes insérer dans *L'Écho Saintongeais*, Alfred Garceaud n'ayant pas encore assez de foi en son étoile, pour se hasarder à frapper à la porte d'un journal.

Il ne tarda point, cependant, à lancer ses élucubrations dans la presse, qui lui fit un accueil encourageant. Pendant quelques années, il fournit des études de *Physionomies et Caractères* au *Propagateur* de Florac (Lozère); des poésies à *L'Écho des Montagnes* de Muret (Cantal); des *Lettres Rochefortaises* à la *Chronique Charentaise* de St-Jean d'Angély; des sonnets à *L'Écho de Parthenay*.

En 1876, il prit la rédaction du *Journal de Marennes* et se fit inscrire comme membre de l'Académie des Muses Santones.

C'est à cette époque qu'il résolut de rassembler en un faisceau quelques-uns de ses sonnets pour en former un recueil qu'il eut tout d'abord l'intention d'intituler *Bleuets et Coquelicots*.

Mais un ses amis, le poète E. Jacquot, à qui cet ouvrage était dédié, lui conseilla de substituer à ce titre celui d'*Aubépines et Lilas* qui prévalut et qui se trouvait être de pleine actualité, car on était au mois de mai.

Ces sonnets, bien que n'ayant pas la forme exquise de ceux de Soulary et des faiseurs en renom, portent néanmoins un cachet personnel. Sans s'attacher spécialement à la ciselure, Alfred Garceaud enchâsse dans son sonnet une pensée forte, saisissante, la plupart du temps, et nous ne saurions trop nous associer à l'opinion qu'en a émise la *Chronique Charentaise*, qui a dit: « Ce qu'on peut louer dans ces petits poèmes, c'est la moralité de l'intention, la sévère orthodoxie des idées, des pensées généreuses et belles : c'est là l'homme, si ce n'est pas le poète. »

En un mot, les qualités principales d'Alfred Garceaud sont la verve et une grande honnêteté d'idées.

Cet opuscule publié, Alfred Garceaud mit la main à un ouvrage d'un tout autre genre: *Excursions d'un Touriste aux Environs de Marennes*. Tout en s'appesantissant sur la partie historique et archéologique, qui formait la base de son travail, l'auteur ne manquait pas de retracer, chaque fois qu'ils lui passaient sous les yeux, les paysages magnifiques que recèle cette contrée, ou du moins la partie qui confine à l'Océan. Pendant six mois, il pérégrina sur tout le littoral, recueillant les éléments de son œuvre, qui paraissait en *Variétés* dans le *Journal de Marennes*, avant de former la matière d'un volume.

Le travail touchait à sa fin; il ne manquait plus que les dernières pages du manuscrit et l'apparition prochaine de l'ouvrage était annoncée, lorsque tout-à-coup, Alfred Garceaud abandonna un beau matin et sa publication et la contrée.

Les causes de ce brusque départ restèrent inconnues; les uns le mirent sur le compte de la bizarrerie de son caractère, les autres parlèrent de chagrins d'amour : Mystère....

Il entreprit alors une grande tournée dans l'Est de la France, rédigeant sur les pays qu'il traversait, des lettres dont les premières parurent dans *Le Phare Littéraire* de Royan.

Il explora pédestrement à peu près tout le Jura, puis, un beau jour, il fila vers la « neigeuse Helvétie. » Son intention était de pousser jusqu'en Italie, mais, au dernier moment, il changea d'avis et revint inopinément dans son pays.

Là, il écrivit une très complète *Notice sur la Ville et le Port de Rochefort*, qui s'imprime actuellement.

Alfred Garceaud persévérera-t-il dans la voie littéraire? Nous en avons l'espérance, malgré le peu de confiance qu'il a dans son savoir et son avenir littéraire. Il tient pour fausse la maxime: « Le vrai talent s'ignore » et il explique ainsi sa pensée: « Celui qui ne sent pas en lui-même la force nécessaire pour arriver aux chefs-d'œuvre, n'en cherche même pas la voie. » Et c'est cet excès d'humilité qui enraye sa marche et le fait douter du succès de ses travaux.

Cette absence complète de confiance en lui est telle qu'en 1876, étant entré en relations, à propos d'archéologie, avec M. Luguet, secrétaire de la Société Archéologique de Saintes, ce dernier lui écrivait : « Notre Société serait heureuse de posséder dans son sein un travailleur tel que vous. M. l'abbé J. Laferrière, notre président, partage notre commun désir de vous y admettre. A la prochaine assemblée, nous pourrons donc vous présenter et, croyez-le, le succès n'est pas douteux, vos récits constituant, du reste, un titre suffisant à votre réception. »

Non seulement Alfred Garceaud ne se présenta pas, mais encore, par des scrupules inexplicables, il refusa le titre qui lui était si généreusement offert.

Alfred Garceaud a maintenant la manie du voyage. Il rêve, comme Châteaubriand, l'exploration de l'Amérique, les Indes et la Chine même ne l'épouvanteraient pas. Mais, fort heureusement, ce ne sont que des projets en l'air, et tout nous fait espérer qu'il restera en France, cultivant encore les lettres dans son cher pays de Saintonge, qu'il affectionne par-dessus tout.

Cette notice achevée, nous venons de lire un nouvel opuscule du poète : *Feuilles Mortes*, paru tout récemment, qui révèle les mêmes tendances que les *Aubépines et Lilas*, avec plus de maturité de talent.

GEORGES GARNIER

Marie-Jean-Georges-Catherine GARNIER est né à Gray, (Haute-Saône) le 17 novembre 1815.

La *Biographie Nationale des Contemporains* nous apprend qu'il est issu d'une ancienne famille de la Franche-Comté et qu'il a pour ancêtres Antoine Ier Garnier, secrétaire de Charles-Quint dont il a écrit la vie; Flaminio Garnier, sieur de Réthel, comte palatin; Antoine II, Garnier de Gy, conseiller-président du Parlement de Dôle, en 1581.

Georges Garnier se tourna tout d'abord vers la toge; il alla faire ses études de droit dans la capitale et eut pour premier maître, devenu avocat, le célèbre Philippe Dupin. Il siégea quelque temps au barreau et manifestait de très heureuses dispositions oratoires, mais il ne tarda point, cependant, à délaisser la chicane pour la lyre. Le commerce de la Muse lui plut davantage, aussi n'hésita-t-il pas à abandonner sa première profession pour se livrer exclusivement à son goût favori.

Il préféra aux succès que faisaient présager ses heureux débuts dans le sanctuaire de Thémis, la vie calme et modeste du disciple d'Apollon, poète humble, nullement envieux de bruit et de renommée, peu soucieux d'atteindre les sommets de la célébrité, se bornant au simple titre de poète-amateur.

Il alla se fixer à Bayeux, en 1851, dans un site des plus favorables à ses aspirations poétiques, ayant constamment sous les yeux le spectacle de la grande nature, face à face avec le vieil Océan, qui fut pour lui un foyer de belles et fécondes inspirations.

Malheureusement, Georges Garnier, comme nous venons de le dire, écrivait bien plus pour satisfaire son inclination que pour le plaisir d'amasser une popularité qui ne lui eût pourtant pas fait défaut, car il ne voyagea point dans les sentiers battus, et n'eut pour règle absolue que son imagination. Il entra de prime-abord dans le domaine de la haute poésie, presque sans s'en douter, avec cette naïve ignorance du vrai talent, qui, même lorsqu'il atteint au génie, gémit tout haut de son infériorité, sans effort, sans recherche, par le jeu tout naturel de l'idée....

Après avoir longtemps hésité, Georges Garnier se décida cependant à se produire et à sortir de sa retraite, pour les mettre en pleine lumière les fruits de ses méditations.

L'accueil qui lui fut réservé montra au poète combien était injustifiable ce manque de confiance qu'il avait dans son savoir. Il n'eut qu'à paraître dans les concours poétiques pour être salué à la façon des maîtres ; les juges eurent vite deviné le talent qui se cachait sous cette excessive timidité, et bientôt les couronnes de tout genre s'abattirent sur lui, à son grand étonnement.

En 1855, il obtint le prix d'éloquence et en 1864, le prix du sonnet (lys d'argent) aux Jeux-Floraux de Toulouse. En cette même année 1855, une médaille d'or lui fut décernée pour sa composition poétique : *Éloge de Laplace*. Aux concours du *Rosier de Marie*, il remportait successivement deux fleurs d'or et trois fleurs d'argent.

Emile Deschamps ayant ouvert un concours pour décerner un prix à l'auteur du meilleur sonnet condensant l'inscription placée sur la façade de la maison où vécut et mourut La Bruyère, Georges

Garnier se fit distinguer par une traduction des plus poétiques et la récompense lui échut.

D'ailleurs, ce ne sont pas là les seules couronnes qui lui furent allouées. Nous aurions trop à faire si nous voulions citer tous ses succès dans les joûtes littéraires.

Georges Garnier a poussé la modestie jusqu'à priver les appréciateurs de son sympathique talent du plaisir de lire ses œuvres complètes. Il a toujours reculé devant la publication d'un volume renfermant ses productions disséminées dans les journaux, les recueils ou les concours. Nous ne saurions trop nous plaindre de son opiniâtreté et surtout trop la déplorer.

Les seules brochures qu'il ait publiées sont : *Les Sœurs de la Miséricorde à Bayeux*, 1858; *La Tour du Patriarche*, 1855; *Jésus (acte de Foi et d'Espérance)*; *Première aux Romains*, 1860; *Virgini Deïparæ*, 1864.

Toutes ces brochures sont écrites avec un soin et un goût qui placent Georges Garnier au groupe des délicats et des lettrés de la bonne école. C'est là le poète gracieux, puisant toute sa grâce dans le sentiment, dans une pureté de pensée qui est en quelque sorte la quintessence du beau, mais amoureux du rhythme, épris des beaux vers, jamais insouciant à l'endroit de la facture, bon écrivain, grand penseur.

Georges Garnier est de l'école de l'harmonie, cette école aux inspirations sereines, qui séduit à la fois et l'oreille et le cœur; ses sonnets sont de la meilleure façon et du meilleur genre, et ses pamphlets, comme *La Première aux Romains* sont d'une énergie pénétrante, d'une chaleur communicative.

De plus, amoureux fou de son art, sa plume est toujours prête à rehausser l'éclat de la littérature, par l'active part qu'elle prend au mouvement littéraire de notre époque ou par ses réhabilitations pleines de mérite.

Ainsi, il a donné une édition des *Origines* de Moisant des Brieux, avec *Commentaires*, Caen, 1874, deux volumes in-18. Il a écrit la remarquable préface des *Poésies Complètes* d'Achille Millien, Paris, Lemerre, 1875.

Il a aussi prêté très largement son concours à M. Louis de Veyrières, dans la composition de sa *Monographie du Sonnet* et a fourni au lieutenant-colonel Staaff de précieux renseignements pour son *Cours de Littérature Française*.

Il a également collaboré très sérieusement au *Courrier de Vaugelas*, au *Sonnettiste*, etc.

Il est membre de l'Académie de Caen, de la Société d'Émulation du Doubs, associé correspondant de l'Athénée de Forcalquier, et il a pris part avec M. de Berluc-Pérussis, à la fondation de l'Académie du Sonnet, à Aix.

Un frère du poète, Paul Garnier, mort en 1846, à 26 ans, était lui-même un poète fort distingué et de beaucoup d'avenir.

LAURENT DE GAVOTY

Marie-Laurent DE GAVOTY est né le 6 février 1853, à Marseille. Appartenant à l'une des meilleures et des plus anciennes familles de la Provence, il est, par sa mère, petit-neveu du docteur Fabre, l'auteur distingué de *La Némésis Médicale*, cet ouvrage célèbre.

Chez Laurent de Gavoty comme chez beaucoup d'autres, l'éducation maternelle joua un grand rôle dans la destinée de l'homme. Elle ouvrit son cœur au culte des choses élevées et le rendit de très bonne heure accessible au sentiment du Beau. Noble mission que les mères ont reçue de Dieu et qu'elles remplissent avec tant de charme et de bonheur!

Aussi, Laurent de Gavoty, tout enfant, s'éprit-il soudain de tout ce qui attire et séduit l'esprit. La peinture était pour lui une source d'extase, la musique un ravissement inexprimable. Mais de tous ces goûts, celui de la poésie l'emportait, parce qu'il résume mieux que tous les autres, avec plus de vérité et plus d'éclat, les idéales conceptions.

Il commença bientôt à produire, à livrer aux journaux les primevères de son jeune talent, doué de promesses qui ne devaient pas être lettre morte et ses premières poésies se faisaient remarquer par une réelle fraîcheur de pensées.

Parmi ces pièces de début, se trouvaient: *Belles de Mai, La Glaneuse, Promenade sur Mer, La Conquête d'Alger*, etc.

Laurent de Gavoty fit ses études de droit et, en 1875, en tête de sa thèse de licencié, il inscrivait une poésie remarquable intitulée:

Ave, Mater, moriturus te salutat, puissamment inspirée, d'un élan vigoureux et d'une grâce touchante, et que nous plaçons au premier rang des productions de l'auteur.

Parmi ses œuvres publiées, mentionnons *Larmes et Sourires* (1876) une nouvelle simple et gracieuse, couronnée par l'Institut Confucius de France, pour sa portée morale, et à laquelle on ne peut contester que la nouveauté du sujet.

En 1877, il a publié sous ce titre: *Poètes et Sauveteurs*, un poème d'un réel mérite, tout à l'honneur du courage et du talent; c'est un hymne au bien et au beau; au bien, par la glorification de ces êtres aux vertus si nobles, qui font tous les jours l'offrande de leur vie sur l'autel de l'héroïsme et du devoir; au beau, par la déification de ces doux apôtres de l'idée, dont les chants nous donnent parfois comme un avant-goût des splendeurs célestes.

Ce n'est point là tout le bagage de Laurent de Gavoty; le nombre est grand des poésies qu'il a répandues dans les publications de la contrée, ou qui ont été lues dans les meilleurs salons de Marseille, où le talent de l'auteur est tant apprécié.

Dans cette foule de bluettes, qu'on regrette de ne pas voir réunies, on remarque: *Dans les Neiges, Lied d'Avril, Maison à Vendre, Fleur Fanée*, etc.

N'oublions pas un poème intitulé *La Mort du Poète* et une comédie finement écrite, *Gaëtana*.

Deux écrivains de talent, Hippolyte Matabon et Auguste Laforêt, ont appelé Laurent de Gavoty à l'honneur de les seconder dans la rédaction de la *Revue de Marseille et de Provence,* publication très estimée dont il est secrétaire-adjoint.

Nous avons lu dans cette revue deux quatrains du poète, *Fleurs des Ruines*, desquels on peut bien dire qu'ils valent mieux qu'un long poème, par le sentiment qui se trouve cond.. sé en ces huit vers.

Laurent de Gavoty a écrit dans *Le Logos*, *Le Galoubet*, *Le Légitimiste*, *Le Tintamarre Marseillais*, etc.

Il a employé pour signer ses œuvres divers pseudonymes, parmi lesquels: Laurence, Roz-Veun, Gostick, Ben-Vel.

Laurent de Gavoty est membre de plusieurs Sociétés littéraires et a été couronné à plusieurs reprises dans les Concours Poétiques et Littéraires de Bordeaux.

Il prépare la publication de plusieurs recueils de poésies.

LOUIS GODET

Louis GODET est né le 11 juin 1817, à Guerville (Seine-et-Oise).

Son père, pauvre instituteur de campagne, mourut avant de pouvoir lui donner même les premiers rudiments de l'instruction, en 1822, laissant sa veuve avec cinq enfants en bas-âge, dans une situation touchant de très près à l'indigence.

Elle ne possédait en effet, avec la maison qu'elle habitait, qu'un tout petit lopin de terre, juste de quoi pouvoir élever à grand'peine sa nombreuse famille.

Comme bien on pense, la malheureuse mère, dont les ressources étaient si faibles, fut dans l'obligation de donner de très bonne heure une profession à ses enfants, sa position pécuniaire ne lui permettant guère de les laisser de longues années sur les bancs du collège.

Louis Godet, dès sa plus tendre enfance, fut donc contraint de se livrer à un travail manuel qui ne lui laissait de répit qu'à la mauvaise saison. Pendant les plus rudes mois de l'hiver, il fréquentait l'école du magister de l'endroit, fort léger de savoir lui-même et qui ne put guère que le familiariser avec la connaissance de l'alphabet.

Pendant très longtemps, la santé de Louis Godet donna de sérieuses inquiétudes. Nature chétive, souffreteuse, il était d'une taille bien au-dessous de la moyenne, grêle d'apparence, s'étiolant de jour en jour.

A dix-sept ans, il commença à se fortifier et à grandir et la croissance fut alors chez lui des plus rapides. Deux ans après, il était tout-à-fait méconnaissable.

A ce moment, habitant un petit village de Seine-et-Oise, il fit la connaissance du maître d'école de la localité, et fut bientôt dans son intimité. Ce dernier, qui s'intéressait beaucoup à lui, lui consacrait quelques instants chaque jour, et, lorsque sa tâche quotidienne était remplie, Louis Godet allait prendre sa leçon de grammaire chez le brave instituteur. Au bout de quelque temps, il avait fait des progrès des plus sérieux, et, tout en ayant encore un bagage intellectuel fort mince, il se faisait remarquer par son désir de s'instruire et par le goût qu'il mettait à recevoir et à mettre en pratique les sages avis de son professeur.

Mais, le hasard, ou plutôt les nécessités de l'existence, amenèrent bientôt Louis Godet dans la capitale. Hélas! tout le fruit de ses précédentes et trop courtes études (elles n'avaient guère duré plus de six mois) fut vite perdu. Exclusivement adonné à son labeur matériel, il abandonna forcément la grammaire et le reste, et redevint Gros Jean comme devant, c'est-à-dire que son intelligence se couvrit de nouveau de friches.

Mais Louis Godet, dont deux des frères occupaient des positions assez élevées (l'un était officier au 70me de ligne et l'autre principal au Collége colonial de Pondichéry) souffrait cruellement de son infériorité sous le rapport de l'instruction. Son amour-propre était mis continuellement à la torture, et, chaque fois qu'il écrivait à ses frères, il avait presque honte de son ignorance.

Cette noble émulation lui fit prendre alors la résolution de recommencer ses études, mais avec plus de persévérance, et, cette fois, il se mit à l'œuvre tout seul, sans le secours d'aucun maître, aidé par sa seule envie d'arriver à combler cette triste lacune, qui l'avait si cruellement éprouvé.

Ce fut donc à trente-quatre ans qu'il se donnait de nouveau le rôle d'écolier. Disons à la louange de celui-ci qu'il parvint vite au but convoité, c'est-à-dire à avoir une connaissance suffisante de l'orthographe et à écrire en bon français.

En même temps qu'il s'instruisait, il devenait très amoureux de la poésie. Après avoir lu beaucoup de vers, il se mit à en faire et, chose surprenante, la première pièce qui sortit de son imagination lui valut un succès d'heureux présage.

Louis Godet ayant appris qu'un concours poétique allait s'ouvrir en Champagne, eut l'idée d'entrer en lice, et, sans espérer grand chose de sa tentative, il envoya à M. Félix Thessalus, qui avait ouvert ce concours, sa poésie: *La Tentation,* humblement, timidement, avec la conviction que sa pièce n'attirerait même pas les regards des examinateurs. Et, ce qui donnait encore plus de force à ses suppositions, sa poésie était de vingt-huit vers et la limite imposée aux poètes était de vingt.

Néanmoins, *La Tentation* fut couronnée et on juge de la surprise de l'auteur lorsque, quinze jours après, il vit, dans le compte-rendu du Concours, qu'une mention honorable lui était décernée.

Il continua comme de plus belle à rimer et publia çà et là ses élucubrations poétiques. Non réunies encore en volume, elles forment la matière d'un important recueil.

Elles se distinguent principalement par une grande facilité de composition. Louis Godet a peut-être le tort de pécher de temps à autre contre l'observance des règles poétiques, mais nous croyons qu'il faut mettre sur le compte de sa fécondité cette négligence ou plutôt cet oubli.

A part cela, de l'inspiration, une inspiration abondante même, heureuse parfois, et empruntée à des sujets élevés.

Parmi ses manuscrits inédits, se trouve une pièce en trois actes, Le Comte de Modène, un drame digne de la scène une fois les quelques corrections nécessaires opérées, et où nous avons remarqué nombre de vers très bien frappés.

Louis Godet a collaboré à plusieurs recueils édités en province, La Muse Virile, Le Réveil des Muses, les Sonnets Provinciaux, L'Almanach du Sonnet. Il est l'un des actifs collaborateurs des Concours Poétiques de Bordeaux, où il a obtenu plusieurs mentions honorables, des accessits et un 4me prix (médaille de bronze).

Il est membre de la Société des Travaux littéraires, artistiques et scientifiques de Paris, membre d'honneur de la Société des Concours Poétiques de Bordeaux, et membre fondateur de l'Académie des Muses Santones.

OGIER D'IVRY

Le Vicomte OGIER D'IVRY est né le 25 décembre 1844, au Mans (Sarthe) d'une très ancienne famille normande.

En septembre 1876, il a publié chez Jouaust son premier ouvrage de poésies: *Rimes de Cape et d'Épée,* avec ce sous-titre qui s'y trouve on ne peut mieux justifié: *Sonnets Poudrés et Choses de Guerre.*

Ces poésies ont été écrites à diverses époques de la vie de l'auteur. Certaines d'entr'elles gisaient depuis longues années dans ses cartons. Les unes remontent à sa première jeunesse, d'autres sont datées de St-Cyr; ces dernières ont été écrites pendant la guerre ou à l'occasion de la guerre.

D'ailleurs, pour bien démontrer que c'est là une œuvre de jeunesse, Ogier d'Ivry a choisi comme préface la préface même du premier volume de poésies d'Alfred de Musset :

> Ce livre est toute ma jeunesse....
> Je l'ai fait sans presque y songer....

Puisque le nom d'Alfred de Musset se trouve sous notre plume, disons que le poète des *Rimes de Cape et d'Épée* a un penchant prononcé et nullement dissimulé pour le poète des *Nuits.* Certaines qualités du maître revivent pleinement en lui, avec presque autant de force. Comme Musset, c'est un amant passionné de la fantaisie. Il brûle un encens continuel sur l'autel de la déesse. Il est de ceux qui aiment avant tout et par-dessus tout à suivre jusqu'au bout le

caprice de leur imagination, si fantasque qu'il soit. Il laisse courir
sa verve sans bride et sans frein, et elle trotte où bon lui semble,
sans crainte de la cravache ou du mors. Volontiers, il lui fait même,
parfois, de grands sacrifices. Pour que son cours ne soit pas entravé,
on l'a vu, à plusieurs occasions, immoler la règle à ses pieds. Aussi,
ne saurait-on véritablement lui faire un reproche de quelques-unes
de ses violations des lois de la poétique. Il ne pèche ni par ignorance ni par excentricité, mais il n'a pas voulu châtrer sa pensée,
et il a préféré la jeter tout d'une venue, telle qu'elle lui arrivait,
dans le moule du vers. Doué d'une verve rare, il produit avec une
merveilleuse facilité: si ce n'est pas le minutieux lapidaire qui a
pour but principal de frapper par le fini de ses dentelures, c'est le
poète à l'inspiration puissante, dont l'esprit tient en germe les plus
belles images, et qui n'a qu'à vouloir pour lâcher tout un essaim
de pensées riches, saisissantes....

Les *Rimes de Cape et d'Épée* sont dédiées à un grand poète et à
un grand citoyen: Paul Déroulède, un ami d'Ogier d'Ivry, l'auteur
heureux des *Chants du Soldat* et de *l'Hetman*. Ici encore, nous
trouvons une rare identité de goûts, de mérite et de pensées.

Tous deux furent pour la France de braves et vaillants défenseurs;
ils marchèrent tête baissée vers le péril, vouant à la patrie tout leur
sang, toute leur intelligence et tout leur dévouement. Ils furent de
ceux qui jetèrent sur nos défaites l'éclat qui les rendit glorieuses.

La guerre terminée, ils accordèrent leur lyre et, au lieu de
s'abîmer dans une muette et stupide douleur, ils sonnèrent la
charge, la charge de la revanche future, de la revendication que
l'avenir porte dans ses flancs. Ils rappelèrent dans de beaux vers
les nobles pages de l'histoire de la France, pendant cette époque

douloureuse. Après avoir fait leur devoir de soldat, ils firent leur devoir de poète.

Ogier d'Ivry a, en effet, fait retentir lui aussi les accents de son ardent patriotisme dans ces *Rimes de Cape et d'Épée*, où il a rappelé mille incidents tendres et touchants de la campagne franco-prussienne.

Quant aux élans de sa foi, ils sont magnifiquement exposés dans cette pièce d'une grande vigueur de style : *France!* au vers éclatant et sonore.

Quoi de plus expressif que ces petits tableaux retraçant, avec une verve chaude, un coin de la grande épopée. De ce nombre, *Garde à Vous* n'est-il pas vraiment empreint d'un charme réel ?

Mais, le talent d'Ogier d'Ivry ne se repait pas seulement des sujets patriotiques. Ondoyant et divers, il moissonne un peu partout sur le champ de l'inspiration. Il est aussi fort épris de l'idylle amoureuse, ou des scènes d'après nature. Il est tour à tour Corot, Watteau ou Meissonnier. A côté d'une fanfare guerrière on voit chez lui un paysage frais et gracieux, ou un madrigal troussé de la façon la plus galante et la plus élégante. Il a des sonnets d'un grand mérite, comme son *Paysage Normand*, par exemple, digne d'un maître.

Plusieurs de ses pièces décèlent le gentilhomme de race, homme de goût et de principes.

N'oublions pas de mentionner son faible pour les chants au rhythme âpre, sauvage, attachant, comme sa *Garde aux Vosges*, une fort belle poésie, qu'il adressa, en guise de souhait de bonne année, en janvier 1878, à ses camarades de l'armée française.

C'est en un mot un poète de la bonne école, celle du beau, mais qui n'apppartient à aucune école proprement dite, doué d'une grande fertilité d'imagination, et appelé, nous en avons la certitude, à un bel avenir littéraire.

Un grand nombre de feuilles ont parlé des *Rimes de Cape et d'Épée* et les ont accueillies avec sympathie. Il prépare en ce moment un nouveau recueil qui aura pour titre : *Nouvelles Rimes de Cape et d'Épée*.

Il a collaboré ou collabore à la *Chronique Charentaise*, à la *Revue des Poètes*, à la *Revue Universelle de Voltri*, au *Grenoblois*, au *Jeune Parnasse*, aux *Gauloises* (journal des femmes de lettres) etc.

Il fait partie de l'Académie des Muses Santones, de l'Institut Confucius de France, de l'Académie Ethnographique de la Gironde, du Cercle Parthénopéen de Naples, qui lui a décerné une médaille d'or, au mois d'avril 1877.

Il est entré dans la littérature sous les auspices de Paul Déroulède, Sully Prud'homme, Banville, Coppée, Soulary, qui lui ont écrit des lettres très flatteuses.

L'excellent guittariste-poète Frédéric Trémel lui a consacré dans la *Chronique Charentaise* une étude remarquable, où il lui prédisait avec beaucoup de vérité les succès qui l'attendaient dans la voie littéraire où il se disposait alors à entrer.

TIMOLÉON JAUBERT

TIMOLÉON JAUBERT est né en août 1806, à Lagrasse (Aude).

Sa famille, qui a toujours joui d'une grande et juste considération dans la contrée, a fourni à la magistrature plusieurs de ses membres estimés et remarqués. Le père du poète, lui, appartenait à l'administration des Domaines.

Timoléon Jaubert a été l'un des premiers adeptes et est resté un disciple des plus fervents de la foi spirite. Il fut un de ceux qui se groupèrent autour du célèbre novateur Allan Kardec, à l'aurore du spiritisme, et il se voua avec une activité et une énergie rares à la propagation de la doctrine. Collaborateur dévoué de son œuvre, il se lia d'amitié avec Allan Kardec et resta jusqu'à la mort de celui-ci uni à lui par une sympathie et une affection rares.

Spirite, Timoléon Jaubert est resté d'une ardeur toute juvénile; plein d'enthousiasme et d'une croyance assise sur d'inébranlables bases, il écrivait un jour à notre ami, le publiciste Evariste Carrance: « J'ai toujours considéré comme un devoir sacré l'aveu « public de mes convictions. C'est au spiritisme que je dois la « meilleure part de moi-même. »

D'ailleurs, le spirite se révèle tout entier dans les œuvres du poète, dont le titre général équivaut seul à une affirmation de principes.

En effet, Timoléon Jaubert et *l'Esprit Frappeur* ne font qu'un. Il a signé de ce nom un grand nombre de compositions, presque toutes celles qu'il a publiées.

Son premier volume de poésies parut avec ce titre. Il contenait des fables et des poésies diverses, qui, avec l'addition d'une quantité d'œuvres nouvelles, formeront la deuxième édition de ce volume, laquelle est sous presse en ce moment et verra peut-être le jour avant l'apparition de notre ouvrage.

Le volume s'ouvre par un exposé philosophique qui est toute une révélation.

Comme nous venons de le dire, il contient divers genres de poésies. Les fables, cependant, dominent, le goût du poète se dirige plus spécialement de ce côté. Spirituelles et enjouées dans la forme, ces fables ne sentent en rien la copie et l'imitation; elles ont une facture toute personnelle, d'où il résulte qu'on ne saurait en rien leur reprocher d'avoir emboîté le pas à celles de Lafontaine, d'Esope ou à d'autres fabulistes anciens et modernes. Après un récit ménagé avec intérêt, traité avec goût et élégance, une morale instructive, claire, judicieuse sentence prononcée sur ce qui précède.

En outre, comme nous l'avons dit, Timoléon Jaubert a inséré çà et là quelques pièces d'allure légère ou sérieuse, d'une agréable inspiration et un trop petit nombre de sonnets d'une irréprochable construction et nés d'une pensée toujours pure et gracieuse.

Un écrivain distingué, Achille Mir, le félibre bien connu, a traduit en langue d'oc plusieurs fables de *l'Esprit Frappeur*, et Dieu sait quel riche parti il sait tirer des précieuses ressources de cette langue féconde et imagée; Timoléon Jaubert ne pouvait trouver une collaboration plus estimable; il est seulement à regretter qu'elle n'ait été que très restreinte.

Sous ce titre: *l'Esprit Frappeur en Voyage*, Timoléon Jaubert a écrit une satire très amusante, dans laquelle il prend en mains la défense de son pays contre certaines locutions de moquerie dont il a eu à souffrir depuis longtemps.

Notre poëte a reçu la consécration de son talent de l'Académie des Jeux-Floraux de Toulouse, qui a couronné plusieurs de ses œuvres.

Il a obtenu également un certain nombre de prix aux Concours Poétiques de Bordeaux, dont il est membre d'honneur, et il a été en outre lauréat des Concours Scientifiques de Nîmes.

D'abord membre, puis secrétaire de la Société des Arts-et-Sciences de Carcassonne, il fait partie du Conseil d'administration du Lycée de cette ville.

Il est aussi vice-président honoraire du Tribunal civil de Carcassonne, maire de la commune de Lacombe, où sont situées ses propriétés, chevalier de la Légion-d'Honneur et président d'honneur de la Société spirite de Bordeaux.

O. JUSTICE

Octave-François-Joseph JUSTICE est né à Cahors le 15 février 1846, d'un père Chartrain, inspecteur primaire, homme du plus grand cœur, modèle de qualités, de vertus chrétiennes et de bonté ; d'une mère Tourangèle, femme d'une rare distinction de manières et d'éducation, du plus noble caractère, d'une merveilleuse finesse d'intelligence et d'esprit.

Les fonctions de son père l'appelant de Cahors à Perpignan, puis à Mirande et enfin à Narbonne, le poète, par ses ascendances, par le sang, par le milieu dans lequel s'écoulèrent ses premières années, participe d'une double nature, d'une double tendance, qui pourrait se résumer en un seul mot : le Nord et le Midi, la science exacte et la poésie, le positivisme et l'idéal.

En naissant, la Providence le dota d'une sensibilité étrange. Véritable sensitive, son âme d'enfant tressaillait au souffle des moindres impressions ; autour de lui, tout paraissait porter son enseignement, et le simple fétu était souvent pour lui une source d'extase et de recueillement sans fin.

Il avait du reste hérité en cela d'un don maternel, car la créature vertueuse qui lui donna le jour, possédait à un suprême degré ces affinités mystérieuses et magnétiques.

Les maladies qui vinrent l'assaillir à ce moment développèrent ces précieux germes et en favorisèrent à tel point l'éclosion que ce qui n'était d'abord qu'une vague rêverie prit peu à peu le caractère d'une exaltation inouïe et que sa nature entière fut bientôt sous le joug de cette mélancolie extatique.

Par moments, son être semblait courbé sous le poids d'une tristesse profonde, d'un abattement morne qui touchait presque à la léthargie. Alors, sans cause apparente, on voyait le pauvre enfant verser des larmes abondantes et donner les signes d'un chagrin violent. Une fois la crise passée, et c'est là le phénomène le plus bizarre de cette nature énigmatique, il n'était pas rare de le voir pris d'un frénétique enthousiasme.

On croira peut-être que ce furent là les symptômes d'un caractère fantasque, et que ces volte-face étaient le présage d'une humeur excentrique; nullement. Ces manifestations d'un sentiment excessif, tout en devenant plus rares, par la suite, ont laissé dans ce tempérament toujours enclin à la contemplation une grâce aimable, aux reflets multiples, tantôt portée vers l'élégie et tantôt vers l'idylle; nous prenons ces deux termes de comparaison pour montrer que les pôles se sont rapprochés et que l'antithèse est moins éclatante, bien que, on le verra plus loin, O. Justice passe sans peine des inspirations ailées à l'examen des questions les plus ardues de la science ou de la philosophie.

A l'époque de cette révolution morale que nous venons de caractériser, un goût très vif le porta vers la lecture et vers les arts. Il but comme une liqueur bienheureuse les belles pages des grands écrivains. Toutes les images contenues dans ces œuvres assaillirent et frappèrent son esprit, qui en retira les impressions les plus salutaires. En même temps, il s'adonna avec passion à la musique et au dessin, au dessin surtout et, sans jeter le moindre coup-d'œil sur les règles des maîtres, il parvint vite à retracer au crayon les scènes enfantées par son imagination.

Il fit ses études au lycée de Carcassonne, où il contracta de chaudes et nombreuses amitiés ; ses condisciples lui avaient voué cette affection ardente, mélange de sympathie et de respect, dont on entoure les natures supérieurement douées. Cette expansion de tendresse qui lui était prodiguée par ses camarades, devait le dédommager des tracasseries qu'il eut à subir de la part de ses professeurs, à cause de la puissance opiniâtre de ses penchants pour le dessin et pour la poésie et d'une indépendance de caractère qui ne craignait pas de se manifester et d'entrer en lutte ouverte contre la discipline scolastique ; comme on pense, ces allures franches devaient coûter cher au fougueux écolier, auquel on fit sentir plus d'une fois la férule, sous forme de *pensums* rigoureux et de sévères admonestations.

En même temps que ces petites souffrances, il ressent bientôt l'aiguillon de la douleur véritable ; il connaît les âpres atteintes de la gêne. Ses parents sont pauvres, et, si l'un de ses oncles possède une fortune que le manque de postérité lui permettrait de consacrer au bonheur et au succès d'un neveu fait pour l'honorer, l'injustice et l'égoïsme de ce parent lui interdisent de jamais compter sur le moindre encouragement de ce côté.

A quinze ans et demi, cependant, il était déjà bachelier, malgré sa passion pour les hors-d'œuvre littéraires et artistiques, passion qui n'avait causé aucun préjudice à ses études et n'avait détourné en rien son esprit des occupations scolaires. Aussitôt l'obtention de son diplôme, il se dirige vers Paris, où il va recommencer comme vétéran deux années de rhétorique et une année de philosophie. On le rencontre au lycée Charlemagne, à la Sorbonne, au collége de France, dans les bibliothèques, partout enfin où on peut puiser ce pain du savoir dont il est si avide.

Mais, hélas ! le mauvais génie qui s'était depuis quelque temps attaché à ses flancs, la pauvreté, cet hôte sombre qui est venu si souvent prendre place au foyer des écrivains et enrayer leur marche, la pauvreté l'obséda de plus belle et l'obligea à quitter Paris, juste au moment où il venait d'essayer ses premiers pas dans les voies de la publicité et où il venait d'obtenir ses premiers lauriers littéraires.

En effet, les bureaux de rédaction de plusieurs petits journaux littéraires s'étaient ouverts à deux battants devant l'écrivain débutant et avaient pavoisé leurs colonnes de poésies ou d'articles fantaisistes qui représentaient la primeur de son jeune talent et qui virent le jour sous divers pseudonymes.

La nécessité vint faucher dans sa fleur l'espérance bien légitime du charmant poète ; l'avenir rayonnait devant ses yeux, avec ses lueurs douces et son cortège d'heureux triomphes. Et il fallait dire adieu à ce Paris si attractif et si séduisant ! Quel serrement de cœur produisit cette cruelle extrémité !

O. Justice alla enfouir son amertume dans le fin fonds de la province et cloîtrer ses brillantes facultés dans un obscur collège, où il essaya tant bien que mal de cacher le trouble de son âme et de former la petite troupe qui lui était confiée. Que d'heures tristes passées dans l'exercice de ce pénible sacerdoce ! Que de combats violents se disputèrent cette nature sans cesse tourmentée et ballottée comme la frêle coque qui se balance sur les flots de l'Océan et se laisse aller au flux et reflux incessant des vagues.

Justice, lui aussi, se laissait aller au destin qui l'avait condamné à cette vie claustrale et lui aussi il se demandait quand il verrait la terre, c'est-à-dire cette terre promise de la rédemption et de l'affranchissement. C'était vraiment peine à voir que l'anéantissement de cette intelligence si luxuriante, si fertile, qui, tout à coup, avait été confinée dans le moule de la pédagogie et ne pouvait heurter les parois de sa prison sans se meurtrir horriblement, tempérament trop personnel pour s'assouplir à la doctrine du professorat.

Cependant, les premières heures de découragement passées, il donne un vigoureux coup d'épaule et, par l'assaut d'une volonté forte, il redevient bientôt *lui*. Sans oublier le devoir, il dégagea vigoureusement ses sens des liens qui les enserraient et, transfiguré, il apparut alors tel qu'il était quelques années auparavant, avec ses beaux élans d'idéal et ses hautes aspirations vers le Vrai et le Beau.

Le papillon sortait enfin de la chrysalide, en dépit de toutes les conventions banales et de toutes les règles routinières.

Son âme débordait ; sa pensée se déversa bientôt sur une foule considérable de feuillets de papier et, ceux qui l'entouraient, assistèrent à un magnifique réveil. Tout ce qu'il produisit alors portait le cachet d'une grande et réelle maturité de talent, l'épreuve et la solitude ayant donné à son esprit ce qu'il lui restait à conquérir : l'expérience et l'autorité.

De nouveau, il se mit en rapport avec la presse et vida ses cartons à son profit ; il fit surtout appel à sa lyre qui, éloquemment inspirée, fit entendre des chants délicieux et laissa échapper des notes d'une grande pureté et d'un grand effet ; elle se vengea de son long silence forcé par des accents superbes et un brio étincelant.

Toutes ces poésies furent groupées par l'auteur sous le titre de : *Les Muses du Macadam*, volume qui parut chez Lacroix et Werbœckhoven (librairie internationale) et dont l'apparition fit grand bruit. La critique s'empara de cette publication et l'éleva sur le pavois des éloges les plus flatteurs. Il faut bien dire que l'œuvre méritait cet accueil encourageant et chaleureux. On sentait bien réellement que ce n'étaient point là les délassements d'un rimeur mais le talent d'un vrai poète, doué d'une verve abondante.

C'était beaucoup plus qu'il n'en fallait pour mettre l'Université en émoi. On cria : au loup ! et, par une leçon énergique, on voulut protéger la bergerie contre les atteintes du poète, élevé soudain à la dignité de bête fauve. Mais les observations de M. C***, l'inspecteur général, n'atteignirent point leur but; Justice ne courba point la tête sous les reproches violents qui lui étaient adressés; il se redressa de toute sa hauteur, répliqua par une vigoureuse riposte et, ayant obtenu un long congé, il se jeta avec frénésie dans la vie militante. Ses souffrances prenaient fin ; il hanta bientôt les milieux littéraires les plus recherchés et la fréquentation de personnages éminents comme Isaac Pereire, Mirès, Fould, Sainte-Beuve, J. Janin, A. Houssaye, T. Gautier, J. Sandeau, Georges Sand, Camille Doucet, Philarète Chasles, ne tarda pas à lui faire oublier tous les ennuis qu'il avait endurés dans sa courte carrière enseignante. Ces agréables relations lui furent en outre d'un grand fruit et elles contribuèrent à faire connaître son nom dans la capitale, où il commençait déjà à être apprécié.

Un des meilleurs souvenirs de cette époque est pour O. Justice celui de la liaison intime qui s'établit entre lui et Philarète Chasles. L'éminent littérateur lui prodigua les témoignages de la plus sincère affection et, pendant un certain temps, il l'admit à ses côtés, où il partagea ses labeurs. Cette estime du remarquable écrivain fut un grand honneur et une grande joie pour le jeune publiciste.

Après *Les Muses du Macadam*, O. Justice publia successivement: *Ame et Nature, Les Étrennes de Louise, Il était une fois...*, ce dernier ouvrage, d'une haute valeur littéraire, cimenta solidement la renommée de l'auteur qui, cette fois encore, attira l'attention de la presse et n'eut pas à se plaindre de son nouvel accueil. Un critique a pu dire de cette œuvre : « M. O. Justice a élevé de « magnifiques Propylées du plus pur Pentélique. »

Vinrent ensuite : *Alerte !*; *Les Infâmies*; *Les Petits Drames*; *Le Guide du Pèlerin à Lourdes*; *La Géographie des Hautes-Pyrénées*, sans compter une foule de feuilletons et de nouvelles.

Au lendemain du cruel fléau qui s'abattit sur le Midi, en l'année 1875, et qui répandit sur toute la contrée la désolation et le deuil, O. Justice, qui avait été le témoin oculaire de ces scènes émouvantes, mit la main à un ouvrage de longue haleine: *L'Inondation*, dans lequel, sous la forme d'un roman attachant, il se livre à la description exacte et fidèle des tableaux qui s'étaient déroulés devant ses yeux; ce roman, auquel étaient jointes des illustrations, fut bientôt très répandu et c'est du reste la seule histoire sérieuse de cette néfaste période. Prochainement, doit paraître une belle édition de cette œuvre, avec des gravures de l'un de nos maîtres modernes.

Nous ne mentionnerons pas les journaux dans lesquels a figuré le nom de O. Justice; le nombre en serait vraiment trop considérable; on a lu ses productions un peu partout, aux quatre coins de la France, et il a été le rédacteur en chef de plusieurs feuilles importantes, où son passage a été très remarqué. Outre un littérateur de goût, c'était un polémiste habile et délicat.

Il collabore actuellement au *Journal du Dimanche* d'une façon assidue.

Enfin, non content d'avoir acquis la réputation d'un poète gracieux et d'un romancier de talent, O. Justice a fait dans l'art dramatique plusieurs tentatives qui ont pleinement réussi. Il a fait jouer trois ou quatre pièces de théâtre dont l'une, *Jaune,* mérite, par sa finesse et par ses qualités littéraires de sortir du commun.

Esprit très varié, à qui rien de ce qui touche aux choses de l'intelligence n'est étranger, O. Justice s'est fait connaître aussi comme un orateur excellent et de nombreuses conférences qu'il a faites sur des sujets de sciences, d'économie sociale et de littérature avec une vogue remarquable ont rendu son nom populaire à juste titre dans tout le Midi.

Ajoutons que ce jeune écrivain plein d'avenir va mettre au jour incessamment un recueil de poésies: *Les Euménides,* auquel nous prédisons un succès magnifique. Il nous a été donné de lire l'un des principaux poèmes de ce volume en préparation: *l'Ariége,* et nous avons été frappé du souffle éloquent qui passe sur ces pages et du ton magistral de cette poésie. O. Justice va également publier un volume de nouvelles, deux romans, un ouvrage de philosophie et d'esthétique et deux pièces pour le théâtre.

Notre confrère est membre de la Société des Gens de Lettres.

BARON DE KINNER

—

Claude-Félix AULARD, baron DE KINNER, est né le 11 août 1797, à Neuvy-Saint-Sépulcre, arrondissement de la Châtre (Indre) d'un ancien capitaine à l'armée de Sambre-et-Meuse et d'une Champenoise, nièce d'un officier supérieur, brigadier des gardes du corps de l'infortuné roi Louis XVI.

Il fit ses études au collège de ladite ville de la Châtre, et les termina en 1812; le 1er octobre de cette même année, il entra à la Préfecture de l'Indre, comme attaché au cabinet de M. le baron de Grouard, alors préfet, et resta jusqu'à la fin de 1814 avec ce digne fonctionnaire, qui fut mis de côté par le gouvernement de Louis XVIII. Considéré comme libéral, il fut aussi exclu de l'administration départementale et végéta pendant quelques mois dans une maison de commerce en gros de Paris; n'ayant aucune disposition pour l'aunage des étoffes, il parvint, avec le bienveillant concours de Mme Dupin, née de Saxe, grand'mère de George Sand, à entrer dans l'administration des Contributions directes, qu'il servit pendant quinze ans, jusqu'à sa retraite. Sa première résidence fut Angoulême, d'où il fut envoyé par intérim à Montbron; il y fit connaissance de Mlle Anne-Clotilde Raoul de Lasmoy, qu'il épousa le 14 mai 1818; le père de cette demoiselle était de la plus antique noblesse provençale.

Le Baron de Kinner n'eut qu'un fils, aujourd'hui inspecteur d'Académie à Tours, lequel épousa une petite-nièce du fameux comte de Rancé.

Le baron de Kinner s'étant retiré à Nohant-Vicq, devint maire de cette commune en 1848 et entra dans l'intimité de George Sand ; à cette époque, il jouissait d'une grande faveur et, en 1852, il fut question de le nommer préfet de l'Indre, en remplacement de M. Jules Chevillard, qui devait passer dans la Nièvre. Quelques jaloux, sans doute, mirent des bâtons dans les roues et sa nomination n'eut pas lieu. S'étant plaint à S. A. I. le Prince Napoléon, qu'il avait l'honneur de saluer à Paris, S. A. I., tout en reconnaissant qu'il méritait mieux, lui offrit son appui auprès de M. de Persigny, alors ministre, s'il voulait se contenter d'une sous-préfecture. Le baron de Kinner refusa nettement ce poste.

Dans le cours de l'année 1855, il ne fut point renommé maire de sa commune, le préfet Loyer, aussi incapable que prétentieux, l'ayant frappé pour faire acte d'autorité et le punir de la faveur dont il était l'objet.

Ayant perdu son épouse, après cinq ans de veuvage il se remaria avec Mlle Autourde, avec la famille de laquelle il était lié depuis son enfance. Il trouva dans cette nouvelle union toute la félicité domestique désirable.

Retiré à Cuzion, il est membre du conseil municipal de cette commune, et à chaque instant il se fait le promoteur d'idées philanthropiques inspirées par un ardent amour de la charité, qui, chez lui, se manifeste autrement que par de belles paroles.

Comme nous l'avons dit plus haut, le baron de Kinner, qui vécut longtemps à proximité de George Sand, noua avec l'illustre écrivain de charmantes relations d'amitié ; leur commun amour de la littérature était une source continuelle d'entretiens et ne fit qu'accroître une intimité née de rapports de voisinage.

Le baron de Kinner est un adorateur fervent de la poésie ;

il cultive ce genre de bon aloi qu'on appelle l'esprit gaulois, pétillant de bonhomie, et souvent même d'enjouement. Il se distingue par un naturel parfait, une sincérité de paroles tout exceptionnelle. Chez lui, le poète c'est l'homme; ses vers sont tous empreints d'une franchise à nulle autre pareille; sans nulle recherche, par le don seul d'une rare et agréable simplicité, il intéresse ou charme.

D'ailleurs, en général, et c'est là justement pourquoi le sentiment ne fait point défaut dans ses œuvres, il ne prend la plume que pour retracer une sensation intime, une impression personnelle; rarement, il hante les régions extra-terrestres, il se contente presque toujours de dépeindre une chose sentie ou vue.

Aussi, a-t-il composé un nombre considérable de poésies; chaque fait qui se déroule sous ses yeux ou dans son intérieur, est le motif d'un sonnet, car, nous devons le dire, le baron de Kinner est un sonnettiste passionné, et son bagage poétique, qui est énorme, se compose presque exclusivement de sonnets. Son actif en contient plus de deux mille, dont la plupart sont inédits.

Cependant il en a publié une certaine quantité soit dans les volumes des Concours Poétiques de Bordeaux, dans *L'Almanach du Sonnet, Le Sonnettiste,* etc. Un de ses sonnets sert de préface au charmant recueil de notre confrère, L.-J. Béor: *Heures Joyeuses!*

Quand donc le laborieux sonnettiste imposera-t-il violence à sa modestie en livrant à l'impression un volume de ses jolis coups de plume poétiques !

VICOMTESSE DE LAMARDELLE

Mme la Vicomtesse DE LAMARDELLE, est née en 1829, au château de Thoigny, dans les environs de Meaux.

Née de Bièvre, elle descend en ligne directe du marquis de ce nom, qui acquit de son vivant une si grande réputation d'esprit. Homme de bon ton et d'élégantes manières, il était doué d'une finesse à nulle autre pareille, et sa conversation, pleine de charme, était un feu roulant de traits spirituels, d'observations piquantes et sensées. Il connaissait le monde comme pas un, et il l'appréciait avec une justesse d'aperçus qui le rendit pour ainsi dire proverbial. Il joignait à une expérience consommée des hommes et des choses, un tact inouï, une vivacité d'intelligence qui le faisaient estimer et rechercher de la société.

Mme la Vicomtesse de Lamardelle semble avoir hérité des précieuses qualités de son remarquable aïeul, et, comme si ce don fut héréditaire, elle possède une connaissance très approfondie des caractères et des mœurs. Elle a un sens très pratique des faits et des gens; comme son ancêtre, elle est d'une rare souplesse d'esprit, elle juge, quoique femme, (le fait vaut la peine d'être cité) presque autant par la tête que par le cœur, qualité éminemment précieuse chez le moraliste, qui doit posséder à un degré supérieur l'indépendance, le sang-froid, la précision et l'expérience. Mme la Vicomtesse de Lamardelle condense en elle tous ces mérites; c'est une digne émule de la Marquise de Sévigné et de Mme de Staël, et elle emprunte à ces deux femmes d'élite, quelques-unes de leurs aptitudes si justement vantées. Elle tient de l'une et de l'autre une certaine simplicité mêlée parfois d'élévation qui la place parmi les meilleurs auteurs féminins de notre époque.

Elle excelle surtout, comme nous venons de le dire, dans l'examen des questions qui touchent de près à notre tempérament national; moraliste, elle l'est principalement, et elle ne cache nullement ses sympathies pour La Bruyère, le maître et le Dieu des moralistes.

M™º la Vicomtesse de Lamardelle reçut une éducation brillante, en même temps qu'une instruction très solide, en rapport avec son sexe, mais les futilités qui tiennent une si grande place dans les classes des jeunes personnes, furent remplacées chez elle, par des études fortes et sérieuses, qui donnèrent à son esprit la tournure que nous avons signalée plus haut.

Depuis longtemps, M™º la Vicomtesse de Lamardelle se livrait en secret à la littérature. Elle avait déjà tiré de sa lyre nombre de poésies et composé des morceaux de tout genre, mais toutes ces compositions, elle les avait écrites pour sa satisfaction personnelle ou pour celle de ses proches, ne songeant guère à produire publiquement ces œuvres intimes, et ne les destinant qu'à l'ornement de ses albums.

Mais, il y a quelques années, *Le Tournoi* fit appel à la plume de ses abonnés et abonnées; M™º de Lamardelle, qui était au nombre de ces dernières, entra, après quelque hésitation, dans la lice qui était ouverte aux écrivains de la feuille littéraire, et ses œuvres furent l'objet des plus flatteuses distinctions. La plupart furent couronnées; toutes furent très remarquées.

La prose et la poésie se partageaient également ces travaux.

Nous avons vu ce qu'est la prose de M™º de Lamardelle, examiné le genre qui lui est familier ; rendons hommage maintenant à sa poésie, une poésie essentiellement féminine — et ici, c'est un véritable éloge que nous adressons à l'excellent écrivain, car la femme-poète doit écrire avec son âme, et ses compositions doivent être empreintes d'une grâce, d'une sensibilité toutes particulières. A l'homme les élans vers la haute raison, à la femme les douces aspirations du cœur.

Malheureusement, et nous ne saurions trop le regretter, Mme la Vicomtesse de Lamardelle a dérobé aux yeux du public une grande partie de ses travaux en prose et en vers. *Le Tournoi* eut à peu près seul la bonne fortune de faire goûter à ses abonnés quelques-unes des rares œuvres qu'elle consentit à livrer à la publicité. Il donna entr'autres : *L'Art Païen et l'Art Chrétien*, une étude sérieuse et soignée, née au souffle de principes nobles et élevés, comme plusieurs autres de ses morceaux, tels que : *Le Repos du Dimanche* et *Qu'est-ce que la Mort pour le Chrétien?* tous deux parus en outre dans *La Semaine Religieuse* du Berry ; il publia également *Le Somnanbulisme, Différence de la Comédie de Genre et de celle de Caractère, Le Savoir-Vivre et la Politesse*, deux compositions couronnées aux Concours de cette excellente publication, et qui émanent, on le voit, d'une plume facile, en même temps que d'un analyste de valeur.

Au nombre de ses poésies, nous citerons trois des plus goûtées : *L'Aumône Tardive, L'Aiglon* et *Véronique*.

Que n'est-il donc donné aux lettrés d'avoir à apprécier autrement que par quelques pages les œuvres de cet écrivain de mérite !

PHILIBERT LE DUC

Philibert LE DUC est né à Bourg-en-Bresse, le 17 mars 1815.

Son père était conservateur des Forêts et sa mère, qui mourut à 88 ans, était fille du président Riboud, membre de l'Institut, député, administrateur et savant archéologue, dont Philibert Le Duc a raconté la vie d'une façon très intéressante et publié les poésies posthumes.

Notre poète, suivant les traces de son père, entra lui aussi dans l'administration des Forêts, une agréable carrière qui a fourni plus d'une fois de précieux aliments à sa Muse. En 1875, il prit sa retraite comme inspecteur des Forêts et aujourd'hui il vit retiré à Bourg dans la maison paternelle.

Philibert Le Duc possède un dossier énorme. Talent multiple, il s'est exercé dans plusieurs genres et son esprit a trouvé le moyen de concilier les travaux les plus abstraits avec les douces jouissances du labeur poétique.

C'est un érudit de première force, aux connaissances vastes et à l'expérience peu commune. Il éclaire toutes les questions littéraires d'un jugement sûr, droit et hautement reconnu. Mais parlons du poète. Parmi ceux de la génération actuelle, il est un des plus estimés et des plus justement appréciés, parce qu'il joint à une étude profonde du rhythme, à un savoir poétique tout-à-fait remarquable, une facilité et une élégance d'inspiration, une ampleur d'idées, qui le distinguent bien vite de la foule des médiocrités.

Pour le connaître, qu'on prenne indifféremment l'un de ses trois ouvrages les plus importants : *Brixia, Haltes dans les Bois* ou les *Sonnets de Pétrarque.*

On y sent une intelligence sérieuse, un analyste expert, un cœur sensible, trois dons qui se trouvent bien rarement chez un poète et qui, ici, éclatent à tous les yeux.

Philibert Le Duc, toujours un en fait de bon sens, de clairvoyance et de force d'idées, est d'un sentiment ondoyant, d'une imagination fantaisiste, mais qui sait toujours rester dans les limites de ce charmant royaume de la Fantaisie, dont les scènes varient seulement de grâces et d'enchantements, et qui n'a rien de commun avec ce domaine infécond et aride de la licence.

Ici, à chaque instant, la tonalité change, non pas par une brusque évolution de notes, au moyen de ces bonds disgracieux qui font tout à coup passer sans transition de l'aigu au grave, mais par un usage de nuances douces, qui bercent l'âme de la rêverie amoureuse à la rêverie de la nature, de l'idylle à l'églogue, du *lieds* à l'élégie.

Çà et là de nombreuses traductions des meilleurs poètes étrangers et des meilleures de leurs compositions. Philibert Le Duc a excellé dans ce choix de morceaux qui s'entremêlent gracieusement avec ses propres poésies, et de cet agencement combiné avec goût résulte une harmonie délicieuse, à laquelle rendent hommage tous ceux qui ont à apprécier ce talent si sympathique.

Le poète a une véritable passion pour le sonnet et son moule est d'une pureté remarquable.

Comme traits caractéristiques, c'est aussi un amoureux fidèle de son berceau, la Bresse, qu'il ne se lasse pas de célébrer dans ses vers.

Nous avons cité plus haut son volume des *Sonnets de Pétrarque,* une œuvre de maître qui est comme la pierre d'assise du poète. Philibert Le Duc nous a donné là en sonnets réguliers une magnifique traduction complète de ces petits poèmes célèbres. Toutes les traductions tentées jusqu'à ce jour pâlissent devant celle du poète bressan. Ça été si bien l'avis des lettrés, que ce volume a eu les honneurs du couronnement aux brillantes fêtes données à Avignon à l'occasion du centenaire de Pétrarque et auxquelles Philibert Le Duc ne dût de prendre part qu'à l'insistance de plusieurs de ses amis, qui le harcelèrent véritablement et vinrent fort heureusement à bout de sa modestie.

Le premier volume des *Sonnets de Pétrarque* a paru en 1877, le deuxième volume est actuellement sous presse.

A part cet ouvrage et ceux nommés plus haut, *Brixia*, Bourg, Gromier éditeur (1870) et *Haltes dans les Bois*, (1874) Paris, Willem, éditeur, Philibert Le Duc a composé en poésie:

Le Passage de la Reyssouze, (Bourg, (1846); *Le Trésor de la Tour de Jasseron*, (1857); *Vie et Poésies du Président Riboud*, Bourg, (1862); *Sonnets Curieux et Sonnets Célèbres*, revue anthologique en cours de publication dans la *Revue Littéraire de l'Ain*, avec tirage à part.

Il a publié en patois: *Noëls Bressans et Bugistes*, texte, traduction et musique, Bourg, Martin-Bottier, (1845); *L'Enrôlement de Tivan*, suivi d'un *Dialogue* et de *Marguerite*, volume magnifiquement édité et illustré, Bourg, Gromier, (1870).

Plusieurs études sur les forêts: *Boisement de l'Ain, et de la France*, Bourg, (1856); *Table des Cônes tronqués pour le cubage des Bois*, Paris, Dunod, (1865), ouvrage approuvé par le Directeur général des Forêts; *Varenne de Feuille*, Etudes sur sa vie et ses œuvres, Paris, Rothschild, (1869), ouvrage publié sous les auspices du ministère de l'agriculture et de l'administration des Forêts.

Enfin des publications de différents genres: *Le Testament de Guichenon*, Bourg, (1850); *L'Anti-Démon de Mascon*, Bourg, (1853); *Saint-Philibert*, Bourg, (1856); *L'Église de Brou et la Devise de Marguerite d'Autriche*, précédés de documents inédits, Bourg, (1857); *Papiers Curieux d'une famille de Bresse*, Nantua, (1862); *Discours sur la Musique Zéphyrienne*, Facétie de Marti, texte latin, traduction et historiettes, Paris, Willem (1873); *L'École de Salerne*, avec la traduction burlesque du docteur Martin, Paris, Delahaye, (1875); *Curiosités Historiques de l'Ain*, 2 volumes (1877).

Philibert Le Duc est membre de la Société d'Émulation de l'Ain, dont il a été quelque temps le secrétaire, de la Société d'Émulation de Nantua, de la Société Littéraire de Lyon, de la Société Littéraire et Historique de l'Ain, dont il est le vice-président, de l'Institut des Provinces, etc.

Il a beaucoup écrit dans la plupart des journaux et revues du département de l'Ain et dans la *Revue du Lyonnais*, *L'Almanach du Sonnet* et *Le Sonnettiste*.

VICTOR LEVÈRE

Victor LEVÈRE est né le 20 octobre 1831, à Béziers (Hérault).

C'est là encore un des hardis et courageux pionniers de la littérature, à laquelle il a consacré presque toute son existence.

A peine le goût littéraire lui était-il arrivé, que le moment était venu pour lui de payer sa dette à la patrie. Mais la vie de caserne n'avait point altéré ses sensations et son amour des lettres survécut à tous les tracas du métier des armes.

Tour à tour on le vit bureaucrate et journaliste, mais cette dernière profession devait dominer et il l'exerça bientôt à l'exclusion de toute autre. Nous le retrouvons aujourd'hui encore dans la presse, ce sol attachant où il a pour toujours fixé ses pas.

Comme tout le monde, ou plutôt comme tous ceux qui ont été de bonne heure séduits par la poésie, il eut grande hâte, tout jeune encore, de faire imprimer un recueil de vers, mais, lorsque l'expérience lui vint, il répudia bien vite ce volume, nullement inférieur, cependant, à la plupart de ces productions trop hâtives.

Devenu homme fait, il fonda à Toulouse le journal *L'Écho des Trouvères,* feuille littéraire qu'il remplissait de ses compositions et à laquelle collaboraient plusieurs jeunes poètes et littérateurs du Midi. Cette publication, par la variété de sa rédaction en même temps que par le soin qui présidait à son agencement, ne tarda pas à prendre des racines sérieuses et elle se trouva bientôt à la tête d'un nombre assez considérable d'abonnés.

Pendant dix ans, *L'Écho des Trouvères* poursuivit sa vogue et servit d'une façon excellente la cause décentralisatrice dans la région méridionale. Elle contribua pour une bonne part à propager le goût de la poésie parmi la jeunesse intelligente de cette contrée.

Au bout de ce laps de temps, Victor Levère eut l'idée de faire subir une transformation importante à sa feuille. *L'Écho des Trouvères* changea donc son titre contre celui de *Romancier Méridional*, recueil mensuel de 24 pages, entièrement l'œuvre de son directeur, dont la plume féconde s'exerce tantôt dans la prose tantôt dans la poésie.

En effet, rien de mieux ordonné que la composition de ce journal, d'un vif intérêt, d'une grande diversité de sujets et de genres.

La plus grande partie est formée de romans ou de nouvelles où se remarquent, entr'autres qualités, une rare facilité de narration, une limpidité de style qui sont un véritable charme pour le lecteur.

Le plaisant et le sévère s'y coudoient à chaque instant; tous les goûts y trouvent leur pâture; à côté d'un récit qui fait vibrer la corde de l'émotion, il n'est pas rare de voir une fantaisie originale, exhilarante même.

Le roman s'y mêle à l'étude sociale; au croquis finement tracé, succède un épisode dramatique; enfin, la poésie a ses grandes entrées dans cette œuvre; tantôt joyeuse, tantôt sévère, (cette dernière manière est plus spécialement adoptée par le poète) elle est pleine de simplicité, toujours; la Muse de Victor Levère n'est point de celles qui prennent plaisir à se couvrir d'oripeaux et de colifichets; le naturel lui plaît par-dessus tout; elle comprend que le véritable rôle de la poésie est de parler au cœur et non aux yeux.

Aussi, Victor Lovère a-t-il été compris plusieurs fois aux Jeux-Floraux dans la distribution des couronnes de Clémence-Isaure ; son vers est ondoyant et souple, imagé sans trop d'éclat ; c'est l'humble luciole qui se cache sous l'herbe mais qui n'en brille pas moins d'une lueur douce et charmante. Élégiaque la plupart du temps, il excelle dans l'expression de la mélancolie....

En 1877, il publia un volume de prose qui fit grand bruit : *Pensées et Sentiments*. L'auteur entassait dans ce volume, sous forme de pensées écrites avec une sûreté de touche et une sincérité de conviction auxquelles tout le monde rendit hommage, les fruits de son expérience des choses d'ici-bas. Il s'y montrait un fin appréciateur et un moraliste très droit.

Paul Féval orna ce volume d'une préface qui est un morceau littéraire habilement écrit et nous ne saurions mieux faire pour donner une idée de l'œuvre, que de citer cet extrait de l'étude du distingué romancier :

« Votre livre parle de l'homme que vous connaissez très bien,
« de l'amour que vous croyez très bien connaître, des femmes que
« nous voyons tous différemment, et chacun de nous de cent
« manières diverses, selon l'heure et l'humeur ; de l'esprit, qui
« appartient à votre compétence, de la morale, plus ondoyante et
« plus fugitive que la femme elle-même, de la *conduite*, sur
« laquelle vous professez en maître, de la politique, dont le
« fatigant carnaval vous inspire d'excellentes boutades et que vous
« ne méprisez pas encore assez à mon sens. »

La presse loua chaleureusement ce livre, et parmi les journaux qui en parlèrent, nous citerons : *Le Gaulois, Le Petit Journal, Le Bien Public, La Petite Presse, La Petite République Française*, etc.

Membre de l'Académie des poètes depuis plus de vingt ans, il a publié plusieurs poésies dans les *Olympiades* de cette Société.

Enfin, il a été le collaborateur d'un nombre assez considérable de journaux dont il serait trop long de donner la liste.

LÉON MAGNIER

Léon MAGNIER est né en 1813, à St-Quentin (Aisne). Il fit une grande partie de ses études dans sa ville natale, puis il alla les compléter à Paris.

Une forte vocation le portait vers le journalisme, qu'il embrassa de bonne heure, et auquel il a consacré la plus grande partie de son existence, joûteur infatigable, aussi ardent dans les luttes littéraires que dans les luttes politiques. Nous parlerons plus loin du journaliste, examinons tout d'abord le poète, dont le talent est consacré depuis de longues années.

Après avoir livré ses productions aux journaux il commença à les faire paraître en volume. Successivement, il fit voir le jour à trois recueils de vers: *Fleurs des Champs*, (1840); *Bruits du Siècle*, (1843); *Cloches et Grelots*, (1848). Ces divers ouvrages furent très appréciés et la presse leur fit un accueil des plus sympathiques, principalement aux *Bruits du Siècle*, où l'auteur s'affirmait d'une façon plus caractéristique que dans les autres.

Léon Magnier s'y révélait comme un esprit très sûr de lui-même, aux visées élevées; ses pièces dénotaient en même temps qu'une vive sensibilité, un caractère fortement trempé; d'une exceptionnelle virilité d'idées, il planait sans cesse aux pures régions du Bien. Certes, le Beau était aussi pour lui l'objet d'un culte profond et sincère, mais sa Muse se transportait de préférence dans la sphère des hautes pensées. Dans ces œuvres, la parole est plus souvent au penseur qu'au rêveur, bien que nul ne soit plus épris que lui du pittoresque et que nul n'ait d'accents plus enthousiastes pour célébrer les splendeurs de l'idéal céleste.

Qu'on lise plutôt les *Fleurs du Bien*, son dernier recueil, publié en 1858, et composé des meilleures pièces des ouvrages précédents, en même temps que de poésies inédites. Le poète est tout entier dans ce livre, gracieux, entraînant par la puissance de conviction qui s'y décèle, fertile en beaux préceptes et en chauds reflets d'imagination. De plus, tous les sentiments nobles y sont tour à tour exprimés et l'œuvre brille par un ton de sévère honnêteté et d'irréprochable moralité qui dénote chez l'auteur une grande sérénité d'âme et une inflexibilité de conscience, une droiture de jugement au-dessus de toute épreuve.

Ces qualités ont été hautement appréciées par la *Société Nationale d'Encouragement au Bien*, qui a décerné à ce volume une médaille d'honneur, récompense précieuse s'il en fut et qui n'est jamais accordée à la légère.

Le succès des *Fleurs du Bien* a été tel que l'auteur s'est vu dans l'obligation d'en donner une deuxième édition ; d'ailleurs, la presse fut des plus élogieuses à son égard et accueillit ce volume avec plus de faveur encore que les précédents.

Léon Magnier a publié aussi des poésies dans plusieurs recueils collectifs, entr'autres dans *Rimes et Idées*, ouvrage paru chez Dentu et fruit de la collaboration des meilleurs poètes de la province et de la capitale.

Journaliste, il est dans l'arène depuis plus de quarante ans; rompu à toutes les difficultés de la profession, il a pris une place très distinguée dans la presse provinciale, où la droiture de son caractère a toujours été vantée.

En 1839, il fonda *L'Écho du Progrès,* qui devint bientôt après le *Courrier de Saint-Quentin,* feuille qu'il a dirigée pendant environ trente-cinq ans.

Il était à la tête de ce journal, pendant la guerre de 1870-1871, lorsque les Prussiens le rendirent victime de leurs exactions. On se souvient, en effet, des démêlés qu'eut à soutenir notre confrère avec nos farouches vainqueurs ; ces aventures rappellent celles d'un autre journaliste de talent, Boué (de Villiers) d'Évreux, l'intelligent rédacteur de *L'Union Républicaine,* qui eut lui aussi, comme on l'a vu, son odyssée assez palpitante.

Léon Magnier fut arrêté et fait prisonnier pour divers articles patriotiques parus dans le *Courrier de Saint-Quentin;* il fut interné au château de Ham et nul doute que si ses aimables persécuteurs eussent mis la main sur certaines cantates de sa composition qu'il avait fait chanter sur le théâtre de la ville, il eût couru grand risque de goûter les douceurs du peloton d'exécution.

Des perquisitions actives furent opérées dans le domicile du journaliste et dans l'imprimerie, mise par eux sous scellés, mais fort heureusement, elles n'amenèrent aucune découverte importante pour lui.

L'arrivée de l'armée française, qui était déjà aux portes de Saint-Quentin, les obligea à déguerpir au plus vite, en emmenant avec eux leur prisonnier, qui fut relâché quelque temps après, non sans avoir eu à apprécier assez sérieusement les mœurs de ces Germains austères que nous nous sommes plu si longtemps à ne considérer que comme des rêveurs, leur prêtant si volontiers l'auréole de l'intelligence et de la poésie.

Léon Magnier a collaboré pendant quelque temps au *Journal de Valence.* Ayant cédé le *Courrier de Saint-Quentin,* il est devenu le rédacteur en chef du *Libéral de l'Oise.*

Il prépare un nouveau volume de poésies, qui sera formé de morceaux insérés dans *l'Almanach du Sonnet, Le Sonnettiste,* les *Annales de la Société Académique de Saint-Quentin,* la *Revue des Poètes,* etc.

Vapereau a parlé de lui dans les meilleurs termes dans son *Dictionnaire des Contemporains* et dans *l'Année Littéraire.* M. Staaf lui a également consacré une notice élogieuse dans son remarquable ouvrage sur la littérature française.

Léon Magnier est depuis de très longues années bibliothécaire de la ville de Saint-Quentin.

Mme S. EMMA MAHUL

Mme S. Emma MAHUL, poète et prosateur, est née à Paris sous la Restauration. Elle est la petite-fille du général comte François Dejean, sous Napoléon Ier Ministre de l'Administration de la Guerre, pair de France sous Louis XVIII, etc.; elle est fille du général comte Auguste Dejean, aide-de-camp de Napoléon, pair de France sous la Restauration, etc. et entomologiste célèbre; du côté de sa mère, elle appartient à l'illustre famille du fameux chevalier Roze de Marseille. Elle avait de qui tenir.

A l'âge où les jeunes filles jouent avec leurs poupées, Mlle Emma Dejean jouait avec les deux Muses de la Poésie et de l'Histoire et se manifestait déjà dans cette merveilleuse et sérieuse précocité.

Toute jeune, elle épousa M. J. Alphonse Mahul, député du département de l'Aude, puis préfet de la Haute-Loire et de Vaucluse et publiciste distingué, connu surtout par ses vastes travaux sur l'archéologie du Languedoc. Les talents, la beauté et l'esprit de la jeune femme lui créèrent alternativement dans le monde parisien où l'appelaient les positions brillantes de ses frères et parents et en province une royauté incontestée. Malheureusement, elle fut bientôt atteinte de continuelles épreuves de santé et subit, à Versailles, la pire de toutes, une longue cécité, dont elle ne trouva qu'en Italie, à Pise, la guérison complète.

Ce fut pendant cette nuit terrible à une femme de cet âge et de cette intelligence qu'elle composa, pour se consoler, les paroles et la musique de mélodies charmantes. Les ténèbres lui avaient révélé la Musique, cette sœur jumelle de la Poésie.

Accueillie admirablement par l'Italie, dont elle connaissait à fond les grâces et les ressources de la langue, elle y séjourna un peu partout, retourna quatre fois en Sicile et s'installa définitivement à Livourne.

Les Académies Siciliennes et Italiennes lui ouvrirent leurs portes; elle entretient de nombreuses correspondances avec des poètes, des savants français et italiens, sans parler des hommes politiques.

Mᵐᵉ Mahul, loin de se désintéresser de ces viriles questions internationales et sociales, se passionne pour elle et y fait preuve d'une rare lucidité. Dans ses longs séjours en Italie et ses nombreux voyages, elle étudia les tendances politiques et littéraires particulières aux diverses régions qu'elle parcourait et cette connaissance explique sa finesse d'appréciations comme aussi la popularité que le titre de *poétesse* conquiert en Italie et qui lui méritait des distinctions académiques.

Versailles et la Provence, où elle revient quelquefois, lui ménagent de précieuses et douces surprises d'intelligence et d'affections.

A ce jour, Mᵐᵉ Emma Mahul a produit dix-sept volumes environ, car elle est douée d'une infatigable imagination et personne, parmi les femmes, ne manie la plume avec cette énergie, cette autorité, cette profondeur, ce charme de l'imprévu et cette originalité de primesaut auxquels beaucoup de lecture et une mémoire prodigieuse viennent en aide avec un étonnant à-propos.

Mᵐᵉ Emma Mahul a publié: *Le Théâtre sans Parterre*, pièce en vers et en prose; *L'Homme Délicat*, comédie-lecture en vers;

Les Amis de la Signora, comédie en prose ; tout cela rempli d'idées neuves et affirmant une connaissance exceptionnelle du cœur humain et de la haute société ; *Poésies Politiques sur les Événements de l'Italie de 1859 à 1873*, où se décèlent cette science et cette prévision de la politique si rares dans les intelligences féminines ; *Album Sicilien* ; la *Vie du Général Roze*, roman historique qui vit et palpite de ce que l'auteur avait reçu des traditions de sa famille ; *La Saint-Louis à Rome en 1866*, poème ; *L'Entomologie* en cent distiques et la *Véritable Anthologie ou l'Horticulture Ancienne et Moderne* mnémonisée en plus de trois cents distiques, résultat de ses entretiens et promenades avec son père, le général Dejean, et qui révèlent de vrais tours de force poétiques ; *Le Bombardement du Cimetière de l'Est*, poème ; *Cinquième Centenaire de Pétrarque à Vaucluse et Arqua*, poésies et notes.

Ce fut à Arqua que Mme Emma Mahul se trouva représenter la France au centenaire italien de Pétrarque et lut à la tombe de l'immortel poète un magnifique sonnet adressé à ses mânes. Les larmes qui étouffèrent sa voix surprirent et émurent l'auditoire sicilien, qui fut enlevé lui-même tout entier dans un élan de touchante inspiration.

Mme Mahul a encore publié *Billet de Visite pour le 1er Janvier 1876*, prose et vers ; *Traduction exacte et inédite de Poètes Siciliens*, texte en regard, intéressant keepsake, une vraie bonne fortune pour notre littérature.

Mais son œuvre capitale, à laquelle elle a travaillé toute sa vie, a été la traduction en sonnets français des *Sonnets de Pétrarque*. Elle a pratiqué fidèlement — j'allais dire amoureusement — la religion du poète de Vaucluse. Elle a publié cette traduction en quatre éditions successives, chacune d'elles se complétant et elle vient de couronner son monument — *Exegi Monumentum* — par les *Sonnets Inédits*.

La première édition parut chez Firmin Didot, 1847; la deuxième chez Botta, à Florence, 1867; la troisième chez Firmin Didot, 1869; la quatrième chez Firmin Didot, 1873; enfin, le complément, les *Sonnets Inédits*, à Rome, chez Botta, en 1877.

Personne, mieux que Mme Emma Mahul, n'a pénétré les plis du cœur et les replis de l'œuvre du poète; personne n'a su, comme elle, rendre sa pensée, la nuance de ses émotions avec ce tact et cette exquise suavité, selon l'expression italienne, qui ne sont possibles qu'à une femme du goût et de la rare distinction de Mme Emma Mahul.

C'est une grande œuvre que cette traduction; aussi l'Italie reconnaissante a prouvé à Mme Emma Mahul sa gratitude et son admiration en la convoquant, comme une Muse brillante, au tombeau d'Arqua, au cinquième centenaire.

Mme Emma Mahul n'a pas dit son dernier mot. Sa plume vaillante, sa mémoire fidèle, son érudition merveilleuse, son imagination fraîche et originale nous promettent encore de nouvelles œuvres, — qui n'ajouteront rien ni à sa gloire ni à l'amitié dévouée de ses amis français et italiens.

FRANCIS MARATUECH

Pierre-Théodore FRANÇOIS, dit Francis MARATUECH, est né à Ferrières (Lot) le 29 janvier 1853.

Issu d'une de ces familles de la bourgeoisie rurale qui gardent pieusement dans leur sein le culte des traditions, et qui conservent fidèlement ce ton de bonne société et de respectabilité, si nous pouvons ainsi parler, qui les distingue, il a sucé des principes sains et fortifiants.

Son enfance fut maladive et ces longues années de souffrances ne furent peut-être pas sans effet sur sa nature et sur ses facultés. Mais ce qui exerça sur lui une influence plus profonde et plus décisive, ce qui acheva de donner à son esprit la tournure mélancolique que l'on s'est plu à remarquer chez lui, ce fut le genre d'éducation qu'il reçut dans sa première jeunesse.

Il fut bercé, en effet, suivant une juste expression, sur les genoux de sa mère et, tant il est vrai que les mères ont reçu de la Providence un divin sacerdoce, et qu'après avoir donné la vie matérielle aux créatures sorties de leurs entrailles, elles ont charge de faire passer dans leur sang tout ce qu'elles ont de meilleur et de plus noble, la mère du poète ouvrit l'âme de son enfant et y infiltra, par la vertu de son infinie tendresse, ces belles qualités morales qui font les hommes richement doués.

Aussi, comme elle fut payée de retour, cette mère aimante qui, presque autant que les dons naturels de son fils fit de lui un poète. La Muse de celui-ci lui a élevé un monument de pieuse reconnaissance et, comme nous le verrons plus loin, c'est avec une éloquence toujours nouvelle qu'elle revient sur ce sujet inépuisable.

Cette éducation féminine doua donc Francis Maratuech d'une excessive sensibilité que nous retrouverons à presque toutes les pages de son œuvre. Et, en même temps, elle eut pour effet de le doter d'une Foi robuste, d'où il tira ses plus chaudes inspirations.

Malgré ces penchants déjà assez prononcés, Francis Maratuech fut pris d'un goût très vif pour les mathématiques et il se prépara à entrer à l'Ecole centrale.

Mais la guerre de 1870 vint détourner ses projets ou du moins en empêcher la réalisation, car, au milieu de cette tourmente, ses parents ne voulurent point se séparer de leur fils unique pour l'envoyer dans la capitale, asile peu sûr alors.

Il se résigna donc de fort bonne grâce et il résolut alors de continuer sa vie dans le berceau de ses pères, dans sa tranquille résidence du Quercy, éloignée des orages de la politique et de toutes ces mesquines et écœurantes querelles de sectes.

C'est alors qu'il se voua à la poésie, à ses heures de loisir, et qu'il composa ses premiers vers, qui, tout d'abord, ne franchirent pas le cercle de ses relations et de son intimité et qu'il destina seulement à défrayer les réunions amicales dans lesquelles ils étaient lus.

Les malheurs de la France l'inspirèrent surtout ; les sujets patriotiques s'imposaient tout naturellement à sa lyre, qui fit retentir des accents d'une fierté nationale très ardente, comme *En Alsace, La Fiancée du Cuirassier, Noël et Liberté, La Veuve de Verdun,* etc.

Cette dernière pièce, d'une allure puissante et d'une émotion vraiment saisissante, fut insérée dans le *Bulletin* de la Société des

Etudes littéraires, scientifiques et artistiques du Lot (1875); *Noël et Liberté*, un poème plein d'élévation, parut dans *Le Tournoi*.

Le Bulletin de la Société des Etudes du Lot avait déjà publié de lui, en 1873, une charmante *Légende Quercynoise* que l'excellent poète Léon Valéry loua très fort et dont le rapporteur du concours de poésie ouvert par la Société disait : « Le style est ferme dans sa simplicité, les images sont fraîches et neuves.... »

Lorsque mourut la mère de Théodore de Banville, Francis Maratuech envoya au grand poète un sonnet touchant et d'une réelle noblesse d'idées, que nous ne pouvons résister au désir de reproduire ci-après, comme preuve des sentiments dont nous parlions plus haut :

A Théodore DE BANVILLE

Oh! quand pâlit ce front qu'on couronnait de gloire,
Quand l'astre bien-aimé descend à l'horizon ;
Quand une voix s'éteint qui nous disait de croire,
Défaillant et brisé, l'on murmure: « A quoi bon!

« Je reste maintenant tout seul dans la nuit noire,
« Que m'importe donner plus d'éclat à mon nom!
« Ces rayons que j'aimais, en dorant sa mémoire,
« Me feront mieux sentir mon funèbre abandon! »

Rien ne peut remplacer, ami, les cœurs de mères,
Ces confidents émus dont les larmes amères
Effacent en tombant ce que l'on a souffert!

Pour nous, nous qui croyons, sûrs du destin céleste,
Après toute douleur, l'espoir serein nous reste:
Le cœur des bien-aimés sera toujours ouvert!

Cette poésie fut insérée dans le tome IV de *l'Almanach du Sonnet*. L'auteur de *Déidamia* y répondit en ces termes charmants:

« .... Hélas! on ne peut aimer trop sa mère ni l'aimer assez, car on ne sait
« jamais assez ce qu'il y a en elle d'héroïsme et quels infinis trésors de tendresse.
« Nous autres surtout, poètes, nous lui devons tout, car ce qu'on veut bien
« admirer quelquefois en nous, ce don qui n'est qu'amour et expansion, nous
« vient de notre mère encore.

« Puisse la vôtre vivre longtemps heureuse, adorée, fière de vous, cher
« poète, et croyez-moi bien du fond de l'âme

« Votre reconnaissant,

Théodore DE BANVILLE »

En 1875, la catastrophe du *Zénith* lui fournit l'occasion d'un superbe poème que publia *Le Tournoi* et qui fut très remarqué par son ampleur d'idées.

Un autre de ses poèmes, *l'Entrée d'Alexandre le Grand à Babylone*, eut un réel succès au quatorzième concours de la *Revue des Poètes*, où il obtint le 1er prix.

Il a collaboré très activement à cette dernière publication et a publié nombre de poésies dans *Le Tournoi*, la *Chronique Charentaise*, *l'Almanach du Sonnet*, etc..

Ses cartons contiennent plus de dix mille vers de différentes manières, les uns inédits, les autres déjà publiés.

Francis Maratuech est un poète de goût et de sentiment, gracieux, touchant presque toujours, bien qu'il fasse parfois des enjambées sur les terres de la poésie légère et comique. D'une grande fertilité et d'une grande élévation de pensées, il est avant tout et par-dessus tout un poète chrétien, à l'idéal céleste, très orthodoxe.

Tantôt il nuance agréablement une pastorale, tantôt il jette un alexandrin ému et vigoureux dans un sujet patriotique, tantôt il élève vers Dieu une prière ardente et convaincue. Talent divers, il cultive plusieurs rhythmes et plusieurs genres.

Comme prosateur, on a de lui une légende des plus intéressantes, *La Dernière Sorcière*, publiée dans *Le Tournoi* en 1876 et qui prendra place dans un volume de légende en préparation.

Très amoureux de son pays, un pays aussi riche en pittoresque qu'abondant en souvenirs historiques, il s'est appliqué à en retracer l'histoire et les mœurs, dans *Le Quercy à travers les Ages*, une étude importante que va publier *Le Foyer*, dans *Les Cadourques*, poème en prose, qui tient beaucoup de la manière de Châteaubriand, et qui ne tardera pas à voir le jour, de même que l'*Odyssée d'une Truffe*, autre étude de mœurs locales. Cette belle contrée du Quercy est donc appelée à être une fois de plus dignement célébrée.

N'oublions pas, dans notre nomenclature des ouvrages inédits de Francis Maratuech, une pièce en vers en un acte, *A côté du Bonheur*, dédiée à François Coppée et qui emprunte beaucoup au charme des à-propos dramatiques de l'auteur du *Passant*.

Notre confrère est membre lauréat de la Société des Amis des Lettres de Paris, membre lauréat de l'Association Poétique de France, de l'Académie des Muses Santones, membre lauréat de la Société des Etudes du Lot, etc.

Très connu, très estimé dans le monde des poètes contemporains, il ne manque plus qu'une chose à Francis Maratuech : la hardiesse de publier un recueil de ses charmantes poésies. Cette hardiesse lui serait d'autant mieux permise, que son talent est déjà fort apprécié et n'a rien à craindre d'un échec en pareille occasion.

A. DE MARGON

Jean-Marie-Hippolyte-Auguste Le Moine, vicomte DE MARGON, est né au château de Margon (Hérault) le 5 juillet 1807.

Il fit d'abord ses études classiques au collége de Louis-le-Grand, puis, s'étant destiné au droit, il l'étudia moitié à Paris, moitié à Toulouse.

Ses débuts oratoires, qui eurent lieu au barreau de Montpellier, où il s'était fait inscrire, furent des plus heureux, mais ne purent cependant le décider à persévérer dans la carrière qu'il avait entreprise. Il se retira donc bientôt de l'enceinte de Thémis pour faire son apparition dans celle d'Apollon. La poésie, dont il était fort épris, l'occupa alors presque exclusivement et il s'y livra avec une ardeur des plus vives.

Son volume : *Mes Moments Perdus*, qui parut en 1872, contient la plupart des poésies qu'il a composées. Les unes, un certain nombre même, datent de sa vingtième année; quelques-unes sont même antérieures à cette époque.

Les Moments Perdus, étant le seul recueil poétique que le vicomte de Margon ait livré à la publicité, force nous est de l'examiner de près, pour avoir la mesure du talent de l'auteur, dont le relief est très accusé.

Le volume s'ouvre par *Montmorency*, tragédie en cinq actes, en vers, lue devant les comités de l'Odéon et de la Comédie-Française, en 1846 et 1847, sous son titre primitif : *Richelieu à Toulouse*. La première de ces scènes rendit hommage aux qualités révélées par cette pièce, mais elle n'en refusa pas moins de la recevoir, ou plutôt elle jugea à propos d'en ajourner la représentation, pour des considérations d'un intérêt essentiellement politique. A. de Margon préféra la retirer que de lui faire subir la dure loi de la censure qu'on voulait lui imposer. Et c'est grâce à son amour-propre d'auteur que cette belle pièce, si digne de la scène, est restée jusqu'à ce jour dans l'ombre.

Ses mérites sont cependant incontestables. L'intérêt y est jeté à pleines mains; de beaux vers y servent de cadre à une action palpitante, formée d'une des pages remarquables de notre histoire nationale. On y trouve des tirades d'une grande vigueur et dont la correction poétique est exempte de tout reproche.

Aussi, ne peut-on que regretter amèrement le sacrifice que l'auteur a cru devoir faire à sa susceptibilité d'écrivain consciencieux et distingué.

La seconde partie de l'ouvrage est formée de *Poésies Fugitives*. Le poète y traite avec un réel savoir-faire le genre élégiaque, qui lui a fourni plusieurs pièces superbes, comme *La Fille de Jephté*, *Le Découragement*. Dans deux poésies intitulées : *21 Janvier* et *29 Septembre*, il exprime en un langage convaincu, pénétrant, ses inébranlables convictions, sa foi ardente, qui s'indigne devant les manifestations du scepticisme et il crie à pleins poumons anathème à l'anarchie, qu'il exècre et maudit.

Sous ce titre : *L'Athéisme et la Foi*, A. de Margon a plus loin parlé éloquemment dans le même ordre d'idées.

A côté de ces tableaux sombres, nous trouvons dans *Le Berger Polyphème*, une délicieuse imitation de Théocrite, on ne peut mieux réussir ; son pinceau a su trouver des tons qui rendent avec beaucoup de vérité l'impression de la nature.

Dans *L'Hiver à Paris*, il trace avec émotion le parallèle de la misère et de l'opulence, et il a su trouver des accents élevés comme M. de Guiraud dans son *Petit Savoyard*. Ces deux pièces ont du reste, une certaine analogie.

La Vendée en 1833 nous montre avec plus de vigueur encore dans le vers, plus de force d'expression, l'orthodoxie du poète qui, quelques pages après, dans *Le Jeune Grec sur les Ruines d'Athènes*, semble avoir retrouvé la lyre d'André Chénier.

Mais A. de Margon, malgré la sincérité et la force de ses convictions chrétiennes, n'est point de ces puritains féroces qui allaient meurtrir les nudités de Carpeaux. La poésie légère a ses sympathies, tout comme la poésie héroïque : *L'Amour à Cythère*, *Le Rendez-vous d'Amour* surtout le prouvent surabondamment.

L'Étudiant à Toulouse et *Alfred et Léona*, deux poèmes d'une certaine dimension, sont également dans ce même genre si cher à Alfred de Musset.

En résumé, A. de Margon est un poète d'un talent sérieux et ses *Moments Perdus* contiennent quelques morceaux de haute poésie qui ne seraient pas déplacés dans les œuvres de maître.

De 1831 à 1833, il a été l'un des rédacteurs des *Mélanges Occitaniques*, de Montpellier, et de 1833 à 1836 le directeur et le rédacteur en chef de ce journal.

Il a collaboré plus tard et jusqu'en 1841 à la rédaction de *La Quotidienne* et de la *Revue France et Europe* et il a été, à la même époque, secrétaire du Comité légitimiste de Paris, dit Comité Berryer. Il a, depuis, donné plusieurs articles à diverses publications littéraires ou scientifiques.

En 1863, aux élections législatives, candidat de l'opposition légitimiste, dans la circonscription de Béziers, il a lutté avec avantage contre son adversaire, qui ne l'a emporté que d'un très petit nombre de voix.

A. de Margon est membre de la Société archéologique, scientifique de Béziers, membre libre de la Société des langues romanes de Montpellier, et de l'Académie des Poètes.

JOSEPH MARION

Joseph MARION est né à Lancrans, arrondissement de Gex (Ain) le 9 avril 1822.

Sorti d'une souche remarquable du pays, sa famille a compté dans ses rangs des personnalités célèbres à plus d'un titre.

Le grand-oncle du poète, le capitaine Marion, est l'illustre voyageur qui a découvert et baptisé les îles qui portent son nom. Ses explorations dans les mers australes ont eu un grand retentissement. Il était de la race intelligente et opiniâtre des Dumont d'Urville et des Franklin. Comme ce dernier, il fit à la science des découvertes le sacrifice de sa vie et on peut dire qu'il mourut sur le champ d'honneur. On se souvient, en effet, que le grand navigateur, après avoir frété à ses frais deux bâtiments pour sa dernière expédition, servit de pâture aux naturels de la Nouvelle-Zélande. Ainsi finit ce brave et héroïque marin, dont la vie tout entière fut remplie par les entreprises les plus hardies et les plus étonnantes, ainsi qu'on peut en juger par la lecture des *Drames de la Mer*, d'Alexandre Dumas, l'excellent écrivain ayant retracé dans son ouvrage les saisissantes péripéties de cette dramatique existence.

Pour perpétuer la mémoire du capitaine Marion et récompenser ses hauts services, le Gouvernement dota sa famille d'une pension. Le père du poète dont nous nous occupons en fut le titulaire.

Par sa mère, Joseph Marion appartient à la famille Blanc de

Chézery, qui, depuis de très longues années, a toujours compté des notaires parmi ses membres.

La mère du poète, qui mourut en 1862, sut, par ses vertus domestiques, mériter l'épitaphe ci-après, qui se trouve sur sa tombe :

> Toujours, en sa sollicitude,
> Son cœur, qui fut comme un abri,
> Épanchait dans sa plénitude
> Un flot d'amour jamais tari.

Joseph Marion commença ses études au lycée de Bourg, où il en fit une bonne partie. Il ne tarda point à montrer que l'Idéal l'avait touché de son aile et qu'il était destiné à être un de ses élus. Mais, nous devons le dire, ce ne fut point la poésie qui attira tout d'abord son affection. Ses premières amours furent pour les beaux-arts, dont il s'éprit d'une façon aussi soudaine que puissante. Mais, en même temps que ce culte pour les beaux-arts prenait place dans l'esprit du jeune lycéen, ce penchant à la contemplation et à la rêverie, sensation vague et indéfinissable, tout d'abord ; mais qui prit peu à peu toute l'intensité d'une vraie passion.

Joseph Marion lisait et sentait profondément les créations de nos grands poètes classiques. Les séduisantes images de la poésie exercèrent sur son imagination une attraction décisive : le poète venait de se révéler. L'enthousiasme qu'il ressentait en dévorant les chefs-d'œuvre de Musset, de Lamartine, de Sainte-Beuve, de Hugo avait clairement fait pressentir qu'il était avide de pénétrer plus avant dans ces jouissances intimes et qu'il allait se livrer à l'apprentissage poétique. La poésie trôna donc bientôt en maîtresse chez lui, et fit place nette de toute autre occupation dans son intelligence.

Il commença donc à ébaucher ses premières rimes. Sur ces entrefaites, un incident vint exercer une influence des plus salutaires sur ses goûts. Joseph Marion désira achever ses études au collège de Nantua, pour bénéficier des excellentes leçons d'un professeur distingué, M. Redarez, qui enseignait la philosophie dans cet établissement. Le jeune professeur, décédé depuis, à la fleur de l'âge, était le beau-frère du peintre Pujol. Joseph Marion noua, dans ces dernières années d'études, d'affectueuses liaisons avec des condisciples éminemment doués, comme lui, et qui, plus tard, occupèrent dans le monde de brillantes situations.

Comme nous venons de le dire, cette période de l'existence du néophyte fut on ne peut plus profitable à la tournure et à la culture de son esprit. L'horizon de son intelligence s'élargit considérablement; ses pensées se fortifièrent par l'aliment d'une bonne et saine philosophie, et, tout en favorisant sa verve, celle-ci lui donna ce qui lui manquait jusqu'alors: une base.

L'étude de la psychologie surtout lui ouvrit un champ d'exploration en harmonie avec les tendances de son esprit. Il y trouva comme une source de joie inexprimable mêlée d'étonnement et puisa la poésie dans la ferveur de ses sentiments et l'intimité de ses pensées.

A ce propos, nous sommes amené à parler tout naturellement d'un incident de la vie de ce poète.

En 1856, M. Marion alla rendre visite à M. de Lamartine, à son château de Monceaux. Le grand poète, après l'avoir accueilli très cordialement et l'avoir invité à s'asseoir à sa table, demanda à son jeune disciple si ce n'était pas la sublime nature des Alpes qui l'avait fait poète. Comme nous avons pu le lire dans une lettre contenant la relation de cette visite, adressée à M. Servan de

Sugny, M. Marion répondit: « Qu'habitué dès son enfance à ces sites pittoresques et grandioses qui font une impression sur le touriste qui les voit pour la première fois, ces scènes admirables n'avaient pu cependant exercer qu'une action secondaire sur sa vocation; que c'était dans le sentiment, dans l'étude des belles poésies et particulièrement dans la lecture des *Méditations* qu'il avait trouvé sa plus réelle inspiration. »

Ses classes terminées, Joseph Marion, une fois rentré dans le sein de sa famille, commença à publier. Les journaux de l'Ain, de Lyon et certaines feuilles de la capitale eurent la primeur de ses compositions poétiques. Ses débuts furent très heureux et ils furent salués en termes charmants par des poètes consacrés, témoin ces quelques vers d'une épître adressée au poète Rossand par un confrère de talent, épître publiée dans le *Journal de l'Ain*.

> Vois Marion, dont les accords naissants,
> Font résonner les échos de Lancrans.
> Le poétique feu qui déborde son âme,
> Chez toi, Rossand, n'aurait-il plus de flamme ?
> Ira-t-il seul, dans tes monts nuageux
> Chanter avec amour, chanter ses vers heureux ?
> Ton luth qui trop longtemps à mon gré se repose
> Du divin Apollon charma la majesté
> Je le sais près du sien doucement il se pose,
> Car par lui tu fus adopté.

Joseph Marion, comme nous venons de le dire, et comme le prouve la pièce précédente, était en grande estime auprès des principaux poètes de la région. L'un d'eux, un lettré délicat et distingué, M. Philibert Le Duc, lui offrit la dédicace d'une poésie intitulée: *Nid de Rossignol,* la perle du charmant recueil de cet auteur qui porte le titre de *Brixia.* Cette poésie se termine ainsi :

> Et c'est à vous poète heureux et solitaire
> C'est à vous désormais, c'est à vous de chanter.

D'un autre côté, une femme d'un esprit supérieur, Mme Louise d'Audiffret, lui envoyait, en réponse à une de ses compositions qu'il lui avait fait parvenir, une poésie dont nous extrayons ce passage élogieux :

> .... Merci donc, ô jeune homme au chant suave et tendre,
> Dont la noble bonté m'a fait plus d'un jaloux !
> Merci, Joseph ! daignez parfois nous faire entendre
> Et votre fraîche voix et vos accents si doux !...
> Quel cœur eut cet objet dont votre docte lyre
> Nous dit la dernière heure en un rhythme si beau !
> Que de perfection que je ne saurai dire,
> A vous dont la couronne est seule à son tombeau.

Enhardi par les succès obtenus par sa Muse dans le monde littéraire, Joseph Marion se décida à prendre part aux concours poétiques ouverts par la *France Littéraire,* de Lyon. Là encore d'autres succès l'attendaient. Il remporta coup sur coup trois prix. Ses poésies couronnées furent une ode *A un Ami d'Enfance,* un *Hymne à la Gloire* et une autre ode sur *La Mission du Génie.* Ce dernier sujet avait été imposé aux concurrents. Nous détachons de ce beau poème les strophes qui suivent :

> Génie, esprit de grâce, âme régénératrice,
> Génie, esprit d'amour, noble exilé du ciel ;

Rayonnement qui vient du soleil de Justice,
Génie, ange de Dieu, compagnon d'Uriel :
O toi qui fus soumis à la nature humaine,
Comme nous, ici-bas, tu dois porter ta chaîne,
C'est pourquoi ton beau front est si triste et si doux.
Vers les pures splendeurs, plus ton âme est ravie,
Plus tu connais, hélas ! les maux dans cette vie,
    Et plus tu souffres parmi nous.

    Ce n'est pas pour toi que la terre
    A des sentiers couverts de fleurs,
    Ton cœur trop grand et solitaire
    Cache de profondes douleurs ;
    Tu n'aimes pas ce que l'on aime
    Dans l'amour voulant l'amour même,
    Tu trouves la déception,
    Et dans ta souffrance infinie,
    Une voix comme une ironie
    Dit toujours : Résignation !

Pour l'appréciation de cette belle pièce, nous laissons ici la place au Rapporteur du concours, qui a dit de *La Mission du Génie,* qu'elle se distinguait par « son ampleur vraiment poétique, en même « temps que par la métaphore indispensable quand il se présente « des termes directement métaphysiques. »

L'ardeur poétique de Joseph Marion fut quelque peu tempérée, pendant un certain temps, par les labeurs que lui apportèrent diverses fonctions publiques dont la confiance de ses concitoyens vint l'investir.

Il fut d'abord nommé capitaine de la garde nationale (il avait 25 ans) puis maire de la commune de Lancrans et peu de mois après conseiller d'arrondissement. Tout en limitant le temps qu'il aurait désormais à consacrer à la Muse, ces diverses attributions n'altérèrent en rien son goût pour la littérature. Il était toujours aussi vif et Pégase se laissait enfourcher tout aussi aisément qu'auparavant par le jeune poète.

Grand fut donc le mérite de Joseph Marion, qui parvint à remplir ses délicates fonctions à la louange de tous, administrant sa commune avec un zèle et une activité rares, sans déserter le culte, si cher à son cœur, de la Poésie. Il le prouva en publiant, à cette époque même, son poème sur *La Suisse et le Pays de Gex* (1856) dédié à M. Servan de Sugny, l'excellent poète de la *Muse Ottomane*, avec lequel il entretenait de cordiales relations.

Ce poème renferme de sérieuses qualités. Il démontre que, si Joseph Marion est né poète, comme nous le disions plus haut, et si chez lui le feu sacré vient de l'âme même et non de la contemplation de la nature, il n'en sait pas moins rendre avec une saisissante vérité les charmes de celle-ci. Comme Léopold Robert, le maître dont il invoque le nom dans ces pages, il a dignement célébré cette riante Helvétie, ce berceau sans rival du pittoresque, où la main prodigue du Créateur a entassé toutes les splendeurs et toutes les merveilles de la nature.

Joseph Marion a fait revivre dans son poème tous les tableaux délicieux que l'œil contemple en parcourant cette contrée charmante. Il les a retracés avec un grand soin, un grand amour de la réalité, dans un rhythme chaud et gracieux.

A peu d'intervalle, il adressa à Lamartine une poésie qui lui valut la lettre suivante, qui honore également celui qui l'a écrite et celui qui l'a reçue:

« Monsieur,

« Ces strophes sont un poëme tout entier, dont mon existence, aujourd'hui
« obscure, est le sujet, et dont vous êtes le poëte, inspiré par la seule bienveil-
« lance. Nous avons lu ces beaux vers en famille, avec des sentiments que vous
« comprenez aisément. Toute faveur est douce, mais quand elle est gravée pour
« l'avenir en langue lapidaire et immortelle, la faveur devient un monument.

« J'avais déjà lu, Monsieur, grâce aux communications du *Journal de l'Ain*,
« quelques-unes de vos œuvres ; je n'ai pas besoin de vous dire qu'autant il
« serait vaniteux à moi de me faire l'écho de pareils accents, autant il me serait
« pénible de les voir étouffés par le silence de votre propre modestie. On dit
« tout haut ce que l'on chante. Je ne m'oppose donc en rien à la publication
« d'une poésie qui vous honore plus qu'elle ne m'honore moi-même. On attri-
« buera au voisinage l'excès de faveur de vos jugements.

« Je vis comme vous au fond d'une vallée isolée du monde, mais l'on regrette
« peu le monde quand le vent qui souffle de vos Alpes vous apporte d'aussi
« aimables retentissements. »

DE LAMARTINE.

Sᵗ-Point, 12 octobre.

En 1869, Joseph Marion publia ce poème chez Kugelman. Nous n'ajouterons rien aux paroles que lui a consacrées le grand Lamartine. Louer cette poésie brillante, imagée, que le sentiment colore de ses gracieux reflets, nous est inutile, car, dans ces quelques lignes où il peint sa reconnaissance à l'auteur, Lamartine a jugé mieux que personne ne saurait le faire le talent de Joseph Marion, un talent fait de grâce et d'élévation, accessible aux seules hautes aspirations, soigneux sans recherche, chose assez difficile, et touchant sans emphase, chose peut-être plus difficile encore.

Par la suite, Joseph Marion fit la connaissance de l'illustre poëte des *Méditations* et fut admis dans son intimité. Ces entrevues, outre le plaisir extrême qu'elles lui procurèrent, lui fournirent en outre l'occasion de recevoir les doctes et précieux avis du maître et d'en faire l'application.

Le lecteur nous permettra de remonter en arrière dans la vie de notre poète. A cet âge où l'homme doit faire choix d'une carrière, Joseph Marion ne songeait guère à cette importante préoccupation. Sa vie s'écoulait alors entre ses chers livres, la poésie n'était-elle pas tout son bonheur et tout son horizon ? Que demander de plus ? Malheureusement, dans la campagne, le poète est peu secondé ; bien peu comprennent ou encouragent sa vocation littéraire. Les parents et l'entourage de Joseph Marion entreprirent contre lui un siège en règle pour le décider à faire choix d'une position.. A force de lutter, ils finirent par vaincre ses résistances et, en 1858, il devint titulaire de l'Etude de notaire de sa commune. Tout d'abord, son Etude étant peu considérable, il put se livrer avec presque autant d'ardeur que par le passé à ses travaux littéraires, mais bientôt son importance s'accrut dans de fortes proportions et ce labeur, joint au souci de ses fonctions diverses, ralentit forcément le cours de sa production.

En 1870, Joseph Marion rendit un grand service à son pays en prenant une part des plus actives aux travaux entrepris pour l'exploitation des mines de phosphate et des forces motrices de la chute de la perte du Rhône, à Bellegarde. Joseph Marion eut la haute main dans cette entreprise considérable qui n'a pas employé moins de dix millions. Doué d'une initiation puissante, il se rendit à Versailles, courut au ministère, provoqua deux réunions extraordinaires du Conseil d'Etat et, vingt jours après, ses pressantes démarches avaient pour conséquence un décret signé de M. Thiers, qui permit de poursuivre cette œuvre importante, destinée à devenir une source précieuse de prospérité. Les forces hydrauliques de la chute du Rhône sont évaluées à trente mille chevaux ; la force de dix mille chevaux peut être utilisée actuellement.

En 1865, Joseph Marion fut élu conseiller général pour le canton de Callonges. Auparavant, il avait été pendant de longues années conseiller d'arrondissement. Depuis 1865, il a toujours été réélu au conseil général et depuis quatre ans il fait partie de la Commission départementale.

Voici un passage de la circulaire qu'il adressait en 1870, sous l'Empire, aux électeurs de Callonges :

« Mes opinions ne sont autres que celles des habitants de ce beau et bon pays
« qui, toujours libéraux, marchent d'un pas si délibéré dans la voie de la civili-
« sation. Élevé parmi ces braves et laborieuses populations, je n'ai cessé d'avoir
« pour elles une profonde sympathie, et mon plus vif désir est de pouvoir con-
« tribuer à leur bien-être et de voir luire le jour où elles obtiendront la place à
« laquelle elles ont droit dans la Nation et où elles ne supporteront plus les
« charges et les impôts que dans une équitable répartition.

« D'un point de vue plus général, vous savez si j'ai pactisé avec la réaction,
« si jamais j'ai cherché à enrayer le progrès, à éteindre les lumières et si la
« liberté que j'aime n'est pas la vraie liberté. »

Voilà l'homme politique. Libre maintenant à chacun de l'apprécier à ce point de vue.

Comme nous l'avons déjà dit, les préoccupations matérielles ne détournent en rien l'esprit du poète de ses doux penchants à la rêverie. Chez lui, le rêve et la réalité vivent de fort bonne compagnie. Tout en étant le représentant actif et dévoué, à l'aptitude et au zèle si appréciés, il est encore et toujours l'homme du sentiment, accessible à toute inspiration venant du Beau. Ses loisirs, il les voue tout entiers à la poésie et il continue pendant ces heures de trêve les œuvres déjà commencées, ou il en met de nouvelles sur le métier.

Il travaille activement à un ouvrage d'une grande portée philosophique, et à un autre ouvrage qui aura pour titre: *Le Poème de la Vie;* celui-ci est une auto-biographie en prose et en vers, où toute les parties s'enchaînent, une étude de l'âme dans ses différentes manifestations, et qui a tout l'intérêt d'un roman intime.

Un poète de l'Ain, M. Antoine Bouvier, collègue de Joseph Marion au conseil général, auteur d'une traduction des *Églogues* de Virgile, ayant lu le manuscrit du *Poème de la Vie,* en a dit: « Je trouve « ces strophes pleines de fraîcheur. Passé, présent, souvenirs, « regrets, tout y est gracieusement présenté. La nature y est « interpellée avec une douce mélancolie que l'on finit par partager. « Peut-on demander autre chose à la poésie ? »

D'ailleurs, nous ne saurions mieux faire que de citer quelques lignes de la préface de cette œuvre destinée à un véritable succès. Elles donneront une idée juste de son ton général :

« Ces poésies sont plutôt psychologiques que descriptives et je crois que « c'est dans la psychologie que la poésie peut puiser son charme et ses « inspirations les plus durables.

« La nature extérieure a été décrite presque à l'infini par des poètes dont le « génie pourrait difficilement être égalé et, à coup sûr, jamais dépassé, mais « l'étude de l'âme humaine est inépuisable et paraît toujours nouvelle. Elle est « comme un miroir où, dans tous les temps, chacun aime à se voir. »

J. Marion publiera aussi prochainement un poème intitulé : *Victor Hugo,* véritable statue élevée au génie du grand poète, œuvre d'une noble conception et dans laquelle l'auteur fait ressortir la part immense prise par le maître au développement des lettres et de la poésie à notre époque.

En même temps, Joseph Marion met la dernière main à une autre œuvre de vastes dimensions: une étude approfondie de *l'Élégie,* avec citation des poètes qui ont cultivé ce genre. Ce travail obtiendra, nous n'en doutons pas, une faveur méritée et sera des mieux accueilli par tous ceux qui s'occupent de littérature Ce sera une source précieuse de documents et d'aperçus pour les écrivains qui s'occuperont, dans l'avenir, de reconstituer la littérature du XIX° siècle.

Terminons en louant à la fois en Joseph Marion le poète aux idées riches et élevées, et le mandataire intelligent, dévoué et plein d'initiative, qui possède l'affection de tous ses compatriotes.

LOUIS MAS

Louis-Charles-Ferdinand MAS est né à Castres (Tarn) le 28 juin 1833.

Disons-le en commençant, Louis Mas est loin d'être doué d'un génie transcendant, ce n'est qu'un humble et pauvre rimeur, très amoureux du grand art, mais à qui le grand art a livré bien peu de ses secrets. Toutefois, la vie de cet inconnu a des côtés si intéressants et si malheureux que nous avons voulu le placer dans le voisinage des vrais poètes de notre époque, qu'il affectionne tant et qui lui rendront certainement son affection en généreuse pitié.

Louis Mas est issu d'une famille de pauvres artisans qui se dévouèrent cependant pour lui faire donner une certaine instruction, superficielle bien entendu, mais qui n'en a pas moins été d'un secours puissant à l'infortuné rêveur au milieu des désastres de tout genre qui l'ont assailli depuis sa venue au monde.

Tout enfant, Louis Mas fut pris d'un goût vif pour les choses de l'esprit. Une mystérieuse sympathie l'entraînait vers les hommes qui personnifiaient la poésie à cette époque et cette sympathie était si forte qu'il consacrait tout l'argent qui lui passait par les mains, souvent même celui destiné à sa nourriture, à l'achat des œuvres poétiques que chaque jour voyait éclore.

Cette lecture attentive et passionnée ne tarda pas à pousser Louis Mas sur le chantier et il se mit à son tour à faire des vers. Bons ou mauvais, qu'importe! il y avait parfois de l'imagination dans ces lignes senties et *vécues* et c'était déjà quelque chose.

Aujourd'hui, Louis Mas est en progrès, sans avoir pour cela atteint les sommets élevés du talent et il est arrivé à produire des pièces non dépourvues d'inspiration, si elles sont souvent défectueuses dans la forme.

Et, du reste, comment le malheureux rimeur pourrait-il revêtir ses compositions de l'élégance et de la correction qu'on est en droit d'exiger d'un poète digne de ce titre ? Sans cesse à la recherche de l'aliment du lendemain, demandant à la plus ingrate des professions, celle d'écrivain public, les moyens de vivre matériellement, infirme du bras gauche et de la jambe droite, Louis Mas n'a-t-il pas cent raisons de jeter parfois le manche après la cognée et d'exhaler sa douleur sans en cadencer l'expression avec harmonie ?

Peut-être Louis Mas, face à face avec une condition moins désastreuse eût-il tracé des vers passables et qui eussent fixé l'attention d'un éditeur ! Pauvre de santé et d'argent, il n'a pu que végéter obscurément.

Nous le répétons, ce n'est pas au titre de poète distingué que nous avons placé ici la biographie de Louis Mas. Son infortune nous a ému et, comme ce triste courtisan des Muses ne rêve rien autre chose au monde que la publication d'une brochure de poésies : *Éclairs et Tonnerres*, prenant en pitié sa pénible situation, nous avons voulu intéresser les poètes du *Livre d'Or* à cette humble créature et nous terminons par où nous aurions dû commencer : Le volume de Louis Mas est en souscription chez l'auteur, rue Vinaigre, à Toulouse, au prix de 1 fr. 20.

Puissent ces lignes amener la réalisation de son vœu.

FRÉDÉRIC MISTRAL

—

Frédéric MISTRAL est né en 1830, à Maillane (Bouches-du-Rhône).

Fils d'un riche fermier, il fit ses études moitié à Nyons moitié à Avignon et, après avoir conquis le titre de licencié en droit, il se voua tout entier à la carrière littéraire, où il devait jeter un éclat si vif.

Mais ici un mot d'explication est nécessaire au lecteur et le biographe ne voulant pas entrer dans les longs développements d'une doctrine, doit nécessairement s'en tenir, en face d'une personnalité qui est une véritable incarnation, à examiner dans son ensemble et au moyen d'un aperçu général, bref et rapide, l'œuvre importante du grand écrivain.

Nous n'essaierons donc pas de retracer l'historique de cette belle et imposante école provençale, dite du félibrige, dont Mistral fut l'un des parrains et reste toujours le chef respecté et adulé. Aux écrivains spéciaux le soin de discuter les tendances de la langue provençale et de ses poètes, de faire l'examen critique des qualités et des défauts de ce riche idiôme, que d'aucuns ont, à tort selon nous, considéré comme une sorte de concurrence faite à la langue mère, tandis qu'il n'est au contraire et n'a d'autres prétentions d'être que la manifestation éclatante et hardie du caractère méridional, d'être la représentation du génie propre et des aspirations particulières de cette partie de la France, de cette Provence exubérante, vrai nid du grandiose.

Mistral, imagination ardente, homme aux vastes conceptions, prenant en sous-œuvre la résurrection de la langue provençale commencée par Roumanille, voulut, non seulement lui rendre les allures anciennes de l'époque des troubadours, mais l'élever encore au rang d'une langue nationale. Toutefois, pour arriver à donner à la langue modeste des troubadours les ampleurs de l'épopée, la souplesse des passions humaines, la vie moderne des sentiments modernes, il a dû non seulement reconstituer cette langue, mais la recréer le plus souvent. Aussi, d'aucuns l'accusèrent-ils d'avoir exagéré la portée de son œuvre, prétendant que la langue provençale ainsi remaniée, si harmonieuse, si souple et si sonore qu'elle était devenue, n'était plus dès lors que l'apanage des lettrés et ne se trouvait plus à la portée du vulgaire, ayant perdu en grande partie sa simplicité native.

Mais d'un autre côté combien elle avait gagné en suavité et comme elle se prêtait maintenant à la poésie !

Mistral possède un génie poétique incontestable. Aussi comme il a fait rendre à cette *langue d'amour* ses notes les plus mélodieuses ! comme il a transporté dans ses vers les rauques retentissements de son mistral ! Comme il a fait jaillir des lumières de ces cailloux de la Crau, qui semblent avoir enfermé dans leur cœur des étincelles de soleil !

Mistral se révéla à la France et au monde par son poème de *Mireille* (Mireio) qui fut un évènement littéraire sans précédent, date à jamais mémorable dans les destinées de la poésie provençale.

La poésie du maître a toutes les simplicités de la nature, les énergies de l'âme humaine et les grandeurs de la terre. Ses paysages sont d'une réalité pleine de vie et de noblesse; les sentiments de ses personnages n'ont rien de l'affecté et du convenu qu'ils puisent, ailleurs, dans les milieux artificiels de la civilisation. La nature sent et parle ainsi. Quant à ses images, elles sont presque toutes empruntées au terroir où le vannier tresse les paniers, où les *Contadines* cueillent la feuille du mûrier, où les bœufs tracent des sillons fumants dans le sol brûlé, où les cigales chantent leur éternelle et monotone joie. C'est pourquoi cette poésie semble toute neuve parce qu'elle est très ancienne et depuis longtemps oubliée. Mistral est certainement dans le vrai ; la poésie moderne d'une façon absolue a besoin de remonter à sa source pour retrouver la jeunesse, la vie et être comprise de tous aujourd'hui comme elle l'était à son berceau. Il ne faut pas oublier que la poésie est la langue d'enfance des peuples et que le *maniérisme* et la science moderne l'ont détournée, au profit de quelques gourmets littéraires, de son essence et de son but.

Mistral a encore fait œuvre de patriotisme en exhumant cette langue charmante, dans laquelle la France du Midi a aimé et combattu. Il en a ressuscité l'histoire et la légende et a refait en Provence l'œuvre de Gœthe et de ses imitateurs en Allemagne : il a emprunté à la tradition orale populaire une foule de légendes, de contes, de ballades, de chansons auxquels il a donné une forme merveilleuse et définitive et qu'il a ainsi pour jamais fixés dans la mémoire et dans le trésor littéraire commun.

Un second poème du poète, *Calendal*, ne fit qu'accentuer l'admiration du public, qui avait déjà pris des proportions si considérables.

Ces quelques mots d'un critique éminent, M. Emmanuel des Essarts, écrits à propos de cette œuvre nouvelle, en diront plus long qu'une appréciation étendue de notre part :

« .... Les beautés poétiques y abondent. C'est plutôt un recueil d'odes qu'un

« poëme ; mais souvent quelles odes impétueuses et lyriques, dans toute l'étendue
« de ce mot ! Toutes les descriptions nous paraissent d'une merveilleuse richesse,
« sans jamais se perdre dans la surabondance. C'est d'une précision et d'une
« proportion antiques. »

Dans les *Iles d'Or*, sa dernière œuvre, il s'est encore élevé à des hauteurs nouvelles, et ce volume porte, plus que tous les autres, l'empreinte de son caractère personnel.

Mais, comme nous n'avons pas la prétention de nous livrer à une analyse de ces admirables floraisons littéraires, nous compléterons cette esquisse par ces quelques lignes d'une étude due à la plume de M. Eugène Tavernier, conseiller à la Cour d'Appel d'Aix :

« Il s'est rarement rencontré une figure de poète aussi élevée, aussi sympa-
« thique ; une nature généreuse, énergique et douce à la fois, une sensibilité
« exquise au service d'une âme virile et passionnée pour le Bien et le Beau ; les
« fibres les plus accentuées comme les plus intimes vibrent dans son cœur. Sans
« nul doute la reine Jeanne (comme il le dit dans la chanson qu'il a consacrée à
« l'infortunée princesse) lui eût donné l'éperon d'or du chevalier. Ce qui rehausse
« encore ces brillantes qualités, c'est sa modestie si franche et si naturelle. Toutes
« les grandes causes l'enflamment, et pourtant rien de heurté, rien d'excessif ne
« trouble l'harmonie de ses conceptions. Qu'il chante les gloires et les
« tristesses de la Provence, les triomphes et les malheurs de notre pauvre
« France, la vie rurale, ses cantiques à la mère de Dieu, ses joyeuses chansons,
« ses vigoureuses *sirventes*, toujours un souffle élevé l'anime et le soutient. »

En un mot, cette magnifique illustration poétique peut se résumer en ces deux mots : c'est une belle âme et un grand esprit.

HENRY NADAUD

Henry NADAUD est né à Bordeaux, le 26 juin 1822, d'une famille originaire de l'Angoumois.

A l'âge de cinq ans, montrant déjà un goût réel pour les exercices de mémoire et d'intelligence, il apprenait par cœur, sans le secours de personne, des fables et des compliments.

Il était avide de savoir et, à un âge où les enfants n'ont en tête d'autres soucis que le bilboquet ou le colin-maillard, son imagination avait commencé à trottiner.

Si quelqu'un s'avisait de parler devant lui de rêves qu'il avait faits, il disait qu'il voulait en faire lui aussi et aussitôt il appuyait sa tête sur les genoux de sa mère, il fermait les yeux, et des pensées nombreuses et diverses agitant son esprit enfantin, il se relevait quelques instants après et racontait à l'auditoire ce qu'il croyait réellement être un rêve.

Ses parents le placèrent chez les Frères de la Doctrine Chrétienne, dont il devint bien vite un des bons élèves. Dans l'un de ses ouvrages, il a narré ses impressions d'écolier, avec une naïveté enjouée et charmante. C'est là une petite odyssée qui, sans avoir rien d'émouvant, est cependant fort originale.

Lorsqu'il commença ses classes, il était encore un bambin chétif, souffreteux, ne paraissant avoir qu'un souffle de vie, ce qui ne l'empêchait pas de cacher, sous ces apparences physiques de triste présage, une intelligence des plus précoces.

En effet, il se faisait déjà remarquer par son esprit naturel et, chaque année, il était couvert de lauriers, à la distribution des prix.

C'était donc d'un bon augure pour l'avenir du futur littérateur.

Au sortir de l'école, il fut placé comme commissionnaire chez un courtier de vins, puis, plus tard, suivant l'échelle hiérarchique, il devint commis-négociant.

C'est de cette époque que datent, pour ainsi dire, les velléités poétiques d'Henry Nadaud.

Son patron d'alors avait un jeune fils auquel il faisait donner une solide instruction. Désireux de lui faire acquérir une certaine culture littéraire, son père lui faisait donner de bonnes leçons de littérature. On lui enseignait donc en même temps les règles de la poésie, et on le familiarisait avec les œuvres des grands maîtres de l'art.

Henry Nadaud, lui, qui, en fureteur endiablé, avait plongé plus d'une fois le nez dans les devoirs du jeune homme, finit par prendre goût lui-même à ces études, et, peu à peu, il se mit à se graver dans la tête les règles poétiques qu'il avait déchiffrées sur les cahiers qui lui étaient tombés sous la main.

Peu à peu, aussi, il lut et apprit de nombreux extraits des œuvres des bons poètes. Les leçons étaient donc doublement profitables.

Vint ensuite le jour où Henry Nadaud, ayant pénétré tous les secrets de la versification, voulut se mettre à son tour à faire des vers. Et Dieu sait si la besogne lui plut! Jamais ouvrier ne fut plus laborieux et ne prit autant de plaisir à son œuvre!

La révolution de 1848 le conduisit à la Mairie de Bordeaux.

Il écrivit des milliers de vers, et mit surtout au jour des chansons et romances, sans négliger toutefois les autres genres de poésie. Mais il semblait avoir principalement tourné de ce côté ses sympathies.

En 1862, l'incendie qui éclata à l'Hôtel-de-Ville de Bordeaux réduisit en cendres plusieurs manuscrits importants d'Henry Nadaud, entr'autres un recueil de près de neuf cents chansons ou romances et un recueil de poésies ayant pour titre : *Les Chants du Cœur*.

Ce ne fut seulement qu'après la guerre de 1870, qu'il se décida enfin à publier quelques-unes de ses productions. Il avait en cartons un grand nombre de poésies, qu'il prit la résolution de réunir sous le titre commun de : *La Patrie en Deuil*. Car, nous devons l'ajouter, la campagne de 1870-1871, fut une source intarissable d'inspirations pour notre poète.

Il traita une foule de sujets patriotiques et dans toutes ces pièces nationales, se dévoile un cœur généreux, plein d'amour pour la France, cette grande inspiratrice.

Son ouvrage parut en 1872 ; il contient plusieurs romances et quelques chansons et on y trouve (elles y sont, d'ailleurs, très nombreuses) quelques tirades patriotiques d'une énergie toute particulière. Cette énergie lui valut même le refus d'imprimer pour les *Rêves Allemands et Français*, qu'on finit pourtant par l'autoriser à publier, mais à cette seule condition qu'ils ne seraient point imprimés à part, mais placés à la fin du volume *La Patrie en Deuil*.

Cet ouvrage, dans lequel la poésie et la prose se partagent le terrain, est, en outre, une sorte de journal de la vie de l'auteur, qui y a, pour ainsi dire, écrit ses mémoires, en partie, du moins. Quelques-uns de ses récits intimes sont fort curieux.

Nous recommandons tout spécialement aux lecteurs avides d'émotions jeunes et vraies, le petit poème ayant pour titre: *Le Bouquet de fleurs d'Oranger*, qui termine la première partie de *La Patrie en Deuil*.

Dans la seconde partie (ayant pour titre: *Apparitions*), notre auteur, mettant en pratique sa théorie d'enfant, exprime sous forme de rêve son opinion sur les hommes et les choses..., Tout cela avec une grande simplicité de pensée et une parfaite indépendance d'esprit.

En 1873, il publia une brochure intitulée: *Les Deux Avalanches*, qui se relie à son premier ouvrage par une communauté de pensées.

Plusieurs de ses chansons ont eu un réel succès, entr'autres *La Vigne Malade*, qui a couru les cafés-concerts de la capitale, *La Pêche à la Ligne*, qui a traîné son hameçon jusqu'en Afrique, *L'Aumône du Cœur*, *Le Deuil de Béranger*, *La France et Béranger*, sans oublier celle des *Canards du Rhin*, écrite pour le 6me d'artillerie, et qui a été longtemps en vogue à Strasbourg.

Henry Nadaud a eu des relations avec des célébrités littéraires comme Frédéric Soulié, Lamartine, Alfred de Musset, Béranger, Thalès Bernard, Henry de Kock, Victor Hugo, etc.

Il a publié des poésies dans de nombreuses feuilles, parmi lesquelles: le *Petit Marseillais*, le *Journal de Fribourg*, *Les Annales de l'Académie Ethnographique de la Gironde*, dont il est secrétaire, *La Seudre*, etc.

Membre fondateur du *Cercle Frentano* (Italie) il a collaboré au journal *Il Frentano*. Il est également membre fondateur du journal *Il Bellini*, des Concours Poétiques de Bordeaux (qui l'ont couronné à plusieurs reprises) de l'Association de la Jeunesse, de la Société de l'Émancipation de la Femme, d'un grand nombre de Sociétés de Sauveteurs et de Secours mutuels, de la Société libre d'Instruction et d'Éducation Populaires de Paris, de l'Institut Confucius de France, etc.

Ajoutons qu'Henry Nadaud a, en ce moment, plusieurs ouvrages en préparation.

ADRIEN PELADAN

Louis-Adrien PELADAN est né le 9 septembre 1815, au Vigan (Gard).

D'une famille d'honnêtes marchands, il était destiné lui-même au commerce, mais un penchant irrésistible à la méditation le poussa vers l'étude. Au vallon natal, les harmonies de la nature bercèrent sa jeune âme, développèrent de bonne heure ses qualités natives et le poëte s'annonça en lui dès l'adolescence.

Adrien Peladan écrivit des vers à seize ans et il en publia à vingt. Sans doute ces vers trahissaient l'inexpérience, mais la vocation était manifeste et on sentait qu'un feu ardent de sève et d'exubérance bouillonnait dans cette jeune cervelle.

Avant l'âge de vingt-cinq ans, cette tête pensante, ne demandant à sa famille que la liberté, s'était recueillie pendant de longues heures sur les monuments antiques de Nîmes. Puis, Adrien Peladan avait dirigé ses pas vers Paris et là le chrétien fut profondément affligé par le contact du scepticisme qui enserrait de toutes parts la cité. Pour lui, tout parlait aux yeux, mais rien au cœur et l'étalage de toutes les passions qui grouillaient dans le cratère de la grande ville le mit en proie à une profonde amertume et à une non moins profonde colère, qu'il exhala plus tard, comme nous le verrons plus loin.

Pour se consoler et se réconforter, Adrien Peladan entreprit le voyage de Rome et là les grands souvenirs du passé, les traces éloquentes du christianisme remuèrent fortement son imagination et lui imprégnèrent l'âme d'un ravissement inexprimable. Comme le contraste lui parut immense ! Ici, rien ne provoquait son indifférence, chaque pierre portait l'empreinte d'une pensée pieuse, chaque recoin de terre lui retraçait un fragment de la magnifique et sublime épopée dont Rome fut le théâtre aux jours anciens et qui se dénoua par le triomphe éclatant de la foi.

Privé d'abord de fortune, Adrien Peladan a dû lutter pour continuer sa carrière et partager ses heures entre l'enseignement qui l'a nourri et la littérature à laquelle il consacra constamment ses loisirs. Quelles résistances ont entravé cet homme de talent à ses débuts ! lui seul les connaît sans doute, car à lire ses recueils, où la note triste domine, on reconnaît que la souffrance a été sa compagne. Mais Peladan était religieux et sa foi devait lui permettre de briser les obstacles et lui donner une persévérance exemplaire.

Incapable de transiger à propos du Bien et du Beau, A. Peladan n'a pas donné dans la littérature facile et a constamment préféré les sereines hauteurs de la poésie racinienne à tout ce qui eût pu lui procurer les satisfactions matérielles et les avantages de mesquines ou basses aspirations.

En des temps calmes, le chantre cévénol eût chanté les charmes d'une riante retraite, les attraits de la vertu, les amabilités d'une vie pure, la prière et la contemplation, mais sa nature s'irritait profondément au spectacle mondain qui se déployait à sa vue, au mercantilisme vulgaire et grossier qui se trahissait de toutes parts, et tous ces fléaux de l'époque lui mirent en mains le fouet violent d'un Archiloque et donnèrent à sa lyre des inflexions vibrantes et sévères qui firent sensation, rappelant les belles imprécations de Gilbert.

Ce parti-pris de ne pas sacrifier au goût de son époque, a dû isoler relativement le poète et l'empêcher de produire tout ce qui existait en germe de supérieur dans cette puissante organisation.

Lutteur infatigable, A Peladan a successivement publié : *Brises et Aquilons, Nouvelles Brises et Aquilons, Assises Provinciales,* et un grand nombre de pièces éparses que l'auteur a l'intention de grouper pour en former un nouveau volume qui sera intitulé : *Les Vengeresses.*

Certes, on ne peut s'empêcher de reconnaître que, parfois, les poésies d'Adrien Peladan pèchent quelque peu du côté de la forme, sans cependant présenter l'exemple d'une licence déréglée et le dédain ou l'ignorance des lois de la poétique ; mais, l'explication de ce fait existe dans la fécondité même du poète dont l'imagination est si ardente et la production si rapide qu'il ne laisse pas toujours pendant un laps de temps suffisant son œuvre sur le métier.

Mais à côté de ces légères imperfections, qui disparaîtront complétement dans l'édition nouvelle que Peladan prépare de ses poésies, quelle Muse éloquente et virile que celle du poète ! avec quelle noble colère elle s'élève et s'irrite contre les aspirations impures et malhonnêtes dont elle a chaque jour le spectacle ! Avec quelle chaleur elle exhale les grands sentiments qu'elle puise dans la pratique du Bien et dans l'amour du Beau ! comme cette orthodoxie sévère reflète l'homme qui se fait l'esclave du devoir et le chrétien à l'abri de toutes les suggestions indélicates de la négation et du doute....

Il y a du Romain et du Spartiate dans ce poète de la conscience et du droit, juge incorruptible et que n'entameront jamais les fausses séductions de la matière....

Adrien Peladan était appelé à briller dans la pléiade de nos premiers poëtes contemporains. Nous ne voulons pas lui assigner sa place : peut-être est-il venu quelques années trop tard et lui a-t-il manqué un théâtre.

Nous savons que le courage a toujours transporté notre confrère, mais le dégoût l'a souvent réduit au silence ; il a passé des années entières sans écrire un seul vers. Fait toutefois pour la lutte quand même, le chantre, en posant la lyre, n'a pu s'empêcher d'être prosateur et de dépenser dans un certain nombre de volumes et de journaux l'activité qui le dévore : il a ainsi publié : *Preuves éclatantes de la Révélation par l'Histoire Universelle, Rome et la France, Vie Nouvelle d'Henri de France,* etc.

La France Littéraire, publiée à Lyon de 1855 à 1866, est une tribune où Adrien Peladan a fait preuve d'une véritable érudition, et en vaillant polygraphe, il a plaidé la cause de la décentralisation littéraire, dont il fut toute sa vie l'un des plus ardents champions. Cette cause, il l'a servie avec une abnégation et un dévouement rares de nos jours, et le nombre est grand des jeunes poëtes qui lui doivent leur renom et leur avenir littéraire. Ce fut, on peut le dire, la Providence des faibles, de tous ceux qui, entrés dans le champ-clos de la poésie avec un goût sérieux et une inspiration brillante, eussent infailliblement succombé dès leurs premiers pas sans le secours d'un Mentor bienveillant et affectueux.

Aussi, le nom d'Adrien Peladan mis en avant dans un journal ou dans un livre rappelle le souvenir de toutes les luttes intellectuelles de la province et des beaux jours de la grande poésie.

Les journaux politiques qu'il a dirigés sont : *L'Étoile du Midi, L'Extrême Droite,* fondée par lui à Nîmes, et *La Vraie France,* de Lille, où sa fière allure gênant de sournoises susceptibilités, lui fit trop tôt quitter, en 1872, une tribune où il n'a pu être remplacé.

Publiciste de la droite, il défend en croyant résolu l'idée de l'autorité tempérée par une sage liberté. Inflexible sur les principes, Adrien Peladan s'est montré peut-être le journaliste le plus loyal de nos jours; aussi devait-il s'attirer les inimitiés des doctrinaires de tous les partis. On peut différer d'opinion avec lui, mais on ne peut méconnaître son inflexible loyauté et sa constance opiniâtre.

Parmi les volumes de prose d'Adrien Peladan, nous citerons son œuvre magistrale : *Preuves éclatantes de la Révélation par l'Histoire Universelle.* Ce livre a valu à son auteur un Bref de S. S. Pie IX et la croix de St-Sylvestre. D'autres éminents suffrages ont honoré cet ouvrage, dont l'auteur a voulu faire la démonstration du catholicisme par les faits.

Adrien Peladan, revenu à Nîmes, y vit retiré, consacrant ses journées à l'étude et préparant une suite à *Preuves éclatantes de la Révélation.* Ce qu'il se propose de mettre en lumière, dans ce nouveau travail, c'est la philosophie de l'histoire au point de vue de la foi chrétienne; la grandeur et l'abaissement des peuples selon qu'ils obéissent aux mansuétudes évangéliques ou s'en écartent; le raisonnement et les faits se donnent la main dans cette œuvre, comme dans le volume qui l'a précédée.

Adrien Peladan reviendra sans nul doute à la poésie; notre poète est une de ces natures qui ne vieillissent pas; chez lui, les chants du cygne seront même, pensons-nous, les plus heureux.

FRANCIS PITTIÉ

Francis PITTIÉ est né à Nevers (Nièvre) le 4 janvier 1829.

Sa vocation l'entraîna vers la carrière militaire, et en 1849 il sortait comme sous-lieutenant de l'École de St-Cyr.

Alors lieutenant, il se trouvait le 8 septembre 1855 à l'assaut de Sébastopol, où il fut blessé très grièvement. Sa belle conduite lui valut à la fois la croix de la Légion-d'Honneur et sa nomination au grade de capitaine. Blessé de nouveau à Solférino, et cette fois encore d'une façon grave, on lui décerna la décoration de la valeur militaire de Savoie.

En 1866, il est nommé major et presque aussitôt on attache à sa boutonnière la rosette d'Officier de la Légion-d'Honneur.

Arrive la fatale campagne de 1870. Francis Pittié est au premier rang de ceux qui se trouvent aux prises avec l'ennemi. Sa vaillance de Sébastopol et de Solférino ne l'abandonne pas. Mais, hélas ! comme un lion dont on a rogné les ongles, il se trouve enfermé dans Metz avec l'armée de Bazaine. Il faut se résoudre à l'attitude passive de l'assiégé. La vaillance perd ses droits ; internée dans un infranchissable cercle de Popilius, elle est condamnée au mutisme et à l'inaction. Douloureuse extrémité : il ne reste plus qu'à attendre devant les faisceaux que le ciel fasse descendre sur la cité vierge ou la victoire ou l'humiliation d'un viol.

... Vient la chute. Francis Pittié se dégage de l'étreinte du vainqueur. Il brise ses liens, et, avide d'offrir à la pauvre France à demi-domptée, tout ce que son intelligence tient de talent militaire, tout ce que son cœur enferme de bravoure, il prend la fuite et réussit heureusement à se soustraire à la triste impuissance de la captivité.

Au mois de novembre, il est nommé lieutenant-colonel par le général Bourbaki et, à ce titre, chargé de l'organisation du 68° de marche.

Le voilà de nouveau face à face avec l'ennemi, mais cette fois on peut combattre à ciel ouvert. Francis Pittié en éprouve comme une sorte d'ivresse patriotique. Il apporte au général Faidherbe, commandant en chef de l'armée du Nord, tout son dévouement et toute son activité. Il le seconde admirablement dans les premières opérations de cette campagne et à la bataille d'Amiens il se conduit héroïquement. Promu colonel par le général en chef au mois de décembre, ce dernier lui confia le commandement de la 2° brigade de la 1re division du 23° corps.

Il prend une part des plus actives aux combats qui se succèdent à dater de ce moment jusqu'à la fin de la campagne et se couvre de gloire aux batailles de Pont-Noyelles, où il est encore blessé, de Bapaume et de St-Quentin.

Pour s'en convaincre, on n'a qu'à lire l'ouvrage : *Campagnes et Opérations de l'Armée du Nord*, où le général Faidherbe rend hommage en plus d'un endroit à la valeur du colonel Francis Pittié. Citons ce passage entr'autres :

« Les hauteurs avancées de Gauchy furent assaillies six fois par des troupes
« fraîches, qui se renouvelaient sans cesse ; six fois, nos soldats, animés par le
« courage et l'intrépidité du colonel Pittié, repoussèrent ces assauts.

« Dans ces attaques, nos soldats se rapprochèrent plusieurs fois jusqu'à vingt
« pas de l'ennemi, jonchant le terrain de ses morts... »

En mars 1871, à Paris, nous retrouvons encore le colonel Pittié luttant courageusement contre les insurgés. A cette occasion, M. Thiers, alors président de la République, le nomma Commandeur de la Légion-d'Honneur.

Comme tant d'autres qui ont illustré la littérature, Francis Pittié a voulu que sa main, qui tenait si hardiment l'épée aux jours de péril, tint aussi la plume, et que, pendant les jours de calme, elle se livrât aux pacifiques combats de l'idée.

Francis Pittié est un vrai poète et non un *humble rimeur*, comme il s'est qualifié lui-même dans l'une de ses pièces, la même où il s'appelait modestement un *soldat obscur*, lui, brave et chevaleresque entre tous.

C'est dans *La Revue de Paris*, en 1856, qu'il fit ses premières armes littéraires et qu'il laissa deviner aux connaisseurs ce qu'il serait un jour; on pressentait déjà le poète du *Roman de la Vingtième Année*.

Nous avons nommé là l'œuvre capitale de Francis Pittié. Arrêtons-nous y donc pour formuler notre sentiment sur ce sujet.

Le Roman de la Vingtième Année parut sous sa forme première en 1863. En 1876, l'auteur en donna une deuxième édition, refondue et agrémentée d'un certain nombre de pièces nouvelles.

Lorsqu'il parut pour la première fois, cet ouvrage eut les honneurs d'une réception on ne peut plus bienveillante et sympathique, chez les principales publications littéraires :

La Revue des Deux-Mondes, La Nation Suisse, La Correspondance Littéraire, La Revue Française, La Revue de Paris, La Revue Contemporaine, etc.

Dans sa préface, l'auteur dit qu'il a tenté de réaliser cette alliance :

> L'harmonieux accord du fond et de la forme

comme disait un poète. La tentative a été des plus heureuses, et, chose assez rare, il ne faut pas le dissimuler, sous les ciselures de M. Francis Pittié, ciselures qui révèlent un artiste d'une extrême délicatesse, la sève circule puissamment, source intarissable de rêverie ou de *morbidezza*. Ce livre pourrait-il s'appeler d'un nom plus sincère ! *Roman de la Vingtième Année !* Comme ce titre est expressif et comme l'auteur le justifie bien !

Ce sont bien en effet de ces sensations printanières de la jeunesse qui brillent à travers ces pages comme de scintillantes étoiles. On marche tout au long de ce joli volume comme sur un petit chemin jonché de primevères et de lilas, encaissé entre les aspérités de la nature. La perspective est si gracieuse, ce lit de fleurs est d'un aspect si séduisant qu'on y pose le pied avec un soin extrême, de crainte de froisser les pétales de ce coquet tapis. A l'horizon de toutes ces jolies choses, apparaît le type idéal du poète, Marie, une Marie qui fait involontairement songer à la Marie de Brizeux et dont elle est à n'en pas douter la sœur.

Le poëte l'entoure de ce respect plein d'attendrissement que l'on doit à la Muse. Car Marie est bien la Muse, cette Muse chérie dont on a toujours le nom sur les lèvres et dont on parle avec une sorte de vénération religieuse, comme Francis Pittié lui-même dans ces vers :

> Conservant cependant au fond de ma pensée
> Le tendre souvenir de mon amour passée,
> Dans les plis de mon cœur je veux, barde pieux,
> Te bâtir, ô Marie, un temple glorieux.

    Idéal retrouvé des sculpteurs de la Grèce,
    Tu seras à la fois ma Muse et ma prêtresse,
    De rameaux et de fleurs jonchant le seuil sacré;
    D'un symbolique nom je te couronnerai.
    Tu les féconderas, Muse, ô Muse que j'aime,
    Ces vers écrits pour toi, ces vers nés de toi-même,
    Et quand les ans nombreux, — ô pensers importuns!
    Mettront quelques fils blancs parmi mes cheveux bruns,
    Entre mes souvenirs que le temps décolore,
    Toi, vivante toujours, tu règneras encore.

L'auteur du *Roman de la Vingtième Année* a bien d'ailleurs d'autres affinités avec Brizeux. Il a comme lui le don de la contemplation et cet amour du pittoresque d'où éclosent tant de riches compositions, comme lui cette éloquente simplicité d'expressions qui est un germe poétique et qui ne saurait s'acquérir, même par l'étude la plus obstinée.

Francis Pittié s'est aussi livré et avec un grand savoir-faire à des imitations et à des traductions de poëtes étrangers, principalement ceux de l'école allemande, tels que Hein, Gœthe et Burns. Comme les accents de son âme étaient en concordance parfaite avec les accents mélancoliques de ces maîtres, il semble avoir étudié avec infiniment de sympathie cette poésie si élevée et si pure.

Mais lorsque nos farouches vainqueurs de la dernière guerre exercèrent sur la France leur rage et leur vandalisme grossier, un cri de haine et de malédiction sortit du cœur de Francis Pittié à l'adresse de cette Germaine idolâtrée, et de ses propres mains le patriote arracha de son front la couronne que lui avait tressée l'artiste.

Ces quatre sonnets, publiés sous le titre commun de *Væ*

Victoribus font partie d'un petit opuscule composé avec la collaboration de M. Marc Bonnefoy.

Juvénal lui-même n'eût pu trouver de tels échos de juste indignation.

Parmi les œuvres publiées par Francis Pittié, nous citerons, dans un autre genre, cette ravissante poésie intitulée : *Le Voyage de la Vierge*, inspiration d'une grande élévation et d'un charme exquis.

Francis Pittié a collaboré à *La Revue des Provinces*, à *La France Littéraire*, à *La Revue du Mois*, aux *Olympiades*, à *La Revue des Poètes et des Auteurs Dramatiques*, au *Sonnettiste*, à *L'Almanach du Sonnet*, à *La Revue de la Poésie*, au *Nain-Jaune*, à *La Renaissance*, à *La Vie Littéraire*, à *L'Artiste*, au *Parnasse*.

En 1879, il doit mettre au jour, chez Sandoz et Fischbacher, *Les Scabieuses*, poèmes et sonnets, et il prépare un poème qui aura pour titre : *l'Asile*.

En 1877, M. Pittié a été nommé Officier de l'instruction publique. Il est actuellement président en exercice de la Société Académique du Var.

AUGUSTIN POLLET

Augustin POLLET est né le 4 octobre 1841, à La Bassée (Nord).
Comme il nous le dit lui-même, son enfance fut plutôt vagabonde que studieuse.

Né dans la patrie du grand peintre Bailly, il se crut lui-même destiné à briller dans l'art d'Appelles; aussi, dès son plus jeune âge, saisit-il les pinceaux et s'en donna-t-il à cœur-joie; c'était chez lui une passion très ardente, qui dura plus longtemps que les roses, mais qui céda quelque temps après la place à une autre passion, plus vivace encore, et qui devait prédominer.

Augustin Pollet fréquenta quelque temps le collége, mais il ne put s'assujétir ni à son austérité, ni à sa discipline et son âme d'artiste souffrait de cet emprisonnement, elle qui aimait par-dessus tout à folâtrer libre et fière, à travers champs.

Trois mois à peine s'étaient écoulés, qu'il abandonnait le collége et rentrait dans sa famille, où il recommença et acheva son instruction.

A l'âge de dix-sept ans, Augustin Pollet tomba malade et garda le lit pendant de longs mois. Lorsque le mal commença à lui laisser quelque répit, il se mit à lire pour occuper ses loisirs forcés. Ce fut principalement, nous pourrions presque dire exclusivement, la poésie qui attira son attention. Non content de lire les belles poésies des maîtres, il conçut l'idée d'apprendre les règles de la versification et, bientôt après, il s'essayait dans le grand art; les pinceaux étaient désormais relégués dans un coin; ils avaient cédé la place à la lyre, à la joyeuse lyre du chansonnier. Mais ce ne fut que par la suite qu'Augustin Pollet composa des vers en règle avec la prosodie ; c'est en 1866 qu'il se décida seulement à affronter la publicité en donnant au public ses *Premiers Écarts,* qui furent assez remarqués et dont l'un des morceaux, *Un Débauché,* attira surtout la bienveillance de la critique.

En 1869, parurent ses *Premières Chansons* : comme l'a fait remarquer un de ses biographes, il y avait quelque témérité à se déclarer hardiment chansonnier dans un pays rempli des souvenirs du célèbre auteur des *Chansons Lilloises,* dont la Muse envoyait encore ses inspirations à tous les échos du Nord.

Pourtant, le public fit un accueil des meilleurs à Augustin Pollet et Desrousseaux lui-même lui envoya ses encouragements et ses félicitations. C'était plus qu'il n'en pouvait espérer.

Pendant un an, il se tint coi et, s'il composa beaucoup, il ne publia guère. Les premiers bruits de la campagne de 1870 le sortirent de son calme ; il fit résonner les accents de son patriotisme dans une foule de chansons qui firent le tour de la France ; il en réunit quelques-unes dans deux recueils : *Pendant la Guerre* et *En Attendant la Victoire* et un grand nombre d'autres coururent de ci, de là, feuilles volantes que l'on voyait dans toutes les mains patriotes.

Mais la guerre prit bientôt une tournure plus sérieuse, plus sombre même, dirons-nous. Aussi, le 1er décembre, Augustin Pollet abandonnait-il ses rimes pour courir sus à l'ennemi, avec les mobilisés du Nord. Il prit part successivement aux batailles de Bapaume, de Pont-Noyelles et de St-Quentin. C'est à ce dernier combat qu'ayant été blessé au pied, il fut fait prisonnier par les Prussiens et conduit à Coblentz, avec ses compagnons d'infortune.

Il resta deux mois et demi interné dans cette place forte, où il rencontra parmi les captifs ses frères, le poète Gustave Rousselot. (Le lecteur trouvera à la biographie de ce poète des commentaires sur cette rencontre bienheureuse).

En 1872, il publia une comédie en un acte, en vers : *Dans un Sentier*, une bluette à laquelle on ne peut guère adresser que le reproche formulé par l'un de nos confrères, celui d'être trop prolixe ; en 1873, il fit paraître *Le Triomphe d'une Impure*, drame en un acte, en vers, dédié à François Coppée. L'auteur nous fait pénétrer dans l'intérieur d'une Phryné quelconque, il nous met à nu sa vie, sa conscience et, nous y faisant lire à livre ouvert, nous montre la hideur morale de ces reines du maquillage et de l'oppoponax dont l'amour empoisonne et tue, et qui laissent dans les pauvres cœurs timides et confiants une blessure inguérissable.

Dans cette même année 1873, il publia un recueil de sonnets : *Souvenirs de la Guerre*.

L'auteur y a étalé ses impressions de patriote, de soldat et de captif ; il a buriné tous les tableaux de ce drame rempli de chausse-trapes et de changements à vue, dont le décor effrayant est vigoureusement retracé dans cette poésie ferme, nerveuse, où se révèle bien le caractère français fait d'enthousiasmes prompts comme la foudre ou de désespoirs accablants. Nous nous gardons bien, par exemple, d'adresser à ce sujet un reproche au poète. C'est au contraire là un des grands mérites de son livre, plein de sincérité et de bonne foi, ces qualités maîtresses.

Parmi les sonnets qu'il est juste de citer, dans ce volume, sont ceux intitulés : *Les Cuirassiers de Frœschwiller* et *La Débâcle*, deux croquis excellents de forme et d'allure.

Ajoutons que Coppée a complimenté l'auteur des *Souvenirs de la Guerre* et que Théodore de Banville lui a envoyé une lettre dans laquelle nous relevons ce passage élogieux :

« Je suis fier d'être associé à un livre héroïque et vaillant comme celui-là.
« Tout est sincère, intrépide, et d'un grand vol dans ce poème vengeur, que
« j'ai lu avec la plus sympathique admiration. »

En 1876, parurent ses *Brises Basséennes*, œuvre d'une toute autre manière, comme l'indique son titre et qui prouve qu'Augustin Pollet n'est pas moins apte à cultiver le genre sentimental et fantaisiste.

Ajoutons à la louange du poète, qu'il s'est développé en dépit des remontrances et de l'opposition de ses parents, et que ceux-ci ayant constamment fait la guerre à ses goûts poétiques, surtout au début de sa carrière, il a dû composer ses œuvres à leur insu.

En 1868, une mésaventure fâcheuse, vint lui faire perdre le fruit d'un travail de plusieurs années : Le *Messager Ober*, de la Bassée, égara le manuscrit d'un volume de *Maximes* destiné à l'impression. Malheureusement pour lui, Augustin Pollet n'avait point conservé de copie de son ouvrage, qui se trouva ainsi complétement détruit.

Augustin Pollet est membre de l'Académie des Poètes, membre du Caveau de Paris, de l'Académie des Muses Santones, etc.; il a collaboré à divers journaux, parmi lesquels : *Le Journal du Peuple, La Revue de la Poésie, La Chanson Illustrée, Le Juvénal, La Chronique Illustrée, Le Biographe.* Cette dernière publication lui a consacré une étude biographique dans la septième livraison de son premier volume.

Notre confrère prépare pour le faire paraître cette année même, un volume de vers iambiques ayant pour titre *Le Livre du Mal* et il a en préparation un grand poëme sur la Révolution qui aura pour titre : *L'Épopée Française.*

MAURICE PUJOS

—

Jean-Maurice PUJOS est né en 1839, à Paris.

Il se destina de bonne heure au barreau et aujourd'hui il occupe les fonctions de juge au Tribunal d'Épernay.

Mais Thémis et Apollon font parfois fort bon ménage et nous en avons ici la meilleure preuve, car la connaissance approfondie du Code n'a nullement empêché Maurice Pujos de faire un doigt de cour à la Muse et d'oublier parfois les prosaïques chapitres de celui-là dans un agréable entretien avec celle-ci.

Les petites vilenies que, de par ses fonctions, il est appelé à examiner de près chaque jour, ne lui ont pas donné du monde une idée misanthropique; la réalité sombre des démêlés conjugaux ne lui a point fait perdre de vue les douceurs idéales de la passion amoureuse et les fréquents coups de canifs dont les contrats portent les traces n'ont en rien altéré sa verve galante; il n'en a pas moins continué quand même à envoyer des bouquets à Chloris et des strophes ambrées à Ninon. Malgré tout, Maurice Pujos est resté lui, il est de ceux qui examinent tout, choses et gens, avec une grande indépendance de caractère et qui croient que la bonne humeur ne doit pas être exclue de la société, et qu'on peut fort bien accomplir son devoir entre deux éclats de rire.

Ceci dit sans exagération et sans faire de Maurice Pujos un de ces insouciants qui traitent à la légère les questions les plus graves, un de ces frondeurs qu'on trouve toujours la moquerie et le sarcasme sur les lèvres.

Nous avons seulement voulu montrer qu'en dépit du prosaïsme de ses occupations (un prosaïsme qui a sa noblesse, celui-là) l'homme reste le même, avec ses dons naturels et ses aspirations.

Maurice Pujos, du reste, n'a pas été exclusivement, ce que d'aucuns pourraient croire, un aimable Don Juan qui s'est épuisé en sérénades sous le balcon des belles; son charmant volume: *Les Poésies de Maurice-Jehan Du Mazel, seigneur Champenois* (c'est sous ce nom que Maurice Pujos a presque constamment écrit) contient des inspirations diverses. La première partie est composée de sonnets; parmi ces sonnets, de forme très soignée, nous en trouvons un qui, intitulé *Le Code de Commerce,* donne raison aux idées que nous exprimions plus haut et qui est des plus spirituels.

Deux autres sonnets: *Tournay* et *Waterloo*, sont inspirés par une pensée patriotique très forte et très belle. Quelques pages après, il flétrit le réalisme, glorifie l'amitié et tance le radicalisme. A côté de ces morceaux, d'autres sur la pluie et le beau temps, également réussis.

Dans la deuxième partie, sont groupés un certain nombre de romances. Tour à tour, Maurice Pujos chante les douceurs du sommeil, de l'amour, la joie du soldat qui rentre au foyer, etc. Une autre pièce, intitulée *L'Incrédule,* et que nous ne saurions trop louanger, est une satire infiniment amusante et qui a en outre le mérite de porter juste.

La troisième partie a pour titre: *Rimes Diverses*. Ici, la scène change un peu. Quelques morceaux tiennent du genre qui domine dans les premières parties du volume, mais nous y trouvons plusieurs jolies ballades d'un vrai mérite et quelques traductions de poètes allemands.

Le volume se ferme sur ces quatre vers :

> Ces vers, c'est ma jeunesse ;
> Mais tout change ici-bas ;
> Pourvu que ma vieillesse
> Ne les regrette pas !...

Presque toutes les romances de Maurice Pujos ont été mises en musique et la plupart par M. Georges Douay.

Ajoutons que le volume dont nous venons de parler, publié en 1875, est une véritable édition bijou, très appréciée des amateurs.

C'est l'antique dans ce qu'il a de plus gracieux : couverture, impression, papier, rien ne sent l'actualité, et, pour achever l'illusion, l'auteur a daté ses pièces du dix-septième et du dix-huitième siècles.

Maurice Pujos a publié, outre ce volume de poésies, deux ouvrages judiciaires : *De la Législation Civile, Criminelle et Administrative des États Pontificaux*, Paris, 1862, Cotillon, éditeur ; et *La Loi et l'Instruction gratuite, laïque et obligatoire*, Paris, 1876, Cotillon, éditeur.

Il a aussi collaboré à un certain nombre de journaux et de revues, dont la liste serait trop longue.

Il est membre correspondant de l'Institut des Provinces, de l'Académie de législation de Toulouse, membre des Sociétés savantes de Châlons-sur-Marne, de Vitry-le-Français, de la Société de législation comparée de Paris, etc.

Enfin, il a obtenu les palmes d'officier d'Académie et la croix de Commandeur de l'ordre de St-Grégoire-le-Grand.

JULES SAINT-RÉMY

Jules SAINT-RÉMY est né en octobre 1847, à Valence (Drôme).

Poète, il ne s'est encore affirmé que par la publication d'un nombre assez considérable il est vrai de poésies dans divers journaux et recueils; son bagage poétique est donc disséminé un peu partout, de ci, de là, mais bien qu'on ne puisse le juger en bloc, comme le permettrait la lecture d'un volume où seraient condensées toutes ces compositions, il est cependant facile d'apprécier la nature de son talent, et le critique n'a qu'un regret, c'est de voir le poète éparpiller ainsi ses vers, sans prendre souci de les lier en un faisceau commun, qui donnerait de l'unité à son œuvre et plus d'autorité à sa Muse.

Jules St-Rémy, sans être un spécialiste en poésie et sans être entiché de tel genre plutôt que de tel autre, sans être un doctrinaire qui obéit aveuglément aux tendances et aux règles d'une école, a cependant un penchant marqué pour la poésie d'expression et de sentiment. Sa manière est loin d'être froide, elle revêt au contraire l'impressionnabilité des natures contemplatives et douces.

Parfois, il se laise aller au cours de la Fantaisie, mais la Fantaisie reste gracieuse, et, si elle touche parfois à l'originalité, elle ne côtoie jamais l'excentricité.

Parmi ses meilleures poésies, nous pouvons citer hardiment la pièce insérée dans le numéro du 20 mars 1867 de *La Revue de Paris* : *Gloire et Malheur*, dans laquelle, en vers hardis et touchants, il passe en revue l'infortune de ces pauvres fils de la Muse si durement éprouvés par le sort : Gilbert, Chatterton, Chénier, Hégésippe Moreau, Malfilâtre, etc.

Il a aussi composé des sonnets en nombre assez considérable et nous en savons de très jolis dans sa collection, entr'autres ceux qu'il a donnés à *L'Almanach du Sonnet,* dont il est un des collaborateurs.

Il a également publié des vers dans *Le Dauphiné,* le *Journal de Vienne,* etc.

Mais Jules St-Rémy n'est pas seulement poète. C'est encore un littérateur laborieux et érudit, amoureux de l'art, et recherchant avec un soin tout particulier dans les annales de sa contrée, tout ce qui peut servir la cause de la littérature.

Il est très épris de son pays, et il a eu la louable ambition d'en étudier attentivement l'histoire, mettant en lumière tout ce qui pouvait intéresser les lettres, apportant ainsi des matériaux précieux aux biographes du présent et de l'avenir.

Il a publié par exemple sous ce titre : *Petite Anthologie des Poètes de la Drôme,* (1875-76-77) un travail qui a été le fruit de longues études, coup d'œil d'ensemble, sur les écrivains produits par son département. Son œuvre est divisée en trois parties : la première va du XVIe siècle à la Révolution ; la deuxième de la Révolution jusqu'à nos jours (poètes défunts) la troisième enfin, traite des poètes contemporains.

L'auteur prend soin de nous avertir qu'il n'a pas eu la prétention de se livrer à un examen approfondi et minutieux des écrivains qui prennent place dans sa galerie. Néanmoins, son étude contient nombre d'excellents renseignements et on ne saurait trop louer le but de Jules St-Rémy, éminemment utile.

Dans ce même genre, il a publié également : *Un Poète*

Valentinois (Antonin de Sigoyer) 1870, Valence; deuxième édition en 1876;

Les Poètes Patois du Dauphiné, deux brochures, Valence, 1872-1873. *Glossaire du Patois de Diè*, par Aug. Boissier, publié par Jules St-Rémy aux frais de la Société d'Archéologie de la Drôme, Valence, 1874;

Un Poète Montilien, (Alexandre de Pontaymery) Montélimar, 1875;

Le Mouvement Littéraire dans le Département de la Drôme pendant l'Année 1875, Montélimar, 1876.

Travaux très sérieux, tous à l'honneur de la Drôme, comme on le voit, écrits avec impartialité et avec goût.

Au nombre des meilleures productions de l'auteur, prennent place trois études sur les maîtres de la poésie provençale, Mistral, Aubanel et Roumanille, publiées par *La Revue du Dauphiné*, magnifique revue éditée à Vienne et à laquelle il collabore depuis plusieurs années.

La plupart de ses écrits ont été insérés dans le *Bulletin de la Société d'Archéologie de la Drôme* dont il est vice-secrétaire; il est également de la Société des Félibres et il a obtenu des mentions honorables dans divers concours littéraires.

SYLVAIN RINCAZAUX

Sylvain RINCAZAUX est né le 15 février 1855, dans le Midi.

Il y passa les premières années de son enfance, puis il alla commencer ses études à St-Denis-sur-Seine, où il fit un assez long séjour. Plusieurs années après, dans une ode consacrée à l'Abbaye aux sépultures royales, au milieu desquelles il gambada si souvent, il a incrusté ces tendres souvenirs de son jeune âge, de cet heureux temps de la vie où la créature ne voit et ne connaît que rayons et auréoles. Plus tard, hélas! viennent les ombres....

Sylvain Rincazaux était doué d'une intelligence supérieure, d'une remarquable précocité. Il alla achever à Bordeaux des études classiques très brillantes, puis il suivit les cours de droit et obtint rapidement son diplôme d'avocat, fort jeune encore.

Depuis longtemps déjà, chez lui, le poète avait percé. Dans ses loisirs de collégien, il faisait la cour aux Muses, qui loin de repousser ses avances, l'entourèrent, au contraire, de leurs plus délicates attentions.

Sa première œuvre, un poème intitulé: *Camille*, parut dans la *Revue des Poètes*.

Le gracieux et encourageant accueil des Muses lui donna le goût de persévérer dans cette voie jonchée de roses et de myrthes, où il posa bientôt ses pieds avec une parfaite assurance.

Tout en prenant ses inscriptions, il rimait à la lune, aux étoiles et surtout aux amours, et son talent naissant donnait déjà de s riantes espérances, que l'Association Poétique de France et l'Académie des Poètes, l'admirent sans coup férir au nombre de leurs membres.

Sa vocation le poussa dans le Commissariat de la Marine, une carrière des plus favorables à son inspiration.

Sylvain Rincazaux a peu publié encore, cependant il a répandu de nombreuses poésies dans plusieurs feuilles littéraires que nous citerons plus loin.

Une cantate qui eut la bonne fortune d'être couronnée, lui ouvrit les portes de l'Association Poétique: *Les Alsaciens-Lorrains.*

Tout adolescent, il composait une pièce des mieux inspirées: *Le Poète.*

Plus tard, il consacrait un très beau poème à l'acte de vandalisme qui mutila la colonne Vendôme. Cette poésie, intitulée: *Au XIXe Siècle,* est d'un sentiment patriotique très pur et très louable, et d'un souffle énergique; comme force de pensée, nous pouvons également citer: *Venise,* et surtout son beau poème: *La Guerre,* d'une grande fécondité et d'une excessive droiture d'idées, deux qualités maîtresses de notre sympathique confrère.

Toutes ces poésies, inédites ou non, prendront place dans un recueil en préparation, qui verra le jour cette année même et aura pour titre: *Les Consolations Poétiques.*

Ce volume, composé des prémices de son talent, sera certainement remarqué par la souplesse et l'élégance de rhythme qu'on constate dans toutes les œuvres du jeune poète.

Viendront ensuite: *Vagues Bleues,* volume au ton plus guilleret, formé surtout de poésies à la Théocrite ou à la Musset, dans lesquelles l'auteur se remémore toutes ses printanières jouissances.

Enfin, un troisième recueil est en chantier : *Sous les Débris;* ici, le poète abordera le genre légendaire.

Il fera paraître en outre et successivement : *Les Amis de M*[lle] *Valentine*, roman ; *Palestrina*, drame en cinq actes, en vers ; *La Guerre des deux Jeannes*, pièce en trois actes, en prose ; *Une Romaine*, un acte, en vers ; *Le Chant du Rossignol*, un acte, en vers.

D'ailleurs, il n'en est plus à ses débuts dans le genre dramatique ; en 1876, on a joué à Bordeaux et avec succès une de ses œuvres théâtrales, *Marguerite*, un acte, en vers, et le théâtre de Brest va donner incessamment sa *Fiancée de la Mer*, pièce également en un acte et en vers.

Sylvain Rincazaux a publié, tant sous son nom que sous divers pseudonymes, entr'autres sous celui de Rafaël de Joli-Cœur, un assez grand nombre de poésies dans *L'Entr'acte*, de Bordeaux, *L'Océan*, *La Chalosse*, la *Revue des Poètes*, le *Courrier des Campagnes*, le *Journal du Morbihan*, la *Revue de la Poésie*, etc.

ROBINOT-BERTRAND

Charles **ROBINOT-BERTRAND** est né à Basse-Indre, près de Nantes, en 1833, et non en 1837, comme le prétend un de ses biographes, le lieutenant-colonel Staaff, dans son excellente *Anthologie* des poètes contemporains.

Ses études terminées, il alla faire son droit dans la capitale, où il fut reçu avocat en 1857. La même année, il se faisait inscrire au barreau de Nantes.

Ami des lettres, les cultivant déjà avec ardeur, il noua à Paris de nombreuses relations parmi les littérateurs en renom.

En 1867, il publiait chez Alphonse Lemerre sa première œuvre poétique : *La Légende Rustique,* un titre modeste qui cache une étude du plus puissant intérêt, d'une saine et vigoureuse inspiration.

La donnée est très simple. Le poète a pris comme héros de son poème, un enfant des champs que la destinée et aussi les brillantes facultés de son intelligence poussent vite vers la grande ville. Il reçoit une éducation des plus soignées et bientôt il s'éprend pour une jeune fille de haute noblesse d'un amour qui embrase peu à peu tout son être.

Ici, se livre un combat des plus émouvants. Lui, le fils de la glèbe, élever ses prétentions jusqu'à ambitionner l'affection d'Herminie de Rhéan, ce rejeton d'une souche si puissante, d'une lignée presque princière! Quel fol orgueil!

C'est là le raisonnement que se fait le pauvre amoureux, qui fait de vains efforts pour extirper de son cœur cette passion intense calcinante, mais qui, comme on le pense bien, ne réussit qu'à l'ancrer plus solidement.

On voit d'ici les souffrances qu'endure l'infortuné Gabriel. Son humilité, la conscience de sa situation, de son infériorité sociale sont pour lui une source intarissable de tortures.

Mais l'horizon revêt bientôt après des couleurs de ténèbres; les angoisses de l'amant se compliquent de tout le désespoir qu'il éprouve de voir Herminie partager la vie d'un autre homme que lui... Son idole est mariée !...

Quelles scènes pathétiques ! et quel autre chapitre non moins mouvementé l'auteur ajoute à celui de Victor Hugo : *Une Tempête sous un Crâne.*

Rien de simple, on le voit, de naïf presque, comme ce canevas mais quel parti sait en tirer la plume colorée du poète ! De quel doux et triste reflet elle dore ce petit drame intime, comme elle analyse avec une habile précision ce choc de sentiments divers comme elle dissèque avec soin ce pauvre cœur, véritable métal en fusion, fournaise de pensées ardentes et amères...

Gabriel, paysan transformé, retourné, pour employer une vulgaire mais juste expression, a connu la tourmente de la civilisation, son âme s'est trouvée plus d'une fois enserrée dans ce engrenage horrible, où se fondent toutes les aspirations; il a vécu dans le tourbillon infernal de Paris, et lui, le tendre idéaliste, il a senti plus que tout autre cette douloureuse déception des natures simples, timides, mises soudain en contact avec cette vie tumultueuse, accidentée, ballottée sur cette houle agitée des ardeurs sauvages et des préoccupations stériles.

Et alors il a établi un parallèle entre cette existence et celle du villageois ; le palais lui a fait regretter la chaumière, le square tiré au cordeau lui a fait regretter la prairie riante et bigarrée, où rien ne sent l'apprêt, où la banale sollicitude du jardinier est chose inconnue...

Là, l'auteur avait dépeint les sensations de l'amour, retracé les luttes du cœur avec une abondance et une grâce d'idées vraiment rares. Ici, devenu paysagiste, il a dit avec une éloquence superbe les appas et les séductions de la nature...

Aussi, *La Légende Rustique* conquit-elle rapidement la faveur du public. M. Armand de Pontmartin en signala l'apparition de la façon la plus élogieuse, et les louanges de l'éminent critique ne contribuèrent pas peu à attirer l'attention sur cette œuvre d'un haut mérite.

La Revue des Deux-Mondes, par la plume de M. Ordinaire, accueillit également cet ouvrage avec une forte sympathie. Enfin, *La Légende Rustique* fut considérée comme une manifestation littéraire d'une valeur remarquable.

Au commencement de 1870, Robinot-Bertrand publia un recueil de poésies : *Au Bord du Fleuve;* ici, comme dans *La Légende Rustique,* on admire la forme châtiée du vers, qui, cependant, dans cette œuvre nouvelle, a un caractère tout autre.

L'auteur prend le soin de nous avertir qu'il a composé la plupart de ses poésies sur les bords de son fleuve chéri : la Loire. Les belles nymphes de ces ondes limpides et riantes (hélas ! quelque fois bien tourmentées) ont soufflé dans l'oreille du poète des inspirations pures et sereines comme leur surface, mais de même qu'elles ont leurs heures de colère où le bleu céleste fait place au limon bourbeux, où le calme fait place au fracas, le poète a lui aussi ses heures de sombres réflexions. Malgré tout, malgré les gracieux reflets de la prairie, malgré les tons chatoyants du nénufar, il ne peut parfois distraire sa pensée du stupide carnaval humain où grouillent tant de masques faux et hypocrites, où bouillonnent tant de passions mauvaises, et l'amertume de la réalité donne à sa strophe la fièvre ou le dégoût... Oh ! comme il l'aimerait pourtant ce monde, s'il était moins mesquin et moins vénal et si la pensée y vivait dans une atmosphère dégagée de miasmes !

Ce volume fut encore des mieux accueillis, et parmi les écrivains qui le saluèrent avec empressement, nous citerons MM. Emile Deschanel dans les *Débats*, Laurent Pichat dans *Le Phare de la Loire*.

En 1874 il publia *La Fête de Madeleine*, poème plein de verve, d'une allure bizarre et originale, dont l'intrigue, peu compliquée ici encore, est très neuve et a été retracée par l'écrivain avec une désinvolture charmante. Selon les phases de l'action, le vers est tantôt folâtre, tantôt ému et poignant. C'est un petit tour de force poétique.

Tel a été du reste l'avis de critiques éminents, tels que MM. Jules Levallois, Paul Perret, Victor Fournel, E. Deschanel, Maxime Gaucher, etc.

En 1877, Robinot-Bertrand aborda un genre tout nouveau pour son talent. Il publia, sous ce titre : *Les Songères*, un roman philosophique d'une haute portée artistique, sous son enveloppe sentimentale et dramatique.

C'est un véritable tableau du monde artistique que nous avons sous les yeux, non pas de cette pléiade grotesque qui vit dans le domaine de la médiocrité, et qui se repaît d'excentricités et de scandales ; ce sont de vrais et distingués représentants de l'idéal, des hommes touchés par l'aile du génie, qui sont les héros de cette histoire attrayante, pittoresque, vivante s'il en fut.

L'artiste en poésie juge avec une étonnante sûreté de style ces artistes en peinture et en statuaire ; admirable fraternité du beau, foyer de tant d'inspirations brillantes !

Par ci, par là, au travers de son intrigue, il place quelques-unes de ses belles théories sur l'art, il nous fait lire à livre ouvert dans l'âme de ces hommes dont les pieds seuls touchent à la fange, il nous initie à leurs sensations, nous les fait toucher du doigt, nous rend témoin de leurs luttes étranges ; mais, n'oubliant pas que son étude est doublée d'un roman, il développe son action avec soin, fait jaillir de son imagination mille péripéties d'un intérêt toujours soutenu, passionne à un degré puissant pour ses créations le lecteur attentif, tenu sous le charme de cette narration entraînante.

En un mot, le roman se complète par l'étude ; celui-là est écrit avec talent, agencé avec goût, celle-ci est délicatement fouillée.

La presse fut encore des plus favorables à cette nouvelle publication ; parmi les articles qui lui furent consacrés et qui sont les plus dignes d'être mentionnés, nommons ceux de M. Gaston Fougère, dans *Le Français*, et de Laurent Pichat, dans *Le Phare de la Loire*, ceux du *Journal de Paris*, du *Correspondant*, de *La Revue Britannique*, du *Moniteur*, de *La Gazette de France*, de *La Revue Politique*, de *La Presse*, de *L'Artiste*, du *Pays*, de *L'Homme Libre*, etc.

N'oublions pas de dire que les préfaces de l'écrivain sont de celles qu'on doit lire, car elles constituent de véritables exposés de principes.

En 1869, Robinot-Bertrand publia dans la *Revue populaire de Paris* une nouvelle intitulée : *l'Insomnie de Claude*. La même année, il donna à la *Revue de Bretagne et Vendée* une nouvelle ayant pour titre : *Le long de la Mer*. En 1869 encore, il publia dans la *Revue Contemporaine*, dirigée par M. Alphonse de Calonne, plusieurs pièces de vers.

En 1871, il collabora au *Parnasse Contemporain*, d'Alphonse Lemerre, qui a édité toutes ses œuvres.

Depuis longtemps il fait au *Phare de la Loire*, avec une grande compétence, des articles littéraires très remarqués.

En 1872, il fut élu président de la Société Académique de Nantes.

ESPRIT ROSIER

Esprit ROSIER est né à Nîmes (Gard).

Dès son bas-âge, Esprit Rosier conçut un véritable culte pour la poésie. Pour lui comme pour beaucoup, elle fut la source d'inexprimables jouissances intellectuelles, cette belle maîtresse qui, si différente des autres, dispense d'une main prodigue à tous ceux qui l'aiment des félicités de toute sorte, et qui, au lieu de laisser une blessure dans le cœur qui s'est ouvert à elle et de payer par l'indifférence la sympathie qu'il lui a vouée, y trace un sillage tout parfumé.

Et pourtant, avec cette belle passion-là, Esprit Rosier n'a pas encore apposé son nom sur la couverture d'un volume de poésies. Notre Rosier est un arbuste de serre qui a dérobé aux regards des profanes ses fraîches floraisons.

Malgré cela, notre confrère a beaucoup écrit, et sa lyre est loin d'être une lyre oisive. Il y aurait certainement la matière de deux énormes volumes dans les compositions de tout genre qui sont sorties de l'imagination du poète nîmois.

Force nous est donc de juger sur ses morceaux disséminés de ci, de là, dans les journaux et dans les concours.

Esprit Rosier s'est spécialement tourné du côté de l'idylle ; il en a publié un certain nombre, mais il en tient encore en réserve dans son portefeuille. Il s'est aussi quelque peu adonné au sonnet, dans ces derniers temps surtout, mais, dans ses œuvres, les fables et contes tiennent surtout une grande part. Dans ce dernier genre, nous remarquons *Les Deux Moines,* un conte que l'auteur fit insérer dans *l'Estafette de Vaucluse,* et dont le sujet fut jadis celui d'une très spirituelle boutade de l'écrivain des *Lettres Gauloises,* Ulysse Pic, notre ancien collaborateur du *Journal de la Vendée.*

Sans être quintessenciées, les poésies d'Esprit Rosier se font remarquer par leur note très sincère.

Un certain nombre de ses productions poétiques ont été mises en musique par Mme Alexandre Bataille, et MM. Hugh Cas, Marius Rouvier, Clément Arnaud, Albert Petit, etc.

Une pièce militaire qu'il fit représenter il y a quelque temps au théâtre d'Alais y fut des mieux accueillies, ainsi que deux scènes lyriques qu'il fit jouer sur le même théâtre.

Esprit Rosier a collaboré à *La Revue Méridionale du Nord,* à *l'Estafette de Vaucluse,* à *l'Écho Phocéen, l'Écho des Cévennes, l'Avenir de Dieppe, La Gazette des Bouches-du-Rhône, Le Sifflet Nîmois, La Revue de la Jeunesse,* etc.

Il est membre des Concours Poétiques et littéraires de Bordeaux, dans lesquels il a obtenu plusieurs récompenses, de l'Académie des Muses Santones, du Conseil de rédaction du *Jeune Parnasse,* etc.

Il a été honoré de lettres de plusieurs célébrités, comme Lamartine, François Bazin, etc.

Esprit Rosier a sur le chantier plusieurs pièces de théâtre et un roman de mœurs ayant pour titre : *Les Martyrs de l'Ambition.*

JOSEPH ROUMANILLE

Joseph ROUMANILLE est né à St-Rémi (Bouches-du-Rhône) le 8 août 1818.

Fils d'un jardinier, dit la *Biographie Nationale* de Glaëser, qui nous fournit quelques-uns des renseignements qui entrent dans cette trop courte notice, il fit ses études au collège de Tarascon. Il entra d'abord en qualité de professeur au collège de Nyons, exerça ensuite à Avignon, puis, sa vocation commençant à se dessiner, il se fit correcteur d'imprimerie et débuta dans la maison François Seguin, d'Avignon.

Il n'avait pas attendu jusqu'à ce jour pour s'exercer dans la poésie; tout jeune, il avait brûlé d'une flamme ardente pour la poésie provençale et il n'avait alors qu'un but, qu'un rêve, celui de cette magnifique renaissance, qu'il devait réaliser quelques années plus tard, à sa gloire comme à la gloire de la Provence.

L'Écho du Rhône, de Tarascon, publia ses premières poésies, de 1835 à 1838. Puis, parut le fameux recueil *Li Margarideto; Li Prouvençalo* (1852) affirma plus hautement sa personnalité et fut le premier et éclatant rayon de sa poétique auréole. En effet, une nouvelle ère commençait pour la Provence littéraire.

Roumanille s'inspira de son cœur seul quand il alla chercher dans les cabarets, sur les grands chemins, parmi les grosses joies, la vieille langue des troubadours, devenue grivoise, aventureuse et d'allures grossières, quoique bonne fille toujours. Aussi il la ramena telle qu'à la ville, en lui enlevant ses haillons, lui faisant sa toilette et la rendant présentable aux intelligences chastes et aux cœurs purs.

Il n'avait point d'autre ambition, et l'accueil chaleureux fait à l'enfant prodigue lui donna raison. Il était donné au cerveau de Mistral de vouloir davantage.

L'œuvre de Roumanille est une œuvre saine. Les sentiments de la foi, de la famille, des amitiés étroites et des sereines amours, voilà ce qui coule de son cœur avec une harmonie calme et une franche honnêteté. Il n'a pas demandé à ses ailes de prendre les ampleurs de l'aigle et de battre les hauts sommets ; sa Muse est l'hirondelle du toit domestique, la bergeronnette du buisson, la mésange du vieux clocher, la fauvette des nids dans les fleurs. Aussi, les âmes pieuses, aimantes, honnêtes, lisent son œuvre, la comprennent et chérissent ce bon poète qui aime, souffre, pleure, prie et chante comme elles.

Quand Roumanille essaya de réveiller la langue des troubadours, il n'avait pas pour elle l'ambition que ses imitateurs rêvèrent plus tard et ne lui désirait point la gloire que certains lui ont faite. Il obéissait à un sentiment de respect, de tendresse et c'est ce qui donne à sa poésie tant d'émotion et de vérité. Depuis, il a peut-être bien quelquefois essayé de sacrifier avec les pontifes modernes de la langue de *Mireille* et de *Calendau*, mais ce n'est que timidement et avec défiance.

Il semble ne pas être revenu tout à fait encore de son étonnement devant la fortune heureuse de sa nouvelle fille adoptive.

Roumanille est peut-être le seul qui, dans le for de la pensée, soit resté dans le vrai bon sens au sujet des prétentions de la langue provençale. Nous ne pensons pas qu'il ait jamais cru sans réserve aux destinées un peu hasardées que lui ont prédites les fervents du nouveau culte.

La langue provençale, comme restauration archéologique et historique a droit à toutes nos sympathies, mais, si elle voulait jamais se poser en rivale et en ennemie de la langue française, ses visées seraient bien folles et bien criminelles. Exagérer a toujours compromis et perdu les tentatives les plus respectables.

Roumanille, Mistral et Aubanel ont vu autour d'eux naître et grandir une école qui s'étend jusque dans le haut Languedoc et qui a produit des hommes d'une réelle vigueur et d'un sentiment d'exquise vérité. Les maintenances ont ainsi groupé de jeunes talents qui deviennent et se sentent plus forts de cette union et répandent l'œuvre commencée. Où cela s'arrêtera-t-il? Le félibrige semble avoir reçu tout l'épanouissement dont il est susceptible et la jolie *langue d'amour* sera toujours la bien écoutée des âmes tendres et curieuses du Midi....

Quelques lignes d'un critique distingué, M. Armand de Pontmartin, extraites d'une étude consacrée à Roumanille, compléteront on ne peut mieux la rapide esquisse de cette figure si sympathique:

« Ce qu'il sied de constater chez Roumanille, le trait distinctif de sa physio-
« nomie, c'est qu'il a été et qu'il reste le fondateur de cette colonie, le metteur
« en scène de cette idée, le point de départ de cette entreprise, le Pierre
« l'Hermite de cette croisade ; c'est qu'à lui revient l'honneur d'avoir cru en ce
« que nous jugions incroyable, d'avoir espéré contre toute espérance, d'avoir
« ravivé ce qui semblait mort, et d'un coup de sa baguette taillée dans les bois
« du Luberon ou dans les oseraies du Rhône, d'avoir fait sortir d'un buisson
« oublié une nichée de fauvettes et de pinsons. Ce dont il faut le louer, c'est de
« s'être identifié, pour ainsi dire, avec le mouvement qu'il provoquait ; d'être
« demeuré fidèle aux origines, aux destinées, à la mission de la Muse provençale;

« de répondre plus exactement que tout autre à cette réaction de la démocratie
« intelligente, de la poésie populaire contre tout ce qui s'acharne à égarer celle-
« ci et à éteindre celle-là ; de leur maintenir obstinément leur vrai caractère, de
« leur tracer les limites qu'elles ne doivent pas dépasser sous peine de perdre
« tout ensemble leur moralité, leur sève, leur dignité, leur originalité, leur sel
« et leur sens.... »

Roumanille, outre les ouvrages mentionnés plus haut, a encore publié: *Li Sounjarello* (1852); *La Part de Dieu* (1853); *La Campano Mountado* (1857); *Li Nouvè de Roumanille et Saboly* (1865); *Lis Entarro-chin* (1874).

Sous le titre de: *Lis Oubreto en Vers*, il a réuni toutes ses poésies éparses (1860) et ce volume a obtenu plusieurs éditions. Il a procédé de la même façon pour ses œuvres en prose et ses bluettes en ce genre ont également été rassemblées en un recueil: *Oubreto en Prose* (1864).

Enfin, il s'est fait l'éditeur de la plupart des traductions des maîtres du félibrige, Mistral, Anselme, Mathieu, Félix Gras, et il a acquis à ce titre une haute réputation.

Il est également l'éditeur et le directeur du célèbre *Armana Prouvençau*, qui en est à sa 25° année.

Roumanille est membre de plusieurs Sociétés Savantes. Il 'est chevalier de l'ordre de Charles III d'Espagne et il a reçu la croix de la Légion-d'Honneur le 4 août 1874.

GUSTAVE ROUSSELOT

Gustave ROUSSELOT est né à Paris, le 25 février 1849.

Tout d'abord, il fut pris d'un goût très vif pour les voyages, goût qui exerça une grande influence sur ses destinées poétiques. Mis ainsi en contact continuel avec la nature, il pénétra une grande partie de ses secrets. Ces pérégrinations perpétuelles n'étaient pas seulement destinées à repaître sa vue; elles produisaient un effet considérable sur son esprit; elles étaient pour lui une source intarissable d'impressions diverses; elles constituaient un aliment très sérieux pour le philosophe comme pour le touriste, car celui-ci était toujours doublé de celui-là. Comme nous le verrons plus loin, cette soif d'excursions et d'aventures, qui favorisait si bien les dispositions littéraires de Gustave Rousselot et était si bien de nature à les vivifier — ouvrit à son talent naissant de vastes horizons.

A dix-sept ans, il faisait avec son frère l'ascension complète du Mont-Blanc.

En observateur, il promena ses pas dans tous les coins de la France, visita l'Italie et l'Allemagne, en admira toutes les beautés. Mais le pays qui par-dessus tout eut ses affections fut la Suisse. La belle Helvétie fut pour ainsi dire une seconde patrie pour lui et les trois-quarts de son existence s'y écoulèrent. Impossible de dépeindre cet amour profond, passionné pour cette magnifique contrée. Impossible aussi d'en décrire les splendeurs avec plus de vérité et d'une façon plus alléchante.

Ses parents possédaient en Suisse une propriété nommée

Treytel, dont le nom revient à chaque instant dans ses poésies. Elle occupait une position des plus pittoresques, assise au bord du Jura, au pied du lac de Neufchâtel, dans le canton de Neufchâtel en Suisse, qui fait partie de la Suisse romande ou Suisse française. Au milieu de la grande oasis helvétique, c'est un Eden dont il est bien facile d'apprécier tout le charme, après avoir lu les chants de Gustave Rousselot.

Le jeune poète prit part à la journée du 4 Septembre et, au lieu de s'enfermer dans son *buen retiro*, comme son numéro de tirage le lui permettait, il s'enrôla dans un régiment de ligne, avec son frère Franck Rousselot. Tous deux firent la rude campagne de l'armée de la Loire, sous les ordres de d'Aurelles de Paladines et de Chanzy. Tous deux étaient au nombre des combattants dans cette héroïque journée de Coulmiers (9 novembre) et assistaient quelques semaines après (2 décembre) aux batailles d'Orléans.

Lorsque cette ville tomba au pouvoir des Allemands, les deux frères furent faits prisonniers. Interné à Coblentz jusqu'à la fin de la guerre, Gustave Rousselot eut le bonheur de trouver parmi ses compagnons de captivité, un autre jeune poète qui, comme lui, avait fait preuve de patriotisme, Augustin Pollet. Ils nouèrent les plus affectueuses relations, et cette liaison charmante leur aida puissamment à supporter les souffrances de l'internement.

En 1874, Gustave Rousselot épousa Mlle Bertha Favre, fille du capitaine Favre, de l'armée suisse.

C'est l'année même de son mariage que Gustave Rousselot commença à publier.

Son premier volume fut : *Le Poème Humain*. Cet ouvrage, qui ne contenait pas moins de six mille vers, fit un bruit notable dans la presse française.

L'auteur, avec une grande hardiesse, y avait appliqué plusieurs innovations qu'il avait cru profitables aux règles poétiques.

La préface de son livre développait ces innovations, qui consistaient à changer la mesure de la terminaison *ion* et n'en faisaient plus qu'une seule syllabe. En même temps, le *hiatus* cessait d'être considéré comme une faute, dans la plupart des cas.

On juge des controverses que souleva cette révolution des vieux principes de la poétique. Comme il arrive toujours, les uns se rangèrent de l'avis du novateur, les autres, et ce fut le plus grand nombre, refusèrent de s'associer à ce qu'ils considéraient comme un dangereux bouleversement.

Mais, si en général, on blâma cette espèce de rénovation, tous les juges furent d'accord pour rendre hommage au talent de l'auteur du *Poème Humain*. Cette œuvre puissante et vraiment originale, que nous n'entreprendrons point d'analyser, ce qui est presque impossible, était écrite dans une langue riche, imagée, pleine de vie. Le vers semblait y filtrer d'une source et, si on était d'avis que l'auteur avait, en de certains passages, côtoyé de trop près l'utopie, tout le monde admirait sans réserve de magnifiques pages consacrées à l'Harmonie. On se sentait transporté sur l'aile de cette poésie suave, expressive, coulant sans effort, par le jet naturel d'une heureuse et féconde imagination.

Résumant à peu près l'opinion de la presse, M. Barbey d'Aurevilly consacra une sérieuse étude à cette œuvre dans *Le Constitutionnel* du 24 août 1874.

En 1875, Gustave Rousselot publia un petit opuscule de *Sonnets*. Ces petites pièces sont de genres très divers, mais elles accusent toutes une rare exubérance de pensées. On voit que l'auteur est un esprit indépendant, tout en restant un artiste soigneux. Entr'autres jolis sonnets, citons celui intitulé : *La Femme,* un morceau curieux et achevé.

En 1876, il publia un livre de prose : *Souvenirs d'un Volontaire de Paris* (guerre 1870-1871) *Impressions Vraies*.

Craignant pour son ouvrage l'interdiction du gouvernement français, Gustave Rousselot le fit paraître en Suisse. Ses prévisions se réalisèrent, car l'interdiction ne se fit guère attendre, ce qui n'empêcha pas la presse française de dire son opinion sur cette œuvre. Plusieurs journaux étrangers s'en occupèrent aussi, notamment les journaux suisses et allemands. *La Deustche Reichs Post,* de Francfort, l'examina attentivement.

Gustave Rousselot a en quelque sorte fait de cet ouvrage le journal de sa vie militaire pendant la campagne franco-prussienne. Il a étudié cette guerre néfaste au triple point de vue social, politique et militaire, et la hardiesse de ses jugements a eu pour conséquence la mesure rigoureuse qui a été prise contre cette œuvre.

En 1877, il a publié chez Sandoz et Fischbacher un volume de *Poésies* détachées, dans lequel on trouve toujours le même faire gracieux. On y sent le poète épris passionnément de son art et qui possède à un degré éminent l'ivresse du beau.

La plupart des morceaux de ce recueil ont été écrits dans cette charmante retraite de Treytel, si affectionnée de Gustave Rousselot. A chaque page, il exhale la douce volupté que lui procurent tous les ravissants paysages de la Suisse.

Il s'y révèle, comme dans ses autres ouvrages, un esprit curieux, avide de sonder et de pénétrer l'infini, aimant à interroger la nature, comme le démontre bien cette strophe de la pièce intitulée : *Zénith :*

Là-haut, tout là-haut, juste au-dessus de moi-même

C'est là que, sans retour, je voudrais m'élancer!...
Vers ces cieux inconnus, cet infini suprême,
Dont l'homme n'ose pas penser....

Gustave Rousselot, dont la verve ne paraît pas près de se ralentir, a en préparation un certain nombre d'ouvrages : *Le Carnet d'un Philosophe ; Poèmes ; Histoires Fantaisistes ; Théâtre, Romans,* etc., etc.

ALI-VIAL DE SABLIGNY

Ali-Joseph-Augustin-Vial DE SABLIGNY est né le 13 octobre 1842, à Paris.

Il fit d'excellentes études et il manifesta vite un penchant très accusé pour le style; il remporta de nombreux succès scolaires dans la composition française.

Il fut le condisciple du célèbre poète des *Chants du Soldat* et de l'*Hetman*, Paul Déroulède, et du baron Edouard de Septenville, un député doublé d'un excellent publiciste. Plusieurs autres personnalités importantes se trouvent également parmi ses camarades de collége.

Ali-Vial de Sabligny appartenait à une famille distinguée dont plusieurs membres se sont illustrés dans la carrière des armes. Son père était un ancien officier supérieur de cavalerie et son frère, le commandant de Sabligny, n'a pas démenti le vieux renom de bravoure attaché à la mémoire de ce vaillant soldat.

Ali-Vial de Sabligny, lui, ne se sentit aucune inclination pour la vie militaire et il préféra aux lauriers des champs de bataille les lauriers que les élus de la Muse cueillent sur le mont de l'Hymette. Il se voua donc, aussitôt ses études terminées, à cette existence douce et pleine de charmes du poète, consacrant toutes ses heures aux études littéraires, faisant de la poésie toutes ses délices.

Ali-Vial de Sabligny débuta en 1864 par les *Essais Poétiques*, recueil qui mérita les éloges de Victor Hugo et attira vite l'attention du public lettré sur son auteur, qui prenait déjà un rang fort honorable dans la milice poétique; l'année suivante, il publia *Les Veillées du Poète*, volume qui donna amplement raison aux espérances qu'on avait fondées sur le jeune poète, et qui était formé de compositions très diverses, poésies et petits drames bien frappés.

Pendant un certain laps de temps, Ali-Vial de Sabligny se borna à publier dans les journaux ses poésies au fur et à mesure qu'il les produisait; en même temps, il en déposa un certain nombre dans ses cartons et, trois ans plus tard, en 1868, il faisait paraître un autre recueil: *Le Compagnon de Route*; le titre de cet ouvrage indique assez sa composition; ce sont encore des morceaux détachés, inédits ou ayant déjà paru dans les revues littéraires, la fleur de la fraîche corbeille poétique de l'auteur.

En 1871, il condensa les impressions de toute sorte qu'il avait éprouvées durant ce siège à jamais mémorable, de la capitale, dans un petit volume intitulé: *Grains de Poudre*. Pas d'emphase, pas d'exaltation, mais un sentiment patriotique fier et ardent qui s'épanche dans des vers sonores, énergiques, chaudement inspirés, tantôt diane vibrante, tantôt glas lugubre, selon les phases de cette époque mouvementée et féconde en sensations de toute sorte.

Depuis, il a fait paraître un recueil de nouvelles où l'intérêt gît autant dans le charme de la narration que dans l'action elle-même.

Ali-Vial de Sabligny a aussi beaucoup écrit pour le théâtre et la plupart de ses pièces ont été jouées dans les théâtres ou les meilleurs salons de la capitale; citons : *Un peu d'aide fait grand bien*, comédie-proverbe en un acte, en vers ; et les pièces suivantes réunies en élégantes brochures sous le titre de: *Soirées Dramatiques: Le Secret d'une Jeune Femme*, comédie en un acte, en prose, en collaboration avec J. Georges; *La Cantinière*, opérette en un acte, musique de l'auteur, airs nouveaux de L. Benza; *Les*

Deux Cousines, comédie en un acte, en prose ; *Je veux me distraire,* opérette en un acte (en collaboration avec Adolphe Poujol) musique de R. Mangeot ; *Lequel?* comédie en un acte, en prose ; *A la Campagne,* bouffonnerie en un acte, en prose ; *La Première Cause,* comédie en un acte, en prose ; *Un Mariage par Procuration,* comédie-vaudeville en un acte ; *Le Livre Rose,* comédie en un acte, en prose ; *Le Talisman,* opérette en un acte.

Toutes ces pièces, d'une excessive moralité, comme toutes les œuvres d'Ali-Vial de Sabligny, sont pleines d'une verve de bon aloi qui leur a valu un succès des plus flatteurs.

Notre confrère a publié en fascicules toute une série de poèmes : *Le Nouvel Opéra, Le Maçon, Le Zénith, A Victor Hugo, Le Régiment qui passe, Frédérick Lemaître, Patrie et Drapeau, Le Rachat, Déjazet, A la Paix, L'Anniversaire, Ode à Pétrarque, Marceau, Le Fabrique,* etc. Toutes ces poésies sont d'une haute inspiration et d'une excellente facture. Elles montrent le talent de l'auteur sous un jour nouveau et des plus favorables et le rattachent à nos bons poètes lyriques.

Ali-Vial de Sabligny est en même temps un chansonnier de goût ; toutes ses romances, parmi lesquelles nous citerons : *La Muse du Peuple, La Mouche, Ma Pâquerette, La Reine du Turf, Je Reviendrai, Grand'Mère c'est le Vent* ont été fort applaudies dans les principaux concerts de Paris et la musique de ces morceaux, lorsqu'elle n'est l'œuvre de l'auteur lui-même, a été faite par les meilleurs compositeurs de la capitale.

L'excellent poète a pris part à la rédaction de nombreuses feuilles, telles que : *Le Journal de Domfront,* auquel il collabora pendant six ans, *Le Glaneur Littéraire, La Parisienne, L'Arc-en-Ciel, Le Publicateur de Meaux, L'Avenir de Dieppe, L'Eldorado-*

Programme, La Revue de la Poésie, Le Sonnettiste, où il a publié nombre de charmants sonnets, *L'Orchestre,* où il consacre aux étoiles dramatiques des acrostiches élégamment tournés.

Depuis sept ans, il dirige une publication très répandue : *La Revue de la Jeunesse,* feuille littéraire habilement agencée et rédigée et qui, par la variété et le mérite de sa rédaction, en même temps que par sa moralité, est au premier rang des revues de ce genre.

Ali-Vial de Sabligny est membre de la Société des travaux littéraires, artistiques et scientifiques de Paris, membre de l'Académie des Poètes, de la Société des auteurs et compositeurs de musique, etc.

Il a remporté en outre plusieurs récompenses dans divers Concours littéraires.

NICOLAS DE SÉMÉNOW

Nicolas DE SÉMÉNOW est né le 1er mars 1835, à Rézan, chef-lieu de la province de ce nom, en Russie.

Son père, ancien capitaine de la garde impériale, y occupait alors le poste important de directeur de l'instruction publique. Il y était fort estimé non-seulement parce qu'il appartenait à l'une des plus anciennes familles nobiliaires du pays, mais encore pour son esprit libéral qu'il avait hérité de son précepteur, un émigré français. Celui-ci lui avait communiqué en même temps une grande sympathie pour la France et un vrai culte pour les lettres.

On ne s'étonnera pas que le directeur de l'instruction publique eût tout d'abord songé à faire de son fils un savant, mais le fils, tout en devenant bon latiniste, se montrait rebelle aux mathématiques. Il avait plus d'imagination que de patience, comme tous les jeunes gens prédestinés à devenir hommes de lettres ou musiciens. Or, il devint l'un et l'autre, comme on le verra par la suite.

Il fit pourtant de bonnes études à l'école impériale de droit de St-Pétersbourg, puis, à sa sortie, il entra au service de l'État et pendant deux ans, il remplit les fonctions de sous-secrétaire au Sénat.

Cependant, un malheur heureux pour nous, voulut que, pour cause de santé, il fut obligé de quitter son pays et de venir s'établir en France. Dès lors il put se livrer à sa vraie vocation et consacrer tout son loisir aux lettres et aux arts.

Comme la plupart de nos bons prosateurs, Nicolas de Séménow

s'est montré à ses moments un poète délicat, et quelques pièces, qu'il aurait raison de réunir en un petit volume, rendent l'émotion avec une élégance de forme qui lui donnerait le droit de cousiner un peu avec Musset.

Cependant, c'est surtout comme prosateur qu'il s'est fait connaître. Son premier roman : *La Confession d'un Poète* lui a valu l'amitié d'Henri Mürger. L'auteur de *La Vie de Bohême* en avait tout de suite apprécié les côtés jeunes et sincères, sans lesquels un écrivain de talent ne saurait, surtout à ses débuts, se faire bien venir des délicats. D'ailleurs, comme toutes celles qui lui ont succédé, cette œuvre est palpitante de passion et écrite dans une langue nette, sobre et précise. On dirait l'histoire de Manon Lescaut, racontée par Fénélon.

Le second roman de N. de Séménow : *Les Mauvais Maris*, a plus de force. N. de Séménow est resté l'homme de sentiment par excellence, mais il est devenu observateur profond et son livre a certainement des visées philosophiques. Il est écrit non-seulement *ad narrandum* mais *ad probandum*. L'auteur nous y présente deux femmes, également bonnes, également dévouées ; mais, pour le reste, elles ne se ressemblent guère. L'une d'elles, une déclassée, n'étant plus tenue par les préjugés sociaux, peut se montrer une vraie femme. L'autre se trouve, malgré elle, esclave de ses préjugés, car elle est grande dame et n'ose pas, quoiqu'elle soit douée d'une haute intelligence, marcher dans la vie franchement, selon sa conscience. Dans tout ce qu'elle a fait, elle est illogique. Elle ne sait jamais si c'est au monde ou à ses instincts généreux qu'elle doit obéir. Elle obéit tantôt aux uns, tantôt à l'autre — et jamais elle ne croit mal faire ; si elle fait mal, elle n'en a ni regrets ni repentir, c'est à une dure nécessité qu'elle obéit. Elle arrive même au crime, mais ce crime lui est commandé par le respect humain ; aussi s'étonne-t-elle qu'on ose le trouver monstrueux.

Quant à l'autre femme, la pauvre déclassée, elle ne connaît point les atermoiements qu'on a avec sa conscience et ne veut pas accepter les lois sociales, mauvaises selon elle, car elles se trouvent en contradiction avec la loi suprême, qui, pour la femme, est d'aimer. Cette malheureuse créature, luttant contre la société, est vaincue dans la lutte. Elle aussi, devient criminelle, mais ce n'est pas le respect humain qui l'a guidée, c'est le respect de son amour. Aussi, se sent-elle innocente, mais la société la condamne — et elle doit en mourir.

Cependant, la grande dame, plus honorée que jamais, car elle a su sacrifier aux exigences du monde ses sentiments les meilleurs et ses plus belles aspirations, la grande dame se trouve un jour touchée par la grâce. Sa conscience s'est réveillée, elle se repent ; elle voudrait renier le passé, elle voit la vie sous un aspect nouveau, elle aspire à un bonheur dont maintenant elle se sent digne ; — mais son repentir arrive trop tard ; elle n'est devenue meilleure que pour mieux comprendre qu'une femme qui a manqué de cœur dans une circonstance importante de sa vie, peut quelquefois être pardonnée, mais jamais plus être aimée.

Il y a beaucoup de charme, et surtout beaucoup de passion dans ce beau roman, écrit d'ailleurs dans la meilleure langue. L'auteur est évidemment, — on le croirait à peine en ces temps de réalisme et d'indifférence, — un émule de Bernardin de St-Pierre. Comme lui, il a le culte du Beau et du Vrai. Or, le Beau et le Vrai, il ne les voit que dans les lois immuables de la Nature. C'est donc un naturaliste, — mais enthousiaste. Il est bien de son siècle comme analyste, mais comme écrivain et comme penseur il nous rappelle la vieille école.

Nous n'avons analysé si longuement cette œuvre, que pour donner au lecteur une idée bien nette de la façon de sentir et de concevoir de cet homme remarquable qui, arrivé chez nous d'un pays lointain, a su apporter dans notre littérature des éléments originaux.

Un autre roman de lui, qui nous a frappé, c'est : *Une Femme du Monde*. L'intrigue en est très simple. C'est un jeune homme de Palerme qui se désole infiniment, parce qu'une princesse, qu'il aime à la folie, n'a pas de poésie dans l'âme. Il lui reproche tout le temps son apathie sereine et surtout son inintelligence en amour. Ce livre nous a semblé fort singulier. Peut-être comme style est-il moins soigné que *Les Mauvais Maris*, mais l'auteur a le diable au corps. Il marche, il court sur les fiers sommets du sentiment, vous entraîne à sa suite, malgré vous, et, à force d'émotions, il finit par vous faire aimer les rêves les plus fous de son cœur de poète.

Disons aussi un mot d'un roman qui nous plaît moins : *Un Homme de Cœur*. Il nous semble que, dans la conception de ce livre, l'auteur a peut-être manqué de ligne et d'unité. « Qui trop embrasse, mal étreint. » dit le proverbe, et dans le cas présent le proverbe a raison.

N. de Séménow a encore fait paraître dans le *Moniteur Universel* une charmante nouvelle intitulée : *Agatine*, qui sera bientôt réunie à quelques autres et publiée en volume.

Il a également sous presse un roman intitulé : *Un Millionnaire Idyllique*.

Résumons-nous. L'écrivain qui est l'objet de cette étude, n'est pas de ces romanciers, à la fois malins et maladroits, qui s'embarrassent de descriptions inutiles et noient l'action dans un fouillis de digressions plus ou moins humanitaires. Il écrit d'inspiration et, sans viser à l'effet, sans effort, il séduit et charme le lecteur. Un poète seul possède cette émotion et cette chaleur; un poète seul s'exprime avec cette conviction forte, virile, qui touche et qui pénètre.

Dans un genre tout différent qui démontre à quel point N. de Séménow s'est assimilé l'esprit français et a vu de près nos mœurs et nos caractères, citons : *Nos Candidats*, une comédie politique en trois actes, pleine d'esprit et d'entrain. Cette pièce est d'une grande originalité et d'une couleur merveilleusement réussie.

Disons enfin que depuis plusieurs années N. de Séménow s'est adonné sérieusement à l'étude de la musique et que, tout dernièrement, au mois de mars, il obtenait à Rome un vrai succès avec une messe de sa composition, chantée deux fois dans la belle chapelle des dames Oblates de For de' Specchi.

M. de Séménow habite six mois de l'année son charmant château du Chêne-Vert, près Avignon, sur les bords du Rhône.

JEAN SÉNAMAUD

Jean SÉNAMAUD est né le 20 février 1845, à St-Priest-Ligoure (Haute-Vienne).

Il est sorti d'une souche illustre du Limousin et compte parmi ses ancêtres paternels le fameux architecte Roch-Aymeric-Jean Sénamaud, celui qui édifia la tour de Chalus, célèbre par un fait historique qui se déroula à ses pieds, la mort de Richard-Cœur-de-Lion. Par sa mère il appartient également à une excellente famille du pays, celle des seigneurs de Chouly.

De bonne heure, J. Sénamaud eut la douleur de perdre sa mère et son père. Mais un de ses oncles se chargea de son éducation à la mort de ses parents. C'est donc chez le maître d'école de St-Priest-Ligoure que l'enfant commença ses études. Il s'y fit bientôt remarquer par son goût pour le travail et par la vivacité de son intelligence.

Très actif, fort ingénieux, il donnait déjà de belles espérances. En 1860 il se fixa à Bordeaux ; il demeura deux ans au Collége de Tivoli et à sa sortie de cet établissement il fut pris d'un ardent désir de visiter le Nouveau-Monde.

Il mit donc bien vite son projet à exécution et alla passer quelques années en Amérique. Après avoir suffisamment pérégriné, il rentra de nouveau à Bordeaux, où il demeura d'une façon définitive.

Ayant fondé dans cette ville une importante maison de conserves alimentaires, il sut réaliser dans cette branche commerciale tous les progrès possibles. On lui est redevable d'une foule d'heureuses et profitables innovations, aujourd'hui très répandues et il a publié divers ouvrages scientifiques des mieux accueillis.

Mais Jean Sénamaud a d'autres mérites encore que ceux-là. Son nom est devenu le synonyme de bravoure, de courage et de dévouement. Il est du nombre de ces vaillantes natures qui se vouent tout entières au service de leurs semblables, toujours prêtes à faire pour le salut du prochain le sacrifice de leur vie.

Il est au premier rang de cette noble légion qui a pour devise le bien de tous et l'abnégation de soi-même; nous voulons parler de ces hommes magnanimes, dont le titre seul est le plus beau des fleurons: les *Sauveteurs*.

Sauveteur! personne ne mérite mieux que lui l'honneur de cette épithète; il en est devenu la vivante incarnation, et ses actions généreuses forment une des plus belles pages de l'histoire de cette héroïque phalange. Sans cesse à l'affût d'une occasion de se dévouer et de se sacrifier, il est toujours présent au poste du danger.

Que de fois il a joué son existence dans ces scènes périlleuses!

En 1855, à St-Priest-Ligoure, encore enfant lui-même, il retire d'un bassin plein d'eau un enfant qui y est tombé; en 1857 il accomplit, à Janailhac, un sauvetage du même genre; en 1873, il fut grièvement blessé, en voulant sauver d'une mort certaine un malheureux conducteur qui avait été entraîné dans un fossé avec sa charrette et son cheval: que lui importait sa blessure, puisqu'il avait réussi dans son entreprise!

Cette même année, il faillit perdre la vie en se jetant à la tête d'un cheval emporté qui allait broyer un enfant de neuf ans. Il reçut à cette occasion de très vives et très méritées félicitations du Préfet de la Gironde.

Le 10 mai 1874, il chargea sur ses épaules et soigna lui-même jusqu'à ce qu'il fut sorti de tout danger un ouvrier qui avait fait une chute des plus graves et qui allait mourir sans secours ; le 23 septembre 1875, au moment où il courait participer à l'extinction d'un incendie, il trouva le moyen d'accomplir un nouveau trait de courage en sautant au-devant d'un bœuf furieux qui allait faire de nombreuses victimes dans la foule. Il arrêta l'animal et femmes et enfants furent préservés. Le 24 novembre 1875, il est encore blessé grièvement dans un incendie dont il parvient à arrêter les ravages. Le 4 février 1876, nouveau dévouement et même réussite heureuse dans un autre incendie. Le 27 février 1876, il maîtrisa un cheval emporté qui avait déjà blessé un passant qui avait tenté de l'arrêter. Le 12 février 1877, il mettait à son actif une autre action du même genre. L'intrépidité du brave sauveteur ne connaît pas de limites.

Il a pris part également à plusieurs expériences aérostatiques dont quelques-unes ne furent pas sans danger et menacèrent d'être aussi périlleuses que celle de l'infortuné *Zénith*.

Le 29 mars 1875, il s'enlevait de Bayonne dans le ballon *Le Saturne* qui, monté par E. Godard, allait atterrir en pleine nuit en Espagne, près de Pampelune. Notons que c'était la première fois qu'un ballon monté franchissait les Pyrénées.

Les dangers de cette expérience ne l'empêchèrent point de participer, l'année suivante, à une nouvelle ascension.

Toujours dans le but d'observer et de s'instruire, il consentait le 4 juin 1876, à Bordeaux, à être le compagnon de l'aéronaute Yatt, dans une ascension nocturne qui par bonheur, celle-là, s'accomplit sous les meilleurs auspices.

Dans une brochure intitulée : *Deux Heures en Ballon*, J. Sénamaud a décrit les incidents de cette charmante course aérienne.

Avant d'en finir avec l'homme, parlons de sa belle conduite pendant la guerre. Marié et père de famille, il n'hésita pas un instant à se faire inscrire comme volontaire dès le début des hostilités. Il prit part à la campagne de l'armée de la Loire, fut blessé à la bataille de Monnaie le 20 décembre 1870, devint prisonnier des Prussiens et s'évada en janvier 1871 de l'ambulance de l'Hôtel-Dieu de Blois.

En 1873, inspiré par une de ces nobles pensées, auxquelles il est coutumier, il posa à Bordeaux les premières bases d'une institution pour la propagation du bien sous toutes ses formes et qui chaque année convie en une joûte fraternelle tous les savants, tous les philanthropes et récompense le mérite de chacun: L'Institut Confucius de France. Cette société a acquis une importance considérable depuis quelques années et elle compte des membres dans toutes les parties du Monde. Plusieurs souverains, notamment S. M. Don Pedro II, Empereur du Brésil et S. M. Alphonse XII, Roi d'Espagne, ont tenu à honneur de figurer sur la liste des Hauts-Protecteurs de cette œuvre d'émulation.

Esprit d'initiative, déjà en 1870, J. Sénamaud avait fondé à Bordeaux *l'Académie Ethnographique de la Gironde*, pour la propagation de l'étude de la géographie, de l'histoire, de l'archéologie, des sciences et des belles-lettres, mais la guerre de 1870-71, à laquelle J. Sénamaud prit une part active, comme nous l'avons dit, vint interrompre cette œuvre. Cependant, vers 1877, l'Académie prit un développement tellement sérieux, que son fondateur n'hésita pas à la doter d'un organe direct : *Les Annales de l'Académie Ethnographique de la Gironde*, journal mensuel qui est en même temps le *Bulletin Officiel de l'Institut Confucius de France*.

Ce journal, qui publie des travaux de genres différents, ouvre spécialement ses colonnes aux jeunes littérateurs.

J. Sénamaud est aussi poète (et c'est à ce titre qu'il figure dans ce livre). Sa Muse est simple, tendre, sensible, sans aucune prétention. Il a publié dans divers journaux plusieurs pièces gracieuses que nous serions désireux de voir réunies en volume.

Avec la collaboration de M. Jules Léon, il a aussi publié une intéressante brochure : *Le Dahlia Bleu* et un excellent drame en trois actes : *Les Trous du Maroc*.

Mais son œuvre la plus remarquable est bien sans contredit l'*Histoire de Confucius*, qui vient de paraître et de laquelle la presse française et la presse étrangère ont fait le plus grand éloge.

Dans ce livre, l'auteur excite l'intérêt et la curiosité du lecteur en faisant dérouler sous ses yeux en un saisissant tableau la vie de ce grand philosophe, dont la morale sublime est puisée aux sources les plus pures de la raison naturelle.

Il appartenait en effet à J. Sénamaud, en qualité de fondateur de l'*Institut Confucius de France*, de faire connaître à ses collègues la vie de ce sage moraliste, et cette œuvre pleine de difficultés, de recherches et de patience a été menée à bon port grâce à une très sérieuse érudition.

L'ouvrage de J. Sénamaud n'est pas seulement un beau livre, c'est encore une bonne action.

Nous n'en finirions pas si nous voulions énumérer tous les titres du fondateur de l'*Académie Ethnographique de la Gironde*; bornons-nous à dire qu'il fait partie, à titre de président d'honneur de presque toutes les Sociétés de Sauveteurs de France et de l'Étranger et qu'il est membre ou lauréat de nombreuses Académies littéraires, scientifiques et artistiques. Sa poitrine est constellée de croix et de médailles vaillamment conquises au champ du dévouement et du travail.

En 1877, la Société Nationale d'Encouragement au Bien lui a décerné une grande médaille d'honneur et un prix du Ministre de l'instruction publique. Il est lauréat du prix Gémond et du prix Gaëlzer.

Par décret du 25 avril 1877, le Président de la République lui a décerné une médaille d'argent afin, dit le brevet, *de perpétuer dans sa famille et au milieu de ses concitoyens le souvenir de son honorable et courageuse conduite.*

Ces titres distingués, mérités par un labeur considérable et par une vie exemplaire, font le plus grand honneur à J. Sonamaud qui, comme l'a dit un docte écrivain, Turpin de Sansay, « justifie « amplement ses titres par ses actes. »

THÉODORE SERRE

Théodore SERRE est né le 25 mai 1810, à Nîmes (Gard).

Notre excellent confrère est sans doute un inconnu pour le plus grand nombre de ceux qui nous lisent, et cela, malgré un talent poétique qui s'élève bien au-dessus de la médiocrité. En effet, Théodore Serre, écrivain fécond, qui a peut-être écrit plus de soixante mille vers, n'en a publié qu'une très petite quantité, aussi les lecteurs de quelques anthologies sont-ils les seuls qui aient l'avantage de le connaître.

Nous disons l'avantage, car il serait à désirer que tous ceux qui aiment la poésie et qui suivent le mouvement littéraire contemporain connussent l'œuvre du poète du Gard. Nous avons en face de nous un rude champion de l'idée, un représentant des plus sérieux de ce genre qui allie l'idéal à la haute raison, le sentiment à la philosophie, le goût à la logique, genre viril, qui serait sans doute fort conspué dans les boudoirs, mais qui, s'il est dédaigné de certaines catégories du public, n'en porte pas moins dans son sein des germes de rédemption morale.

Nous ne parlons pas, bien entendu, de l'application qu'en fait Théodore Serre au point de vue exclusif de son parti. Nous nous sommes fait à nous-même la promesse d'écarter de nos jugements tout ce qui, de près ou de loin, touche aux discussions brûlantes et souvent stériles de la politique, et nous n'avons guère l'intention de nous départir de cette ligne tracée.

Aussi, examinons-nous au simple point de vue de l'art; nous

apprécions ici une doctrine poétique et non une doctrine politique. Nous sommes donc dégagé de toute sorte de liens gênants et nous avons dès lors cet apanage précieux pour le critique : l'indépendance.

D'un mot, nous avons essayé de dire la manière du poète ; caractérisons mieux, si nous le pouvons.

Théodore Serre fit assez jeune ses débuts en poésie ; il écrivit un nombre incalculable de pièces de vers pour sa satisfaction personnelle, ne livrant quelques-unes d'entre elles à la publicité qu'à de rares intervalles. Certes, comme tout le monde, il sentit remuer dans son cœur les cordes du sentiment amoureux, et il exprima ce sentiment sur la Lyre, mais ce n'étaient là pour lui que des hors-d'œuvre et il se livra presque tout entier à la poésie philosophique, qui exige, pour exciter l'intérêt, des aptitudes si remarquables.

Toutes ses compositions furent mises au service de ses propres théories ; il enchâssait dans chacune d'elles une pensée grave, saisissante ou originale et il la développait au moyen d'une rhétorique pleine d'ampleur et de brillant. L'auteur eut naturellement pour contempteurs tous ceux dont l'exposé de ses idées blessait les convictions, mais ce que personne ne lui refusait c'était une grande coloration de style et de beaux effets de rhythme.

Voilà le poète, et il mérite d'être loué ; quant au penseur, il peut être non moins digne de louange, mais, vu le caractère de cet ouvrage, nous laissons à chacun le soin de l'étudier et de l'apprécier à sa convenance.

A part quelques brochures poétiques, Théodore Serre n'a publié ses compositions que dans les différents volumes de *La Muse Républicaine*, d'Evreux, la publication décentralisatrice si habilement dirigée par notre confrère Boué (de Villiers). Tous les tomes de cette œuvre contiennent un certain nombre de poésies prises parmi les meilleures de son bagage.

Ajoutons, bien que ce ne soit guère notre domaine, qu'il s'occupe en même temps d'une façon très active de travaux sur l'agriculture et la viticulture.

Mlle ADÈLE SOUCHIER

Mlle Adèle SOUCHIER est née à Romans (Drôme) mais sa ville d'adoption est Valence, où la plus grande partie de son existence s'est écoulée et où lui a été donnée son éducation.

Elle est née d'une des bonnes familles du pays et plusieurs de ses aïeux ont occupé des positions importantes dans la région. L'un d'eux, des plus estimés et des plus honorés dans la ville, fut consul de Valence sous le règne de Louis XIV.

Mlle Adèle Souchier eut le malheur de perdre de très bonne heure son père et sa mère. Un de ses oncles prit sous sa tutelle la jeune orpheline. Cet excellent homme était l'abbé Auguste Souchier, poète de beaucoup de goût et d'intelligence, dont le souvenir est encore vivace dans le Dauphiné, où de son vivant il avait joui d'un renom mérité.

Plein de tendresse pour sa petite nièce, chez laquele il avait reconnu de précieuses qualités, l'abbé Souchier s'appliqua à développer celles-ci, à les affermir par ses conseils et ses encouragements, et grande fut pour lui la joie qu'il éprouva lorsque la jeune fille commença à manifester sa sympathie pour les travaux de l'esprit et plus particulièrement pour l'étude et la culture de la poésie. Le maître vit naître avec bonheur ces heureuses dispositions et il les seconda dans la puissance de ses moyens par son expérience poétique et sa sollicitude vraiment paternelle pour l'enfant confiée à ses soins.

Lorsque les premiers vers de la jeune Muse s'étalèrent sur le papier, l'abbé Souchier n'hésita pas à prédire à celle-ci la bienveillance et l'intérêt qu'elle saurait inspirer dans l'avenir. Mais tout autre fut son contentement lorsqu'il vit quelques-uns de ses essais publiés dans les journaux, *Le Petit Pâtre* surtout, une des premières pièces publiées.

Malheureusement, Mlle Adèle Souchier fut trop tôt privée de son conseiller et de son appui. La mort, rapide, hélas! de son bon oncle vint briser ses dernières affections, les seuls liens terrestres qui lui restaient.

Plus que jamais, la jeune poète se jeta dans le sein de la poésie, elle y trouva de douces consolations, auxquelles elle eut toujours recours à toutes les époques tristes de sa vie, ainsi qu'elle nous l'a dit elle-même. Jamais elle n'a en vain imploré le secours de la Muse qui sans cesse a été pour elle une source de douces joies, compagne fidèle du poète qui sait si bien répandre un baume sur ses maux.

Depuis quelque temps déjà, Mlle Adèle Souchier se livrait à la poésie, lorsqu'un jour, un numéro de la *Revue du Lyonnais* lui tombant sous la main, elle éprouva aussitôt le désir d'envoyer à cette publication quelques-unes de ses bluettes; elle mit timidement son projet à exécution, bien incertaine de l'accueil qu'on allait lui faire, croyant fort peu à son étoile, comme tous les talents modestes et vrais.

L'habile directeur de la *Revue du Lyonnais*, Aimé Vingtrinier, ouvrit avec le plus grand empressement ses colonnes à la gracieuse Muse valentinoise, dont les vers furent très goûtés des lecteurs. Mais Mlle Adèle Souchier s'obstinait à ne livrer au public que les initiales de son nom; parmi ceux qui furent vivement intrigués de ce goût de l'écrivain pour l'obscurité et qui le déplorèrent hautement, se trouva le grand poète Joséphin Soulary, qui écrivait à ce propos : « Lorsqu'on fait de si jolis vers, il faut les signer. »

Le mérite de Mlle Adèle Souchier s'était rapidement fait jour ; il avait déjà ses admirateurs passionnés ; ces derniers obsédèrent le poète pour l'amener à publier un recueil de ses poésies et finirent par obtenir satisfaction.

Le célèbre éditeur lyonnais, Scheuring, eut à cœur de lancer lui-même cette œuvre, qui était appelée à produire une véritable sensation et qui la produisit. L'édition fut soignée, et l'aimable et bienveillant directeur de la *Revue du Lyonnais* voulut de son côté présenter l'auteur au public par quelques mots de préface, lui qui lui avait donné le premier le baptême littéraire.

Enfin, Joséphin Soulary, le poète distingué des *Éphémères*, adressa à la gracieuse Muse dauphinoise le sonnet qui est placé en tête du volume.

Les Roses du Dauphiné virent donc le jour en 1870 ; en un clin-d'œil, le nom du poète se trouva dans toutes les bouches ; tous les journaux eurent des éloges pour cette lyre charmante qui modulait des sons si agréables. La renommée aux cent voix commençait déjà à se mettre de la partie. Le présage était des plus brillants.

Assurément, le rhythme laissait vite deviner qu'une main de femme avait tracé ces lignes ; mais c'était déjà là un mérite. Mlle Adèle Souchier ne visait ni à l'éclat ni même à l'effet ; elle chantait doucement, avec discrétion, réservant ses chants pour ceux qui savaient la comprendre et qui partageaient ses émotions. En même temps, elle s'exprimait avec assurance et surtout avec élégance. Elle ne refusait sa sympathie à aucun genre, et tantôt c'étaient une idylle ou une élégie qui sortaient de ses doigts.

Elle puisait surtout dans la beauté de la nature l'objet de ses contemplations; elle admirait jusqu'aux plus infimes détails du grand œuvre de Dieu, mais c'était surtout la nature de son pays qui l'attirait et la passionnait. Toute jeune, elle avait fait une longue et minutieuse excursion dans la contrée où elle devait se fixer, avait visité la Grande Chartreuse, Allevard, Uriage, Vizille, Grenoble, etc., et de cette promenade d'un pittoresque plein de séduction, elle était revenue avec un enthousiasme profond au cœur : celui de son Dauphiné, de sa terre natale.

Aussi, *Les Roses du Dauphiné*, à part un certain nombre de pièces écrites sur des sujets divers, révélaient-elles à toutes les pages cet amour infini, qui demandait sans cesse à s'épancher en alexandrins ou en hexamètres.

Le deuxième volume de poésies de Mlle Adèle Souchier parut en 1874 à la *Librairie des Bibliophiles;* il avait pour titre : *Branches de Lilas offertes à mon Pays*. La dédicace fut offerte à Joséphin Soulary, dont le nom revient souvent dans ces pages et qui fut toujours rempli d'une sollicitude extrême pour la jeune poète, au renom de laquelle il contribua de son mieux.

Ici encore éclate dans toute sa force son enthousiasme pour cette riante contrée du Dauphiné; toutes les grandes figures qui ont illustré le pays revivent dans ces vers remplis d'une foi robuste et presque virile.

Par ci, par là, quelques rares mais très gracieux sonnets. Enfin, partout, une grande abondance d'images et une sève non moins abondante.

Mlle Adèle Souchier a aussi écrit en prose; elle a publié deux romans : *La Fontaine du Diable* (1872) et *Denise de Romans et Guillaume des Autelz*, dans lesquels sont encadrés de nombreux et ravissants paysages du Dauphiné, et où la simplicité s'allie à l'intérêt et au sentiment.

N'eût-elle des titres incontestables au nom de poète que Mlle Adèle Souchier mériterait d'être louangée et glorifiée, seulement pour la vénération et l'amour que lui inspirent sa belle province et qu'elle n'a cessé d'exprimer dans tous ses ouvrages.

Outre la sympathie de Joséphin Soulary, Mlle Adèle Souchier possède celles de Mistral, de Roumanille, les deux illustres félibres, de Berluc-Pérussis, le poète charmant doublé d'un érudit, etc.

Elle a collaboré à *La Revue du Lyonnais*, au *Dauphiné-Journal*, de Grenoble, à *La Revue du Dauphiné*, de Vienne et à l'*Almanach du Sonnet*.

La Société littéraire, historique et archéologique de Lyon, en l'admettant parmi ses membres, lui fit un honneur qui n'avait pas encore été décerné à une femme, depuis Mme Desbordes-Valmore.

Elle fait également partie de l'Athénée de Forcalquier.

Jules St-Rémy, le critique-poète de talent, a consacré une étude au sympathique auteur des *Roses du Dauphiné*, dans sa *Petite Anthologie des Poètes de la Drôme*.

Mme TACHÉ-SÉRIZAY

Mme Lucie TACHÉ SÉRIZAY est née au Mont-Dore, et elle réside encore aujourd'hui dans le pays si pittoresque, si plein de charme grandiose où elle a pris naissance, et qui a dû puissamment contribuer, nous le croyons, du moins, au développement et à l'extension du germe poétique, chez cette femme de talent et de mérite.

Et ici, nous prenons ce dernier mot sous sa double acception, car Mme Lucie Taché n'a pas seulement le mérite incontestable de l'artiste, du poète, elle a aussi ce mérite non moins grand d'être une bonne mère de famille, d'un dévouement, d'une abnégation dignes d'être signalés.

Fille d'un officier d'infanterie, Mme Taché-Sérizay est issue d'une très ancienne famille de soldats, dont plusieurs ont même brillé au premier rang.

Mme Taché-Sérizay en même temps qu'elle fut élevée de la façon la plus soignée et avec une extrême distinction, reçut une instruction de premier ordre couronnée par l'obtention des titres universitaires.

Mère de trois enfants, seule pour diriger et soutenir sa petite famille, Mme Taché-Sérizay ne se borna pas à lui dispenser les bienfaits si précieux d'une bonne et chrétienne éducation; elle voulut, avec une sage prévoyance, guidée par une énergie féminine toute romaine, lui bâtir de ses propres mains un monument impérissable, grâce auquel ses chers enfants pussent braver l'avenir et se trouver à l'abri des nécessités souvent cruelles de l'existence. Nous voulons parler du Grand-Hôtel, qu'elle fit édifier au Mont-Dore et qu'elle exploite elle-même aujourd'hui encore.

Que d'efforts dût coûter une œuvre pareille à cette femme d'élite et que de courage elle dût avoir à déployer pour concevoir et mener à bonne fin, sans autre appui que sa persévérante volonté, une entreprise si importante?

Nous avions raison, on le voit, de rendre hommage, au début de cette notice, au rare mérite de Mme Taché-Sérizay.

Mais parlons maintenant de son mérite poétique, qui n'est pas mince, non plus, mais que malheureusement, quelques rares privilégiés ont pu jusqu'à ce jour constater et admirer.

En effet, Mme Taché-Sérizay est d'une modestie à nulle autre pareille. Elle a constamment dérobé aux yeux du monde ses compositions poétiques, les reléguant soigneusement au fond de ses tiroirs aussitôt envolées de son esprit et retracées par sa plume.

Si nous en devons croire un de nos confrères, nous en serions même à ignorer aujourd'hui que Mme Taché cultivât la poésie, sans une sorte de miracle, ou plutôt d'heureuse indiscrétion dont nous remercions et félicitons l'auteur, sans le connaître ni de nom ni autrement.

Elle s'est constamment dérobée aux avances des littérateurs qui, désireux de mettre son talent en lumière, lui demandaient soit des renseignements, soit la communication de ses œuvres.

Malgré cela, il nous a été donné la bonne fortune de lire et de goûter quelques-unes de ces dernières, et nous ne pouvons que regretter sincèrement que le public n'ait pas encore été appelé à juger les brillantes qualités de Mme Taché-Sérizay.

Elle choisit de préférence, la plupart du temps, le sonnet pour moduler son rhythme gracieux ; cœur impressionnable, ému, que passionnent à un haut degré les puissantes beautés de la religion, le poète a toujours des pensées d'une grande élévation.

Mme Taché-Sérizay a dit en un style d'un charme réel, l'aspect de sa belle patrie, le Mont-Dore ; elle a aussi traduit un certain nombre de sonnets de Pétrarque et d'une façon vraiment remarquable.

Terminons en portant une bonne nouvelle à la connaissance des amis de la poésie : Mme Taché se décide enfin à accéder aux désirs qui lui ont été si souvent formulés, et elle va livrer très prochainement à la publicité un recueil de ses jolies compositions. Le volume portera pour titre : *Fleurs de Buissons* et nous pouvons lui assurer dès aujourd'hui l'accueil le plus sympathique, car nous avons lu quelques-unes des pièces qui lui sont destinées et nous n'hésitons pas à conclure que le public ne lui sera pas avare d'éloges.

FRÉDÉRIC TRÉMEL

Frédéric TRÉMEL est né le 28 novembre 1844, à Clermont-en-Argonne (Meuse).

Comme tant d'autres qui ont embrassé la carrière artistique, il fut élevé à l'école de l'adversité et du malheur; mais, par la suite, la Providence ne se comporta pas en marâtre vis-à-vis de lui, et plus heureux que beaucoup de ses frères en littérature, après ces premières années difficiles, bien dures même, il vit luire enfin des jours bienfaisants et prospères.

Frédéric Trémel naquit de pauvres artistes ambulants dont le dénuement était extrême et qui pour toute fortune, n'eurent à offrir au nouveau-né, comme don de joyeux avènement, que les trésors moins palpables mais non moins précieux de leur amour paternel et maternel.

Inutile de dire, donc, que l'enfant fut élevé un peu à la diable, en pleine liberté, au grand air, qu'il respira de bonne heure l'indépendance à pleins poumons; comme la tige qui prend vie dans le désert, loin des regards des humains, loin des attentions du jardinier, et qui élève, bientôt majestueuse et fière, ses rameaux vers le ciel, sans soins, sans guide, sans tuteur, par la seule puissance de la sève, Frédéric grandit sans dorloteries, à l'abri des caprices et des mièvreries, selon la volonté du destin qui, afin qu'il put affronter sans secours les premières étapes de la vie, lui apporta, pour entreprendre ce rude combat, des dons merveilleux grâce auxquels il put gravir les premières marches du Calvaire sans se meurtrir aux ronces et aux cailloux du chemin....

Il avait donc pour toute fortune ces deux présents de la nature: l'intelligence et le courage. A peine sorti du berceau, il portait déjà sur son front comme un reflet de sa bonne étoile.

Mais, malgré cela, tout ne fut point rose pour lui dans son enfance. Lorsqu'il fut livré à lui-même, pauvre bambin à peine formé, l'instruction et l'éducation étaient pour lui deux choses mystérieuses et inconnues, un sphinx dont il pénétra lui-même plus tard les secrets, par la force de son intuition et la perspicacité de son esprit.

En revanche, en guise de gagne-pain, son père lui avait appris à pincer tant bien que mal les cordes de la guitare; sa destinée devait dépendre de là. Léger de savoir, mais fort de son courage, il prit son instrument sous le bras, et il commença sa vie errante et vagabonde, battant routes et chemins pour courir à la rencontre de la pâture de la journée. Par pitié plutôt que par admiration pour son talent musical, encore à l'état embryonnaire, les braves gens qu'il trouvait sur son passage ne lui marchandaient point leur obole. Mais que de courses dures et pénibles pour arracher ces quelques miettes ou ces quelques sous! De combien de fatigues et de supplique n'étaient-ils pas le prix?

Peu à peu, cependant, l'enfant se familiarisait avec sa guitare. Il prenait goût à la faire vibrer et il mettait tout son désir à en arracher des sons qui pussent frapper agréablement l'oreille. La passion musicale qui était déposée en germe dans sa tête se développa peu à peu, son aptitude de guitariste commença à prendre de la consistance et bientôt il était devenu un virtuose d'un vrai mérite.

Alors, son existence changea de face. Le public ne l'accueillait plus par compassion, il l'écoutait avec intérêt, avec charme, même, et il traduisait sa sympathie par des applaudissements encourageants et une pluie de monnaie.

Le Rubicon était franchi ; la banquette irlandaise était enjambée. Pendant ce temps, l'enfant était devenu un homme et on cessa de lui prêter une attention distraite. Peu à peu, sa réputation finit par s'établir, gagna de proche en proche, comme la tache d'huile, et, à un moment donné, elle s'était si bien propagée, que le nom de Frédéric Trémel se trouvait dans toutes les bouches et éveillait la curiosité aussi bien à Dunkerque qu'à Marseille, à Bordeaux qu'à Lyon.

C'est qu'il était d'une véritable et grande habileté, cet artiste singulier qui, sur un instrument si délaissé, accomplissait des prodiges aussi étonnants, qui avait donné une âme à la vieille guitare des temps antiques, et en tirait au gré de ses doigts toutes les sensations exprimables, depuis le rire aigu jusqu'aux grincements de la douleur, depuis l'expression d'amour, jusqu'au mouvement convulsif de la colère. A volonté, il faisait résonner ce clavier du cœur humain et tour-à-tour ses vibrations en redisaient les pulsations intimes et secrètes...

Le violoncelle n'était plus le seul maintenant à rendre les sentiments multipliés qui nous agitent. La guitare était devenue, grâce à Trémel, l'écho de notre fibre, le reflet de nos pensers et de nos agitations.

Toutes les villes de province le fêtèrent comme une véritable gloire nationale. On saluait en lui un créateur, car jusqu'à ce jour, la guitare n'avait livré à personne le mystérieux trésor de ses séductions et de ses enchantements. Trémel, le premier, pénétra dans cet arcane ignoré ou dédaigné, et il en révéla au public toutes les beautés et toutes les splendeurs, car le mot n'est nullement exagéré.

Aussi, quel succès ! quels bravos ! quels encouragements ! quels accueils enthousiastes !

Après la Province, ce fut au tour de Paris. La capitale réclamait depuis longtemps pour le fêter dignement, celui qui avait opéré une pareille résurrection; elle était jalouse du bonheur de la Province, jalouse de ses lauriers, jalouse de ses enchantements, car elle eût voulu, l'orgueilleuse, saluer la première ce génie musical si brillant et si digne d'admiration.

N'importe ! elle voulut éblouir l'artiste par la cordialité et le faste de sa réception; elle l'ensevelit sous une avalanche de couronnes, sous une pluie de louanges.

Les plus remarquables salons de la capitale voulurent entendre et applaudir le célèbre guitariste; les illustrations de tout genre eurent aussi l'occasion de constater par elles-même que rien n'était exagéré dans la renommée de Trémel et elles joignirent leurs éloges et leurs bravos à ceux que l'intelligent artiste avait déjà moissonnés.

Tout Paris, tout le Paris qui vit par la pensée et par l'esprit l'acclama dans les soirées qu'il donna à la salle Herz, et Victor Hugo, le grand poète, immortalisa d'un mot Frédéric Trémel en le nommant le *Poète de la Guitare*.

La presse parisienne fut unanime à exalter le talent incomparable de celui que l'auteur des *Contemplations* avait si justement caractérisé; par la voix de plus de cinquantes feuilles, elle transmit son nom et son mérite à la postérité. Frédéric Trémel n'avait plus rien à envier.

Mais le digne virtuose possédait à un trop haut degré l'intuition musicale, l'amour du Beau, pour ne pas posséder en même temps l'intuition de la poésie.

Ce mérite eût manqué à sa gloire. Trémel est en effet bel et bien poète. Esprit vaste, original, il n'est point spécialiste en poésie. Il a écrit des chansons très populaires, des hymnes patriotiques, des sonnets ambrés; cependant, avant tout, il cultive le genre sentimental; la rêverie est un penchant de son âme et il s'y laisse aller à toute heure, exprimant ses sensations de tout genre en strophes charmantes, du meilleur goût et de la meilleure facture. Il a publié une brochure élégiaque : *A une Morte*, qui est un petit chef-d'œuvre de douce mélancolie et de grâce touchante.

Aujourd'hui, il fait paraître sous ce titre : *Souvenirs de Bretagne* (*) un recueil de poésies qui est bien de nature à donner la mesure de son talent poétique, un talent tout prime-sautier, aussi éloigné de l'emphase qu'il l'est de la vulgarité; tous les morceaux de ce volume portent l'empreinte d'une rare facilité de rhythme et d'une souplesse de pensées non moins rare; ce sont là des vers écrits avec le cœur, dans lesquels l'auteur a mis tout son désir et toute sa passion d'idéal. Ils obtiendront un succès sans conteste auprès de tous ceux qui savent goûter et sentir.

Ce n'est point tout encore : Frédéric Trémel est, comme nous l'avons dit, un romancier d'une indiscutable valeur; une foule de ses compositions musicales ont fait les honneurs et les délices des salons ou sont au premier rang dans les répertoires en vogue.

Parmi ses compositions les plus goûtées, citons : *Fleur des Amours, La Source, Que voulez-vous que je vous dise? Si j'avais*

(*) C. de Ploosen, éditeur, 18, Faubourg St-Denis, Paris.

des ailes, Oh! n'insultez jamais une femme qui tombe! Si vous étiez mon amoureuse, Vous rappelez-vous? Parlez encore Grand'-Mère, etc., toutes remarquables et toutes remarquées.

Frédéric Trémel a encore une autre corde à son arc : il dit avec une extrême habileté la poésie des maîtres modernes, dont il chante les chefs-d'œuvre avec un véritable charme dans ses soirées tant applaudies, car notre excellent et sympathique confrère se livre comme de plus belle à ses pérégrinations et est partout l'objet d'acclamations.

L'excellent directeur de l'*Union Littéraire des Poètes et des Littérateurs*, de Toulouse, Jean Bernard, a publié tout récemment une biographie de Trémel, ornée d'un superbe portrait de l'artiste, et écrite avec un soin et une vérité irréprochables.

Déjà, l'écrivain distingué du *National*, Emile de la Bédollière avait consacré en 1877 à Trémel une étude biographique des plus élogieuses.

Terminons en disant que Frédéric Trémel a écrit dans nombre de publications, parmi lesquelles : *La Muse Républicaine*, d'Evreux, *Le Biographe*, de Bordeaux, *La Chronique Charentaise*, *Le Phare Littéraire*, etc., etc.

Il va publier incessamment un volume de poésies : *Perles Noires*, hallucinations, dans le genre de Charles Baudelaire; nous avons été assez heureux pour lire quelques-unes des pièces qui composent ce charmant petit volume, et nous pouvons dire hardiment qu'elles peuvent être mises en parallèle avec les plus jolies de l'auteur que nous venons de citer.

Il prépare encore deux autres recueils de vers : *Brumes et Soleils* et *Fleurs d'Automne*.

Frédéric Trémel est membre de la Société linnéenne de la

Charente-Inférieure, de la Société biographique de France; il fait également partie de la Société de protection fraternelle des Alsaciens-Lorrains, de la Société des auteurs et compositeurs de Paris, et d'une infinité d'autres réunions littéraires et scientifiques de France et de l'Étranger.

LÉON VALÉRY

Léon VALÉRY est né à Lalbenque (Lot) le 21 octobre 1821.

Rarement le goût poétique s'affirma d'aussi bonne heure que chez l'excellent écrivain. Le fait suivant démontrera quel degré étonnant atteignait chez Léon Valéry la puissance de cette inclination vers la poésie.

Il était encore sous la férule de l'Université, et faisait alors sa philosophie, suivant l'expression, mais les labeurs scolaires accomplis, il se jetait bien vite dans les bras de la Muse et il s'en donnait à cœur-joie. O juvéniles et tendres épanchements, comme il se livrait voluptueusement à vous !

Il avait fini par charpenter tout seul un grand drame en cinq actes, et en vers, aux tragiques péripéties, qui n'atteignait pas encore, sans doute, le savoir et l'expérience des œuvres de Dennery et autres dramaturges en renom, qui n'avait d'autre prétention que d'être l'affirmation d'un débutant, le premier vagissement d'un talent à son aurore, mais qui accusait du goût et de l'imagination, deux qualités qu'on ne trouve que rarement chez un jeune homme de seize ans.

Son drame bel et bien terminé, Léon Valéry ne voulut pas le laisser dans son pupitre, aussi courut-il à la recherche des occasions, et finit-il bientôt, faute de mieux, et trop conscient de son inexpérience pour avoir de plus hautes visées, par le confier à des comédiens de passage. La pièce fut donc représentée à Cahors et le nom de l'auteur ne tarda pas à voler de bouche en bouche, d'autant mieux que l'œuvre avait été fort bien accueillie.

On juge de l'effet produit sur les maîtres du précoce auteur dramatique; les uns et les autres entrèrent dans une grande colère, on fit l'exhibition des règlements qui régissent cette délicate matière et le poëte eut à opter entre l'art dramatique et la règle austère de l'institution; il sacrifia celle-ci à celui-là et il franchit hardiment le seuil du collége pour n'y plus revenir.

C'en était fait: sa voie était maintenant tracée : plus de barrières à ses douces distractions, plus de freins à ses velléités poétiques. Aussi, deux ans plus tard, Léon Valéry, enhardi par ce début heureux, voyant luire à ses yeux les palmes de l'art, dont il devait faire si ample récolte, fit-il jouer encore sur cette même scène un autre drame en vers, *Rose de Montal*, pièce largement conçue, qui ne révélait en aucun passage le débutant, d'une ingénieuse construction et d'une inspiration peu commune. Enfin, une affirmation hardie, brillante, digne d'attention, d'intérêt même, et d'un haut intérêt.

Léon Valéry résolut hardiment de se jeter dans la mêlée littéraire de la capitale, il ne se découragea nullement devant les difficultés sans nombre que doit vaincre un auteur inconnu, se présentant au public parisien sans autre appui que son talent pour fixer l'attention sur lui, et, fort de sa foi poétique, il alla franchement présenter une pièce inédite en cinq actes au théâtre de l'Odéon. O joie ! le comité de lecture, si difficile, si rigoureux, reçut la pièce sans coup férir. La bataille était gagnée, une bataille périlleuse s'il en fut.

Mais, par le hasard des circonstances, par l'imprévu de la destinée, Léon Valéry dût bientôt renoncer aux succès qui se présentaient à l'horizon et rentrer dans sa famille, qu'il ne laissa que pour entrer dans l'administration des contributions directes, à laquelle il appartint pendant vingt-trois ans.

Cette nouvelle carrière, loin d'étouffer sa vocation pour la poésie, le favorisa au contraire pour la poursuite de ses rêves : lorsque ses labeurs officiels lui donnaient quelque répit, il se jetait dans les bras de la Muse et c'est de cette époque que datent ses meilleures œuvres.

Ayant été nommé contrôleur dans les environs de Toulouse, il eut l'idée de prendre part aux Jeux-Floraux, auxquels il adressa de nombreuses compositions.

Son coup d'essai fut un coup de maître. L'Académie de Clémence Isaure lui décerna ses fleurs les plus précieuses et le couronna par cinq fois. Enfin, la plus haute distinction qui peut être accordée à un poète par cette noble institution, l'Amaranthe d'or, eut pour effet de le faire nommer maître ès Jeux-Floraux, mais de le rayer du nombre des concurrents, par suite de sa supériorité reconnue.

Force lui fut donc de renoncer aux concours, mais non aux triomphes.

En 1860, en effet, il publia à la librairie Hachette, un recueil de poésies, *Heures Intimes*, qui fut pour lui l'objet de nouvelles ovations. Là, son talent s'exerçait sur un champ plus vaste, et il était plus aisé d'apprécier toute l'étendue de son mérite poétique, les sujets variant à l'infini. La lecture de cet ouvrage ne fit que confirmer et rehausser l'opinion excellente qu'on avait de son auteur.

Entr'autres louanges qui lui furent décernées, on peut citer celles du prince des critiques, le regretté Jules Janin, qui écrivait au sujet de l'œuvre de Léon Valéry : « C'est le rire mêlé aux

« pleurs... Impossible de lire une page de ce volume charmant sans
« devenir l'ami de l'auteur. »

Précieux éloges, que ceux qui sortaient d'une plume aussi autorisée.

Pendant que le poëte était l'objet de toutes ces acclamations, que devenait l'homme ? Il vivait toujours modestement dans son humble retraite de Villefranche en Lauraguais, nullement insensible à tous ces gracieux témoignages, mais ne faisant rien pour les provoquer.

Peu de temps après, il mettait de nouveau sur le métier sa pièce intitulée *Rose de Montal*, et, complètement transformée, il la donnait au théâtre de Toulouse. Rarement la province vit pareil succès ; rarement un auteur se vit à pareille fête et se trouva en face d'un public si enthousiaste et si prompt aux applaudissements. La pièce, sous sa forme nouvelle, justifiait bien, il est vrai, cet accueil chaleureux. Quelle gloire pour l'écrivain si son œuvre eut vu le feu de la rampe dans un théâtre de la capitale ! La renommée se fût aussitôt emparée de lui et eût bientôt fait voler son nom aux quatre coins de la France.

Léon Valéry continua à s'adonner à l'art dramatique, et il composa de nouvelles pièces, dont deux surtout furent jouées avec un brillant succès à Toulouse et sur les principales scènes de la province. Ces deux pièces renfermaient, comme la précédente, de hautes qualités. Voici leurs titres : *Marie-Madeleine*, comédie en prose en un acte ; *Les Infâmes*, comédie en cinq actes et en prose. Toutes deux eurent une série interminable de représentations, furent aussi bien accueillies dans le monde littéraire que dans le public et leur triomphe fut constaté jusque dans la presse parisienne, qui les loua vivement, de même que la pièce précédente.

En 1865, Léon Valéry publia un roman en vers intitulé : *Les Expiations*, qui recueillit lui aussi d'unanimes louanges tant pour la façon dont l'œuvre était écrite que pour l'intérêt du sujet et la manière puissante dont il était traité. Sujet scabreux s'il en fut, qui n'est ni plus ni moins que la peinture de la prostitution, tableau largement conçu, brillamment exécuté. Ce livre révéla une fois encore l'honnêteté de pensées que peut revendiquer le littérateur comme un apanage incontestable. Il a traité cette délicate matière en homme qui fait de la moralité la compagne inséparable de la dignité humaine.

Le journal *La Presse* déclara que ces récits étaient empreints d'une énergie sauvage, et une feuille non moins importante de la capitale écrivit : « Les plus beaux vers de Musset sont coulés dans « ce moule. C'est plus qu'un bon livre ; c'est une bonne action. »

En un clin-d'œil, l'édition, tirée pourtant à plus de 2,000 exemplaires fut complètement épuisée.

Son poème : *Nuda*, qui contenait près de trois mille vers, fit moins de bruit, malgré son intérêt et le soin extrême avec lequel il avait été écrit.

Mais ce qui acheva ou plutôt ce qui fit pour ainsi dire la réputation de Léon Valéry, ce fut son fameux livre intitulé : *Les Martyrs du Fonctionnarisme*, roman social, publié chez Dentu en 1871.

C'est là une œuvre de maître, d'une remarquable puissance de conception, d'un intérêt toujours croissant, d'un style abondant, fortement trempé. Le romancier, en homme qui s'y connaît, et qui a vu les choses de près, qui les a senties même, a dépeint avec une touche magistrale cette vie du fonctionnaire, si humble, si triste, où les déceptions abondent, où les humiliations foisonnent, véritable martyre, en effet, martyre sans fin, sans trêve, dont le récit est plus poignant que tous les drames, dans sa navrante simplicité. Dire ce qu'il y a là-dedans de cœur, de sentiment, de générosité d'idées, d'élévation d'esprit, de noblesse d'âme, est impossible.

Mais tant de franchise devait coûter cher à l'écrivain. En effet, presque aussitôt la publication du livre, l'administration, mordue au vif, saignante encore des blessures que lui avait faites cette plume énergique et loyale, expulsa de son sein celui qui avait tracé ces lignes éloquentes.

La première édition avait disparu comme l'éclair, mais Léon Valéry dut renoncer à en poursuivre le succès pour rentrer en grâce auprès de l'administration qui venait de sévir contre lui.

Pendant trois ans, il vécut à l'écart de ce fonctionnarisme dont il avait révélé les misères de toute sorte. Il devint alors journaliste et fut successivement rédacteur en chef du *Libéral du Lot* et du *Courrier de l'Allier*, feuilles de nuances opposées.

Avec quelle causticité charmante Léon Valéry retrace cet épisode émouvant et intéressant de son existence! Nous ne pouvons résister au désir de mettre sous les yeux du lecteur un extrait de la préface de ses œuvres complètes, qu'il va publier prochainement, et dont nous avons eu la bonne fortune de lire de nombreux passages:

« Il est vrai que n'étant *avocat ni portier,*
Comme l'a dit Musset, j'ai fait plus d'un métier;
Que transfuge insoumis du fonctionnarisme,
On me vit du contrôle aller au journalisme.
Mais ici comme là j'ai compris mon devoir.
Dans la presse surtout je me suis fait connaître,
N'en déplaise aux méchants, pour ne jamais avoir
Trahi le bon parti.... dont nous croyons tous être.

Si jamais j'ai dit noir le matin, blanc le soir,
C'est qu'esclave soumis de la ligne tracée,
Ce que d'autres voulaient, je devais le vouloir !...
Et puis, faut-il ici te dire ma pensée ?
Sur ces matières-là, bien fin qui peut savoir
Lequel vaut mieux souvent ou du blanc ou du noir.

Mais qu'avais-je donc vu qui m'échauffât la bile,
Le jour ou j'écrivis ce grand éreintement
Qui mit tout en émoi dans le département ?
Avais-je fait appel à la guerre civile ?
Insulté le Préfet ou les valets de ville ?
Je l'ignore aujourd'hui, si j'en sus jamais rien.
Ce dont j'ai souvenance et ce que je sais bien,
C'est qu'on crut au Parquet sentir à chaque phrase,
L'édifice social chanceler sur sa base.
Ce fut au ministère une grande rumeur.
On manda le gérant, on manda l'imprimeur,
Puis vinrent les huissiers, puis les réquisitoires,
Puis les arrêts de Cour, puis les exécutoires,
Après lesquels on mit, sans autres incidents,
Le rédacteur dehors et le gérant dedans.

Ah ! je compris alors qu'à courir plus d'un lièvre
On n'en remplit pas mieux son carnier ; que la chèvre
Tranquillement doit paître où la tient le licou ;
Si peu qu'il pousse d'herbe à l'entour de sa lèvre....
Pour moi qui ne pouvais brouter ni peu ni prou,
Le présent était dur et l'avenir sinistre.
Or, n'ayant que ma plume, à Monsieur le Ministre,
J'adressai mon placet..., je me trompe, lecteur !
C'était une élégie à fendre un cœur de pierre ;

Le Ministre sentit des pleurs à sa paupière,
Et, pour ne pas pleurer..., il me fit percepteur. »

N'est-ce pas délicieux, en vérité ?

Parmi ses autres œuvres, citons un excellent *Mémoire sur le Service des Enfants Trouvés*, projet digne d'un grand cœur; ce *Mémoire* est suivi du rapport qui lui a été consacré au Sénat par M. le vicomte de St-Germain.

Léon Valéry a encore publié trois brochures d'une *Petite Bibliothèque Rurale* qu'il a fondée: *Les Ruraux, Xano d'Oymé*, légende quercynoise et *Le Suffrage Universel*.

Enfin, en 1873, il a publié un poème lyrique ayant pour titre: *Martyrs et Bourreaux*, (Dentu, éditeur) admirable épopée, dans laquelle il raconte en un langage ému et poignant le martyrologe de ces trois grandes figures de la religion: Affre! Sibour! Darboy! Ce poème est d'une belle et vigoureuse inspiration.

Léon Valéry rentra donc de nouveau dans le giron de l'administration, où il est depuis trois ans, comme percepteur d'une petite localité du Gers. On nous assure qu'il donne, par ses bons services, un flagrant démenti à ce que M. Albéric Second disait de lui il y a douze ans dans *l'Univers Illustré:* « M. Valéry, que nous ne connaissons pas, est trop bon poète pour n'être pas un mauvais fonctionnaire, et nous le lui pardonnerions volontiers, en raison de ses beaux vers. »

Pour nous résumer sur cet homme de bien, disons que chez Léon Valéry les qualités du cœur s'unissent aux éminentes qualités de l'esprit qu'on a tant vantées.

Un trait entr'autres :

Pendant la guerre, le poète allait de ville en ville, donnant des conférences dans les lieux publics au profit des blessés de son département, versant, séance tenante, le produit de ses recettes entre les mains des autorités locales.

Ajoutons qu'il est doué d'un réel mérite oratoire, et que ses conférences, imprimées depuis, sont imprégnées d'un patriotisme élevé.

Enfin, pour mieux dire, en lui sont condensées toutes les aspirations; esprit pour ainsi dire universel, il trouve le moyen de concilier agréablement tous les goûts et il est tour à tour poète de premier ordre, journaliste expert dans les luttes de l'idée, romancier excellent dans l'exposition et la peinture des sentiments, dramaturge puissant, conférencier plein de charme. *Rara avis*.

LUDOVIC DE VAUZELLES

Louis, dit Ludovic de VAUZELLES, est né à Paris, le 4 avril 1828.

Son père, J.-B. de Vauzelles, qui fut une des gloires de la magistrature, s'est fait connaître avantageusement par des travaux littéraires d'une haute importance.

Ludovic de Vauzelles commença ses études à Orléans, puis, ayant voulu marcher sur les traces de son père, qui lui enseignait la littérature et la philosophie avec une rare autorité, il se dirigea vers la capitale pour y commencer son droit, qu'il continua plus tard à Poitiers, où il était agréé licencié, en 1851.

Il fit ses débuts dans la magistrature en 1853, comme substitut du procureur impérial à Montargis; en 1854, il était envoyé à Tours en la même qualité; deux ans après, il devenait substitut du procureur général à Orléans. Plus tard, en 1862, il fut nommé conseiller à la Cour impériale de cette ville, situation qu'il occupa jusqu'en 1874, époque à laquelle l'état de sa santé l'obligea à résigner ses importantes fonctions et à prendre rang parmi les conseillers honoraires.

Ludovic de Vauzelles, par la nature de ses études, par un goût très vif dont il avait hérité de son père, manifesta vite une grande sympathie et un grand intérêt pour la culture des lettres.

Avant d'avoir terminé ses classes, il avait publié sous ce titre : *Quelques Vers d'un Écolier*, les fruits de ses petites débauches poétiques. Cet opuscule parut en 1843. Comme bien on pense, ces vers manquaient d'expérience et trahissaient à chaque ligne la jeunesse de l'auteur (ce qui n'était pas d'ailleurs un défaut). Mais sous cette simplicité de bon aloi, sous ce naturel gracieux, perçait une intelligence solide et une sensibilité charmante. Le présage était rempli d'espérances, espérances qui devaient pleinement se réaliser.

Alexandre Soumet, qui lut ces vers, à qui le poète les avait d'ailleurs adressés, les accueillit avec une bienveillance des plus encourageantes et avec des éloges sincères. Le grand écrivain ne les distribuait pas, d'ailleurs, à la légère.

Il resta ensuite longtemps sans produire, ou, du moins, sans rien livrer à la publicité. On pouvait croire que sa Muse s'était condamnée au mutisme, ce que ne donnait point à supposer, cependant, la réception qui avait été faite à ses premiers bégaiements ; il n'en était rien, et, si les préoccupations de son avenir, les soucis de la carrière à laquelle il s'était voué ne lui laissèrent pas toujours le temps de s'abandonner à sa passion littéraire, ils lui laissèrent cependant le loisir et la sérénité d'esprit nécessaires pour la composition d'un certain nombre de poésies nouvelles qui augmentaient, en 1853, la première brochure de Ludovic de Vauzelles. C'est donc ce volume de débuts, qui, sous une forme plus châtiée et avec de nombreuses additions parut à cette époque intitulé : *Poésies*. L'opuscule était devenu un recueil complet et pouvait ainsi servir de base à une sérieuse et attentive appréciation. Ce nouveau jugement fut très favorable à l'œuvre et au poète qui, à proprement parler, se révéla plus intimement et d'une façon plus complète dans ses ouvrages postérieurs.

Un incident de sa vie vint influencer précieusement sa destinée poétique, vivifier son inspiration et donner à son talent des nuances plus variées. Il lui révéla les mystères du coloris qu'entr'autres Théophile Gautier sut si bien pénétrer et rendre avec tant d'art.

L'Italie, la Grèce, la Sicile, qu'il parcourut en touriste et surtout en poète, laissèrent en son âme de profondes et ineffaçables impressions. D'une lèvre avide, il but les souvenirs de cette terre de merveilles, véritable mère nourricière de l'idéal. Plus tard, ses œuvres portèrent l'empreinte de ces sensations vivaces, vibrantes, qui imprègnent pour la vie l'esprit qui les reçoit.

En 1860, il publia une tragédie : *Alceste*, pièce d'un solide et indéniable mérite, d'une conception élevée, d'une belle et noble poésie, une des meilleures manifestations contemporaines de ce genre si injustement délaissé de nos jours.

Deux ans après, il écrivit une seconde tragédie : *Polyxène*, digne en tous points de la première, douée du même charme et du même talent.

Ces deux pièces eussent à n'en pas douter, obtenu sur nos premières scènes françaises un succès retentissant, si l'auteur n'avait eu que le but de les faire goûter à un cercle d'amis.

En effet, il les fit représenter dans ses propres salons, à Orléans, où elles obtinrent un réel triomphe, mais un triomphe tout à fait intime. Des représentations luxueuses avaient été organisées par l'auteur. Qu'on juge de l'attrait de ces fêtes : Mendelsohn avait composé la musique des chœurs et des peintres réputés comme Ingres et Gudin avaient exécuté les dessins des costumes et des décors.

Ce fut donc un somptueux régal pour les amis du poète, mais il est à regretter pour la gloire de celui-ci que ces œuvres n'aient pas affronté le grand jour de l'Odéon ou du Théâtre-Français.

En 1869, il publia un recueil de ses poésies complètes : *Anciennes et Nouvelles Poésies,* son œuvre capitale, la source principale de sa renommée poétique.

Ce livre est divisé en quatre parties. La première est la réunion des pièces qui composaient la brochure : *Quelques Vers d'un Écolier.* Les autres parties ne sont pas davantage divisées en genres, mais selon l'ordre chronologique, de sorte qu'on suit côte à côte le poète, dans les phases diverses que le temps fait parcourir à son imagination. Ces phases, d'ailleurs, sont bien accentuées par la tonalité des sentiments qui les retracent, lesquels varient à l'infini, selon la tournure de l'esprit de l'écrivain. C'est une pérégrination charmante et pleine d'attrait que l'on fait en compagnie de celui-ci : avec lui, on se transporte au pays bleu du rêve ou sous les cieux éclatants de Gaëte ou de Venise. Délicieuse perspective que celle qu'ouvre à nos yeux ce déploiement de paysages si variés et d'horizons si séduisants.

Au surplus, Ludovic de Vauzelles semble avoir écrit pour se dévoiler lui-même ces vers sur le poète :

> L'étrange chose qu'un poète !
> Quel vin ne lui monte à la tête ?
> Qu'il fait rarement ce qu'il veut !
>
> . . . .
>
> Un ombre, un rien, tout l'intéresse ;
> Mais il passe du blanc au noir :
> La fantaisie est sa maîtresse...

La fantaisie ! le grand mot est lâché ! En effet, ici comme en beaucoup de cas, c'est bien là le poète. L'églogue, la légende, l'épithalame, l'épopée, l'idylle, toutes les nuances poétiques se retrouvent dans ce livre; mais, pas de redondances dans le genre noble, pas de gauloiseries dans le genre gracieux ou badin.

La Muse de Ludovic de Vauzelles s'est absolument interdit l'exagération, soit qu'elle s'adresse au cœur, soit qu'elle parle à l'esprit.

Le poète a un amour sans bornes pour l'antiquité. Elle a été, on peut le dire, sa véritable inspiratrice, car elle lui a soufflé ses plus belles pages. Avec quel religieux respect il évoque ces souvenirs d'un temps si propice aux grandes choses ! avec quelle admiration il se prosterne devant cet âge héroïque où le beau était si honoré !...

Son ouvrage contient de nombreuses imitations des auteurs anciens, très pures, très exactes, reflet charmant et fidèle à la fois.

Comme nous l'avons dit plus haut, une note qui domine également dans ces poésies, c'est le sentiment d'enthousiasme que ressent le poète pour les contrées qu'il a traversées en touriste.

Les Pyrénées et l'Espagne lui ont inspiré des pièces à la verve originale et colorée; ses refrains sont de vrais boléros qui rappellent à merveille ce pays pittoresque entre tous, comme ses croquis et ses bluettes pétillants d'entrain et de grâce retracent cette contrée ensoleillée, magique presque, qui va du Bosphore à la Méditerranée, cet Orient admirable, ruisselant de parfums et de lumière :

Sur la plage sonore où la mer de Sorrente...

Un poème à citer est celui intitulé : *Héro et Léandre,* du Chénier de la plus pure essence. Ludovic de Vauzelles paraît d'ailleurs tenir le grand poète en profonde estime et être très épris de son genre.

Une pièce qu'il est aussi de notre devoir de nommer est : *La bataille*, dont un critique éminent, M. Emmanuel des Essarts, a dit avec raison « qu'elle était un véritable chef-d'œuvre, digne de « toutes les anthologies, et que les maîtres ne désavoueraient pas. »

Mentionnons également un autre poème remarquable de cet ouvrage : *Jeanne d'Arc*, pièce composée pour le 439⁰ anniversaire de la délivrance d'Orléans (8 mai 1868).

En 1875, Ludovic de Vauzelles fit paraître un volume de poésies intitulé : MENTON, *idylles*.

Nous détachons de la préface de cet ouvrage ces quelques lignes qui en résument parfaitement le caractère :

« Les Grecs, par les mots *Eïdos*, *Eïdullion*, dont nous avons fait IDYLLE, « n'entendaient pas seulement, comme l'ont souvent remarqué les commenta- « teurs de Théocrite, de Bion et de Moschus, de petites scènes poétiques « empruntées à la vie champêtre ; mais de petits tableaux, quel qu'en fût le « sujet, de petits poèmes dans les genres les plus variés. C'est en ce sens que « j'ai cru pouvoir intituler IDYLLES un recueil où la pastorale a sa place, mais « où l'on trouvera aussi des morceaux d'un tout autre caractère. »

C'est à deux pas de l'Italie que Ludovic de Vauzelles a composé ces poésies ; le vers s'en ressent d'un bout à l'autre du volume, car il est fortement imprégné de cet azur méditerranéen si limpide et si doux.

La première de ces idylles, *Les Pêcheurs de Menton*, retrace un passage douloureux de la vie du poète, qui verse un pleur attendrissant à la mémoire de son enfant bien-aimé, envolé vers les éternelles régions.

En prose, Ludovic de Vauzelles a publié : (1865) *Vie de Jacques, comte de Vintimille*, conseiller au Parlement de Bourgogne, littérateur et savant du XVI⁰ siècle, d'après des documents inédits. Le lieutenant-colonel Staaff, dans son ouvrage sur les poètes contemporains, nous apprend que Jacques de Vintimille avait été sauvé en 1522, au siége de Rhodes, par un aïeul de l'écrivain dont nous nous occupons, Georges de Vauzelles.

En 1866, il fit paraître un drame en cinq actes, en prose : *Marc de Vintimille* ou *Les Chevaliers de Rhodes*, et, en 1873, une *Histoire du Prieuré de la Magdeleine-lez-Orléans de l'ordre de Fontevraud*.

N'oublions pas de mentionner parmi les œuvres de Ludovic de Vauzelles un magnifique discours qu'il prononça le 3 novembre 1860, à l'audience solennelle de la rentrée de la Cour impériale d'Orléans ; le sujet, éloquemment traité par l'orateur était : *De l'influence de la littérature contemporaine sur la moralité publique au point de vue judiciaire*.

Ludovic de Vauzelles est membre correspondant de l'Académie du Gard, membre de la Société des sciences, belles-lettres et arts, d'Orléans, membre de la Société archéologique de l'Orléanais, etc. Il est également membre de l'Académie littéraire de Sainte-Croix depuis sa fondation (1863) qui est l'œuvre de Mgr Dupanloup.

Il a été nommé, en 1874, chevalier de la Légion-d'Honneur.

LOUIS DE VEYRIÈRES

Louis DE VEYRIÈRES est né le 28 novembre 1819, à Tulle (Corrèze).

La date et le lieu de sa naissance ont été indiqués d'une façon inexacte par plusieurs de ses biographes. Sa famille était originaire d'Auvergne, mais elle transporta sa résidence au château de Laurens, en 1848. Ce château fut détruit par un incendie, il y a plus d'un siècle et on construisit sur son emplacement une maison de campagne. Le Laurens, qui est aujourd'hui encore la propriété de Louis de Veyrières, appartient à la paroisse d'Altillac, à peu de distance de Beaulieu, où se trouve la demeure du poète.

Louis de Veyrières a pris une part très active au mouvement littéraire de nos jours ses relations avec la plupart des publicistes éminents de l'époque, qu le tiennent en haute estime, ont complété sa très juste notoriété, bien méritée par son labeur énorme et par son dévouement aux intérêts de la littérature et surtout de la poésie.

Parmi ses productions poétiques, nous citerons son volume : *Les Chants d'un Serviteur de la Vierge*, publié en 1856, poésies qui donnèrent bien la mesure de son talent et de ses tendances.

Louis de Veyrières s'y montra un chrétien fervent et convaincu, un esprit religieux d'une exceptionnelle orthodoxie. Son volume est en quelque sorte la profession de foi d'un croyant; il y tresse en l'honneur de la Vierge des couronnes de vers enthousiastes, pénétrants et émus ; c'est là le catholique dans toute l'acception du mot, persuadé que le salut n'est et ne peut être que dans la religion, n'épargnant pour la Sainte-Vierge ni son encens ni ses prières ardentes. Muni d'une robuste piété, d'une grande confiance dans le Très-Haut et dans ses décrets, d'une inébranlable fermeté de principes, d'une remarquable honnêteté de pensées, le poète n'a qu'un sourire de dédain pour les indifférents, qui se disent les dépositaires du bon sens et de la droiture, et méconnaissent les bases essentielles de toute vertu et de toute justice au point de considérer d'un œil ironique la foi qu'ils confondent avec le mysticisme, grave erreur de nos temps, qui subsiste encore malgré tant de probantes démonstrations.

Un petit opuscule du poète, *Quelques Sonnets* politiques et religieux, conçu dans le même ordre de pensées, caractérisé par le même arôme de ferveur religieuse, fit un certain bruit par la hardiesse et la franchise de son langage.

Quant aux qualités poétiques de Louis de Veyrières, elles sont hautement reconnues ; il possède une grande habitude du rhythme et une grande facilité de composition. Sa parole, toujours convaincue, est toujours d'un grand effet, remplie de persuasion et de charme. Il plane sans cesse aux altitudes élevées où rayonnent le vrai et le beau, dans toute leur splendeur.

Mais son chef-d'œuvre est bien sans contredit la *Monographie du Sonnet*, ce travail monumental, fruit de longues et patientes recherches, couronné d'un si beau succès, et qui donna un relief si puissant à sa réputation de lettré.

C'est là l'une des sources les plus riches de la littérature contemporaine et, dans quarante, cinquante et cent ans, cet énorme ouvrage sera encore consulté avec fruit par ceux qui voudront étudier de près le mouvement poétique des temps présents. Cette œuvre abonde en précieux renseignements et en jugements solides et corrects ; c'est une anthologie fertile qui porte en quelque sorte la marque de fabrique de tous les adeptes du sonnet. Etude d'un vrai mérite, qui fait le plus grand honneur au laborieux écrivain qui l'a menée à si bonne fin.

Cette publication est close par une série de sonnets de haute valeur, qui peuvent être classés au nombre des meilleurs de la production actuelle.

Louis de Veyrières a écrit dans un certain nombre de journaux et de revues dont la liste serait trop longue.

A l'heure où l'impression de ce livre s'achevait, l'auteur, M. ÉVARISTE MOUTON, qui écrivait sous le pseudonyme de *Edgard Montbrun,* rendait le dernier soupir.

Quelques jours à peine ont suffi pour enlever aux lettres cet esprit distingué sur lequel on fondait tant d'espérances.

L'œuvre à laquelle il a consacré plusieurs années de sa vie est heureusement terminée ; mais il n'est plus là pour recueillir le prix de ses travaux et jouir du succès qu'il avait si justement mérité.

C'est une grande perte pour le journalisme dans lequel il avait sa place marquée.

Nous ne pouvons donc qu'honorer sa mémoire !

Nous reproduisons plus loin les articles biographiques que lui a consacrés *l'Écho de Marmande* dans son numéro du 9 février dernier.

C'est pour nous plus qu'un devoir de faire connaître la vie d'Évariste Mouton à ceux qui étaient unis à lui par des liens d'amitié, et qui ne manqueront pas de donner une larme de regret à cet infortuné jeune homme, si digne d'être pleuré, et enlevé si brusquement à sa carrière littéraire.

Le Livre d'Or des Poètes est, comme on voit, une œuvre de décentralisation littéraire.

Bien des poètes de talent, des écrivains de mérite sont ignorés du public, parce qu'ils ne trouvent pas, les trois quarts du temps, un coin de publicité pour attester leur existence.

Évariste MOUTON avait entrepris de mettre à jour les œuvres de ceux qui n'osent pas, des timides et des pauvres, — classe nombreuse et non la moins intéressante, — tout en réservant une place marquée à ceux qui se sont déjà fait connaître par des publications d'une valeur incontestable, et que le succès a visités.

Il y a dans cette nomenclature de poètes bien des noms aimés du public et devenus justement célèbres.

Ce livre est le répertoire le plus complet des littérateurs de province, et il n'existe pas, que je sache, une publication du même genre réunissant, à d'aussi hauts degrés, les qualités de la forme aux délicatesses du style.

Chacune de ces biographies est un petit chef-d'œuvre ; — chef-d'œuvre de concision, écrit dans une langue harmonieuse et cadencée, et surtout d'une vérité incontestable, car l'auteur ne voulait pas une œuvre mercenaire, mais seulement rendre justice à ceux dont le talent original et prime-sautier put intéresser le lecteur.

Esprit novateur, intelligence délicate et chercheur infatigable, Évariste Mouton s'attachait surtout à trouver une organisation ; un de ces êtres doués qui ne ressemblassent pas à M. tout le monde ; il n'aimait pas la banalité, il avait horreur des lieux communs et des phrases toutes faites ; d'un mot, — de ces mots frappés au bon coin dont il avait le secret, — il caractérisait le talent de l'écrivain qui passait à son crible ; il avait de ces tournures de phrases à lui, de ces tours gracieux auxquels il ne manque que la rime pour être de la poésie.

L'entreprise d'Évariste Mouton est digne des plus grands éloges ; elle sera, nous n'en doutons pas, couronnée d'un légitime et durable succès.

Le sympathique écrivain a laissé beaucoup d'amis parmi les jeunes littérateurs, et ils auront à cœur de contribuer à répandre son dernier ouvrage, ce chant du cygne d'Évariste Mouton.

Qu'il me soit permis, en terminant, de payer mon tribut de larmes et de regrets à l'auteur de ce livre ; celui qui écrit ces lignes a été longtemps l'ami dévoué et sincère d'Évariste Mouton ; il a été à même d'apprécier la finesse de son esprit, la délicatesse de son âme et les qualités de son cœur, et il conservera toujours le précieux souvenir de ce doux et bon jeune homme, — presque encore un enfant, — enlevé si vite à la sympathie et à l'admiration de ses nombreux amis.

Frédéric TRÉMEL

ÉVARISTE MOUTON

NOTICE BIOGRAPHIQUE

Évariste MOUTON vient de mourir !

C'est une perte sensible pour les lettres dans lesquelles il s'était déjà acquis une certaine célébrité; c'est une douleur profonde pour ceux qui l'ont connu et aimé; c'est un deuil terrible pour celui qui écrit ces lignes !

Évariste Mouton, à peine âgé de 23 ans, a succombé, le 31 janvier dernier, aux suites d'une phthisie galopante, à l'hôpital de Marmande, où il avait été transporté en qualité de soldat du 20me de ligne.

Né en 1855, à Rétaud (Charente-Inférieure), il se fit remarquer de bonne heure par un sentiment littéraire très prononcé; en vain, sa famille voulut-elle lui faire prendre place dans les rangs de l'Université, sa résolution de devenir journaliste triompha des remontrances paternelles et bientôt il commença à écrire dans une feuille du département.

On n'a jamais été fixé sur le nom du journal qui accueillit sa première production : lui-même ne s'en souvenait guère; cependant, tout fait croire que ce fut la *Petite Gazette Charentaise* qui eut ce mérite. En 1870, Évariste Mouton, âgé alors de quinze ans, collaborait à *La Concorde* et au *Journal de Saint-Jean-d'Angély*.

Il était, on le voit, d'une précocité remarquable.

Et qu'on ne croie pas que les articles qu'il livrait à la publicité dénotaient l'inhabileté d'un débutant! Au contraire, son style simple et élégant, l'heureux choix du sujet, la grâce et l'originalité de la forme, tout laissait pressentir à ceux qui ne le connaissaient pas un écrivain retors aux difficultés du métier.

C'était un beau début dans la carrière littéraire, si beau même que, l'année suivante, le *Journal de Royan* l'attachait à sa rédaction.

Le *Journal de Royan*, *La Seudre*, feuilles littéraires, publiaient chaque semaine des poésies, des nouvelles, des causeries de cet esprit délicat. Quelque temps après, voulant entrer de plain-pied dans le journalisme, il se mit en relations avec M. V. Vallein, le doyen des écrivains saintongeais, et bientôt il prit place à *l'Indépendant de la Charente-Inférieure*, où il fit un apprentissage de plusieurs mois. De là, il passa à *l'Intérêt Public*, de Rochefort, où il fut chargé de la chronique littéraire et théâtrale; puis enfin, en 1874, il entra à *La Volonté Nationale*, de Saint-Jean-d'Angély, qui, lui ouvrant toutes grandes ses colonnes, lui permit de prendre rang parmi les journalistes connus et appréciés de la région.

Ce fut à cette époque que, « voulant voler avec ses ailes, » il songea à créer, à Saint-Jean-d'Angély, une petite feuille littéraire et satirique: *Le Diable Rose*. Les premiers numéros eurent un certain succès; quelques centaines d'abonnés avaient même répondu à l'appel de la direction; mais, en province, les petits journaux vivent peu de temps: aussi *Le Diable Rose* dût-il bientôt cesser sa publication.

Évariste Mouton fut alors sollicité par un libraire de Marennes d'écrire une brochure sur les avantages que présente Royan comparativement aux autres stations balnéaires: il accepta, et, au mois de juin 1874, parut *Royan-Guide*, dont la presse fit les plus grands éloges.

A cette époque, il collaborait à *l'Ère Nouvelle*, de Cognac, à *l'Écho Saintongeais*, à *La Seudre* et à *La Volonté Nationale*.

Quelques mois plus tard, Victor Billaud fonda la *Chronique Charentaise*, dont Mouton devint l'un des principaux rédacteurs. Il y publia une série de *Lettres de la Côte* fort appréciées et qui balancèrent le succès des *Lettres Saintaines*, d'Edmond Maguier.

Toutes ces satisfactions d'amour-propre ne lui suffisant pas encore, il annonça son intention de faire paraître un livre de poésies. — *Ma Guitare* vit le jour au commencement de l'année 1875. Toute la presse régionale s'empara de l'œuvre du jeune poète et on fit des compte-rendus tout à son avantage : de ce moment, Évariste Mouton pût espérer la célébrité : sa réputation d'écrivain était faite.

Il est curieux de feuilleter ce livre, dont M. Évariste Carrance a écrit la préface. — « Le poète qui signe ces pages émues, dit ce dernier, est un poète sincère ; il s'est inspiré de cette grande Muse qui rayonne si bien sur la jeunesse ; il s'est fait l'écho de ces douces et printanières émotions qui sont comme les fleurs de la route que l'homme est appelé à parcourir. » En effet, le poète chante les *Premières Amours* :

> J'ai connu ces tourments ; j'ai traversé la crise.
> De même qu'Absalon mon cœur s'est attaché !...
> J'ai connu ces instants où l'angoisse vous brise :
> Mais j'ai connu l'amour et m'en suis bien trouvé !

Puis *Le Printemps* « bel amoureux, dont l'amour brille dans les yeux. » Plus loin, s'adressant aux *Vendeuses d'Amour* : « Arrière, dit-il,

> Arrière vos baisers, courtisanes de pierre ;
> A d'autres, ces élans de tendresse et d'amour ! »

Mais le poëte revient bientôt à des pensées plus sereines :

> Vous voudriez bien le connaître,
> Dites-moi, ce nom tant caché !.....
> .... ce nom, c'est
> Celui d'une aube qui se lève !

Les fines critiques abondent aussi dans ce recueil. Témoin la pièce : *A une Actrice... pour rire :*

> Vous êtes vraiment ravissante
> Avec vos airs princiers, ma foi !
> Vous avez la gorge puissante :
> Certains voudraient vous dire *Toi*.
>
> Mais la beauté, jamais, Madame,
> Ne fut le talent, l'esprit, l'art,
> Et si votre splendeur enflamme,
> Votre génie est en retard....
>
> La scène n'est point un alcôve
> Où l'opulence a seule cours,
> Et si parfois la grâce sauve
> Le jeu, cela n'est point toujours....
>
> Croyez-moi, désertez les planches,
> Ayez grooms et chevaux fringants ;
> Vous vous ferez de bons dimanches
> Et ferez moins de mécontents !

Un Viveur, Le Jour des Morts, Mes Chardonnerets, Chant d'un Désespéré, Les Hommes de Marbre, Les Jeux Jaunes sont des poésies qu'il faudrait citer en entier. — La pièce du recueil qui fit le plus grand plaisir est sans contredit *Le Rêve du Blessé*. Combien elle est touchante cette histoire « d'un jeune héros de Dijon » qui, dans l'ambulance où les Sœurs de Charité lui prodiguent leurs soins, croit voir, dans son délire, une image chère à son chevet....

> ... C'est sa fiancée; ah ! c'est Rose :
> Un baiser est donné tout bas :
> Un baiser, cette douce chose !

Trompeuse illusion qui lui fait prendre
> La vieille Sœur de Charité
> Pour Rose, sa chère payse !

mais qui, dans le livre d'Évariste Mouton, donne un véritable charme à la réalité.

Le poète venait alors de se marier; il alla passer quelques mois à Agen, où il devint le correspondant du *Courrier de Paris;* en même temps, il travailla avec ardeur à divers travaux littéraires ; il écrivit : *L'Avant-Garde,* nouvelles ; un recueil de *Fables-Véloce,* un roman, des *Études,* des poésies, et enfin une comédie en vers, en un acte, que le *Courrier de Paris* annonça comme ayant été présentée au Théâtre-Français.

La lune de miel passée, Évariste Mouton revint dans la Charente-Inférieure. Au mois de juillet 1875, il prit la direction politique du *Journal des Charentes,* qui paraissait à La Rochelle; puis il s'adjoignit la rédaction du *Journal de la Vendée,* de la Roche-sur-Yon, et du *Journal de Saint-Jean-d'Angély.* Il se dévoua alors corps et âme à la cause politique qu'il avait embrassée, et pendant sept mois, il lutta avec énergie, sous le pseudonyme d'Edgard Montbrun, dans ces trois journaux, pour assurer le triomphe de son opinion. « C'eût été là une tâche laborieuse et difficile pour tout autre que pour un journaliste de vingt ans, du talent et de l'activité de M. Edgard Montbrun, » a dit depuis l'écrivain qui a signé de ses initiales : A. G. l'article biographique publié en postface dans le premier volume du *Livre d'Or des Poètes*.... Tâche bien ardue, en effet, et qu'il a remplie pourtant à son honneur, malgré les nombreux procès de presse qui lui ont été intentés.

Au mois de février 1876, le *Journal des Charentes* changea d'administration, et fusionna avec *l'Écho Rochelais* dans lequel il fut complètement absorbé : Évariste Mouton déposa alors la plume de journaliste pour prendre celle du biographe. Il adressa un appel aux poètes de la province afin de publier son premier volume du *Livre d'Or des Poètes*. Plus de deux cents adhésions lui parvinrent, tant était sympathique ce nom que la célébrité avait déjà répandu. *Le Livre d'Or des Poètes*, commencé dans le courant de 1876, ne fut complètement achevé qu'en 1877; il est inutile de parler de l'accueil qu'il reçut de la presse parisienne et départementale... Ce fut un vrai triomphe.

Dans cette même année 1876, Mouton obtint la correspondance du *Gaulois;* il écrivit aussi dans la *Gazette des Familles*, *La Revue Française*, *Le Sonnettiste*, et, au mois d'octobre, il reprit la rédaction de *La Seudre*, de Marennes, et du *Journal de Royan*, où il publia une série de *Lettres à une Baigneuse*, fort goûtées du public qui fréquente cette ville de bains. Il occupa cette position jusqu'au jour où, pour satisfaire à la loi militaire, il dût endosser l'uniforme du soldat. Envoyé en garnison à Marmande, dans le 20ᵐᵉ régiment de ligne, il occupa l'emploi de secrétaire du Major, ce qui lui laissait quelque répit pour continuer ses travaux littéraires; il devint alors le collaborateur du *Journal de Lot-et-Garonne* et de *l'Écho de Marmande*, qu'il continua à enrichir de ses productions jusqu'à sa dernière heure.

Évariste Mouton était très connu et très estimé de la plupart de nos célébrités contemporaines ; il faisait partie de l'*Académie des Muses Santones,* de la *Société linéenne de la Charente-Inférieure,* de la *Société d'Astronomie,* de Paris, des *Concours Poétiques* du Midi de la France, de l'*Institut Confucius,* de l'*Académie Ethnographique* de la Gironde et de l'*Association littéraire des Provinces.*

Il laisse plusieurs ouvrages en cours de publication, et notamment son deuxième volume du *Livre d'Or des Poètes,* dont l'impression est terminée et qui devait paraître sous peu de jours. — Espérons toutefois que ce travail ne sera point perdu !

Voilà ce qu'était et ce qu'avait fait le jeune et honnête homme que la mort nous a ravi ; voilà les preuves de talent que cet esprit supérieur avait fournies déjà ; voilà les services que cette intelligence d'élite avait rendus au développement de la littérature....

Et, à cette heure où la vie civile allait lui rendre sa liberté d'action, au moment où son existence allait devenir belle entre toutes, il tombe mortellement frappé ; il meurt à 23 ans, laissant ici-bas une jeune femme et un enfant adorés !...

La lyre qui préludait à des chants harmonieux se brise ; la plume, prête à déchirer les voiles qui couvrent les vices et les turpitudes, tombe, et dans les rangs des soldats de l'Idée une place est vide ; il y a un combattant de moins ! Évariste Mouton est mort, laissant pour lui survivre ses œuvres et une mémoire pure ; il est mort regretté et pleuré par ceux qui ont connu en lui l'ami dévoué et l'homme de bien !

Alfred GARCEAUD

Rochefort, 2 février 1879

ÉVARISTE MOUTON

Il y a d'étranges contrastes, dans la vie !

Les natures exceptionnellement organisées, les caractères qui semblent nés pour la vie contemplative et poétique sont souvent condamnés à subir une existence matérielle et grossière, et sont fatalement jetés aux antipodes de leurs aspirations naturelles, où viennent se briser les rêves dorés de leur idéal.

Existences misérables et douloureuses qui se heurtent à chaque instant aux angles aigus d'une réglementation étroite et mesquine dans laquelle ils ne peuvent s'emboîter, et qui, après avoir lutté en silence, disparaissent, en emportant même le secret de leur souffrance.

La foule passe, indifférente, sans savoir qu'il y a peut-être là un martyr dont les combats ignorés ont épuisé une intelligence ardente et vivace dont le monde eût pu s'enorgueillir un jour.

Ces pensées me sont suggérées par la mort récente d'un écrivain au talent gracieux et prime-sautier, emporté à l'âge de 23 ans à peine par une cruelle maladie, et au moment où son nom commençait à se frayer un chemin dans le monde littéraire.

M. ÉVARISTE MOUTON, qui sous le pseudonyme de Edgard Montbrun, a publié tout dernièrement le charmant recueil biographique *Le Livre d'Or des Poëtes*, était non-seulement un publiciste distingué et un journaliste remarquable, c'était encore un poète de mérite, alliant aux qualités du cœur et de l'esprit, le désintéressement le plus absolu.

C'était un rêveur, un chroniqueur à l'esprit fin et caustique, un journaliste mordant, au style souple et coulant, contant avec un art infini des riens délicieux ; il avait une verve, un entrain et une facilité d'élocution qui donnaient à tout ce qui sortait de sa plume un charme indéfinissable, un cachet inimitable et intimé.

Que de choses charmantes, mignonnes et frivoles éparpillées au vent du caprice et de la fantaisie ! que de fraîches idées exprimées dans une langue douce et harmonieuse il a jetées dans l'air ensoleillé de ses vingt ans ! tout lui était bon, et les sujets les plus vulgaires revêtaient sous sa plume magique les couleurs chatoyantes et variées d'un prisme aux mille facettes.

Nous n'insisterons pas davantage sur le talent original et attachant de l'auteur du *Livre d'Or des Poètes* ; qu'il nous soit permis de donner quelques détails sur l'homme, aux prises avec les dures nécessités d'une existence particulièrement tourmentée, et qui pour avoir été courte n'en fut pas moins bien remplie.

Sa vie n'avait pas été heureuse, et bien jeune encore il dut lutter contre la mauvaise fortune qui l'a poursuivi avec un acharnement impitoyable.

Supposez une nature vaillante, énergique, qui aime le grand air, la liberté ; une âme tendre et délicate qui parle aux fleurs, qui s'enivre de soleil, qui joue avec le vent, qui caresse la brise ; un cœur généreux, franc et loyal, pur de toute la pureté d'une imagination enfantine, un être dont les goûts, l'exquise sensibilité, tact parfait, et en un mot dont le foyer intellectuel est épris de folles rêveries ; un de ces êtres qui, trouvant la vie réelle bête et triste, se font un monde à part, et peuplent de leur riche imagination le palais enchanté de leur rêve ; supposez un être semblable, et jetez-le, du jour au lendemain, dans la cour d'une caserne, où il sera forcé de subir toutes les exigences de sa position, et vous aurez le tableau exact de la vie d'Évariste Mouton : il était militaire, et c'est ce qui l'a tué.

Éloigné de tous ceux qu'il aimait, il souffrait en silence ; il était courageux, il voulait dignement s'acquitter de sa tâche, et il a succombé à la peine.

Pauvre ami ! ah ! tu ne sais pas ce qu'il en coûte de rêver dans le siècle prosaïque et positif où nous vivons ! il y a bien des injustices, ici-bas ; et ce ne sont pas, bien souvent, ceux qui méritent le bonheur qui en jouissent ! les dons les plus sublimes, les qualités les plus précieuses, les biens inappréciables que Dieu nous envoie sont parfois paralysés, et complètement annihilés par une fatalité inexplicable du sort.

Évariste Mouton emporte dans la tombe le germe d'un talent auquel il n'a pu donner un libre essor ; son œuvre est inachevée ; il est parti en laissant dans le cœur de tous ceux qui l'ont connu le sentiment douloureux de sa perte cruelle, et son souvenir vivra parmi nous doux, comme fut son cœur; impérissable comme son esprit.

Que sa famille me permette de lui envoyer de loin un mot de consolation et de respectueux dévouement. — Je pleure en écrivant ces lignes, car celui auquel je dis adieu était un ami sincère et dévoué, un confrère honnête et laborieux. Nous avons lutté ensemble dans le journalisme de Province ; nous avons tous deux poursuivi cette chimérique idée d'attacher notre nom à une œuvre littéraire sérieuse ; nous avons eu les mêmes joies, les mêmes déceptions, dans cette vie littéraire si agitée, où il faut une persévérance de tous les jours, un courage incessant, et si, moins heureux que moi, il tombe aujourd'hui à mi-chemin, mais après avoir dignement combattu, il est de mon devoir de rendre un dernier et suprême hommage au cœur vaillant et fort qui vient de s'éteindre.

Frédéric TRÉMEL

Le Mans, 3 février 1879

A SA MÈRE

(ÉLÉGIE)

Pauvre cœur ulcéré, la douleur est amère,
Et devant ce grand deuil, je pleure à deux genoux ;
Courage, cependant, ô sainte et pauvre mère :
Hélas ! ceux qui s'en vont sont plus heureux que nous!

Car ils ne souffrent plus ; ils s'en vont dans les mondes
Illuminés d'azur; divines régions ;
Oubliant d'ici-bas les blessures profondes,
Leur âme va grossir les saintes légions.

Il est parti bien jeune, et ce n'était encore
Qu'un enfant, blanche étoile, astre à peine levé;
Dans son ciel obscurci ne brilla qu'une aurore,
Pâle et terne rayon d'un rêve inachevé.

Qu'il vous coûta de pleurs, d'angoisses, de souffrance,
Que de nuits sans sommeil pour veiller sur ses jours!
Vous aviez mis en lui toute votre espérance,
Vos rêves, vos projets, vos plus saintes amours!

Vous le vouliez heureux; vous n'aviez en ce monde
D'autre phare que lui pour guider vos vieux pas;
Dans l'avenir profond vous jetiez une sonde
Pour chercher le bonheur, — le bonheur qu'il n'eût pas!

Oh! mère, je comprends vos chagrins, vos alarmes,
Lorsque vous gémissez sur votre enfant chéri;
Pleurez, pleurez encor, enivrez-vous de larmes:
C'est si bon de pleurer, quand le cœur est meurtri!

C'est si bon de penser aux êtres que l'on aime,
A ceux qui sont partis pour ne plus revenir,
Et de trouver au fond de notre douleur même
Le baume consolant d'un pieux souvenir!

Et puis c'est notre lot de gémir sur la terre:
La vie est un long pleur imposé par le sort:
Pleurer, croire, souffrir, voilà le grand mystère,
Tout rêve, tout espoir aboutit à la mort.

Le bonheur, ce vain mot, comme un palais de glace,
S'écroule et va se fondre au creuset du cercueil:
Au banquet des douleurs, tout mortel a sa place,
Et chacun ici-bas porte au cœur quelque deuil.

Hélas! tout disparaît, tout s'engloutit et sombre
Dans l'abîme sans fond des tristes lendemains,
Nos vœux tant caressés passent ainsi qu'une ombre
Qu'en vain l'homme voudrait retenir dans ses mains.

Rêve de l'avenir, fantôme insaisissable,
Chimère du bonheur, tu fuis comme l'oiseau;
Les terrestres espoirs sont des châteaux de sable
Que la vague en montant brise comme un roseau.

Dieu d'avance a compté nos heures éphémères,
A son foyer divin nos cœurs sont épurés;
Ce qui meurt ici-bas renaît dans d'autres sphères,
C'est pourquoi je vous dis: « Pleurez, mais espérez ! »

Frédéric TRÉMEL

TABLE DES MATIÈRES

Avertissement de l'auteur............	5
Bernard Alciator....................	7
Ernest Ameline.....................	22
Numa d'Angély.....................	26
Mme de Baroncelli-Javon.............	31
Réveillé de Beauregard..............	35
Henri Bellot.......................	39
Jean Bernard......................	43
Prosper Blanchemain................	48
J. Blancheton.....................	56
Blanchot de Bronas.................	58
Marc Bonnefoy.....................	61
Raoul Bonnery.....................	65
Boué (de Villiers)..................	69
Marius Bourrolly...................	77
Georges Boutelleau.................	84
Auguste Buchot....................	88
Ausone de Chancel.................	91
Louis Collin.......................	95
J. Condat.........................	101
François Coppée...................	103
Prosper Delamare..................	116
Léon Dierx........................	120

Henri Dottin	123
Gustave Escollier	126
Emmanuel des Essarts	129
Cyrille Fiston	137
Jacques Foule	142
Salomon Foy	146
Alfred Garceaud	149
Georges Garnier	153
Laurent de Gavoty	157
Louis Godet	160
Ogier d'Ivry	164
Timoléon Jaubert	168
O. Justice	171
Baron de Kinner	179
Vicomtesse de Lamardelle	182
Philibert Le Duc	185
Victor Levère	189
Léon Magnier	193
Mme S. Emma Mahul	197
Francis Maratuech	201
A. de Margon	207
Joseph Marion	211
Louis Mas	223
Frédéric Mistral	225
Henry Nadaud	329
Adrien Peladan	234
Francis Pittié	239
Augustin Pollet	245
Maurice Pujos	250

Jules Saint-Rémy....................	253
Sylvain Rincazaux...................	256
Robinot-Bertrand....................	259
Esprit Rosier.......................	265
Joseph Roumanille...................	267
Gustave Rousselot...................	271
Ali-Vial de Sabligny................	276
Nicolas de Séménow..................	280
Jean Sénamaud.......................	285
Théodore Serre......................	291
Mlle Adèle Souchier......	294
Mme Taché-Sérizay........	299
Frédéric Trémel.....................	302
Léon Valéry.........................	309
Ludovic de Vauzelles................	318
Louis de Veyrières..................	325
Mort de l'auteur....................	328
Notice Biographique.................	331
A sa Mère (élégie)..................	341

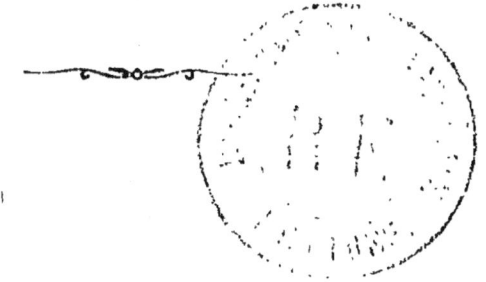

MARMANDE — IMP. AVIT DUBEROPT

www.ingramcontent.com/pod-product-compliance
Lightning Source LLC
Chambersburg PA
CBHW060322170426
43202CB00014B/2629